[英国] 雷蒙德·瓦克斯 著　殷源源 译

法律

牛津通识读本·

Law

A Very Short Introduction

译林出版社

图书在版编目（CIP）数据
法律/（英）瓦克斯（Wacks, R.）著；殷源源译．—南京：译林出版社，2016.4（2019.11重印）
（牛津通识读本）
书名原文：Law: A Very Short Introduction
ISBN 978-7-5447-5505-4

I.①法… II.①瓦… ②殷… III.①法的理论
IV.①D90

中国版本图书馆 CIP 数据核字（2015）第 120720 号

著作权合同登记号 图字: 10-2011-716 号

法律 [英国] 雷蒙德·瓦克斯 / 著 殷源源 / 译

责任编辑 於 梅
责任印制 董 虎

原文出版 Oxford University Press, 2008
出版发行 译林出版社
地　　址 南京市湖南路 1 号 A 楼
邮　　箱 yilin@yilin.com
网　　址 www.yilin.com
市场热线 025-86633278
排　　版 南京展望文化发展有限公司
印　　刷 江苏凤凰通达印刷有限公司
开　　本 635 毫米 × 889 毫米 1/16
印　　张 22
插　　页 4
版　　次 2016 年 4 月第 1 版 2019 年 11 月第 4 次印刷
书　　号 ISBN 978-7-5447-5505-4
定　　价 39.00 元

序言

赵旭东

十八届四中全会吹响了全面推进依法治国的号角，法治中国建设正在谱写蓬勃发展的新篇章。中国特色社会主义法律体系的形成解决了“无法可依”的困境，随之带来了“有法可依”之后的新思考。两千多年前，管仲便指出“国皆有法，而无使法必行之法”，而这种“使法必行之法”便是公民对法律的信仰。

“管用而有效的法律，既不是铭刻在大理石上，也不是铭刻在铜表上，而是铭刻在公民的内心里。”（卢梭语）法律的权威源自公民的内心拥护和真诚信仰，而无关乎法律条文是否繁杂或法律制裁是否严苛。法治的要义是规则之治，法治信仰即是人们相信法律，遵守规则，并将办事依法、遇事找法、解决问题用法、化解矛盾靠法当成一种思维模式和生活方式。法治信仰不是从天而降的神赐之物，也不是某种强权的教导使然，而是通过公民个人的实践与认知形成的对法律的理性认识。因此，培育全民法治信仰要从两个方面着手：一是通过法治实践塑造公民法治信仰，要让营商主体在每一场市场竞争中体会权利平等，让公民在每一次政治参与中体验透明规范，让当事人在每一起司法案件中感受公平正义；二是通过法治宣教强化公民法治认同，要以喜闻乐见的形式、通俗易懂的内容、深入浅出的论证，使法治观念熔铸到人们的头脑之中，体现于人们的日常行为之中。

今年是我执教的第三十一个年头，课堂实践证明了一个道理，相较于用术语解释术语的经院式讲授，采用朴实的语言、真实的案例和直白的说理方式，更容易激发学生学习法律的兴趣与热情。法律最引人入胜的地方便在于它与人们现实生活的紧密相关。一部能让人民群众读得进、读得懂、读得透的普法著作无疑能有效推进全民的法治信仰。当下中国乃至世界的法学研究界，可谓学术繁荣、名家辈出、佳作纷呈，但令我感到遗憾的是，这其中很少有为几乎未进行过法律专业学习的普通公民定制的法律科普读物。而雷蒙德·瓦克斯（Raymond Wacks）教授的这本《法律》（*Law: A Very Short Introduction*）正是这样一把开启公民知法、懂法、信法、守法大门的金钥匙。

我拜读了本书的中译稿之后，至少有三个地方让我印象非常深刻。其一，作者通过对法律、法律体系和法律精神精准的把握，展示了一个更加真实、更加生动的法律世界。法律是社会的核心，从保护权利、赋予义务，到为几乎每一起社会、政治及经济活动的实施建立框架。本书以法律的发展脉络为“干”，概述了世界主流法律体系的诞生和演变的过程、当今的现状以及未来的发展前景；以法律体系的核心内容为“枝”，介绍了各部门法的基本原则及经典案例、法律与道德的关系、律师和法院的工作等，并思考了法律的哲学和它所追求的公正、自由和平等精神内核。

其二，本书的确是一部难得一见的法律通识读物。一般的法律入门作品惯常采用罗列资料、铺陈历史、纠结概念的写作手法，很容易让初学者受困于云山雾罩的法律概念和冗长繁杂的逻辑推理之中。作者摒弃了这种手法，而是尝试采用一种简洁而又不过于简单化的方式提炼出法律这一复杂现象的要点。作者用直白的语言和生活化的例子，让读者认识到法律就在身边，为读者提供了一种用法律思维分析现实问题的方式。同时，作者一改教科书和专业著作的结构体系，根据人们对法律的认知过程安排全书的内容，由法律是什么这一问题展开，从历史到现实再到未来，从叙述到说理再到实务，化繁为简，循序渐进，让即便不具备扎实法律功底的读者也能跟随作者的笔触进入被专业术语和严密逻辑包裹的法律世界。

其三，本书提供了用法律看待社会现象的视角。时下人们普遍关注的热点，如互联网安全、高科技诈骗、知识产权保护和发展中国家人权不平等等，归根到底都是法律现象，都可以在本书中找到解答的思路。作者点到即止，却又切中要害；取舍有度，却又鲜有遗漏；试图让读者产生兴趣、得到启发、深入思考，帮助读者形成一种以法律的眼光识别问题本质，用法律的思维分析解决途径的习惯。

在中国迫切需要培育公民法律信仰的今天引入本书，正当其时。我很欣喜地看到这本书的中文译本已经付梓，并衷心祝愿本书的读者能从字里行间培养法律思维，体味法治精神，树立法治信仰。

是为序。

2015 年 10 月

目录

前言

“法律”和“简洁”很少共存于同一句话中。法律的冗长与晦涩已然臭名昭著；这一点表明，任何对法律，甚至是对其入门知识进行浓缩的努力，即使不是堂吉诃德式的幻想，也是乌托邦式的事业。然而，这正是我在本书中所要完成的不可能的任务，即提炼出法律这一复杂现象的要点：法律的根基、法律的部门、法律的目的、法律实践、法律机构，以及法律的未来。我的目标是向那些外行的读者——包括法学、政治学或其他社会科学未来的学生或新生——介绍法律与法律体系的基础知识，并尽可能避免使用技术性的术语。我希望拙著能够激发读者对于法律引人入胜的特质的好奇心，并且促使读者进一步思考和探索法律在我们生活中所起到的中心作用。那些愿意深入思考法律众多层面的人，还可以去阅读一些列在“进阶阅读”中的著作。当然，也有大量优秀的在线法律资源，本书的第六章将会列出其中最具影响力的一些网站。

必须要强调的是，尽管本书的重点在于介绍西方世俗法律传统（普通法系和大陆法系）①，但我也简要讨论了其他的法律

① civil law可译为民法法系，也可译为大陆法系。为防止入门者对于民法和民法法系这两个概念产生混淆，本书采用大陆法系这一译法。——全书所有注释均由译者所加，以下不再一一说明。

体系，如伊斯兰法、习惯法和某些混合法律体系，因为我的主要目的是对“法律”在最广泛的意义上进行简要介绍。但是，我承认，我的侧重点在于普通法。对于这种偏见（如果一定要这样说的话），可以为之辩护的理由是，普通法的许多特征已经有明显的全球化趋势——不过这种理由太油滑了。真正的解释更为直接：本书以英文写就，而且作者的绝大部分工作时间是在普通法法域内度过的。我的外语不那么熟练，这就决定了我所有的资料，包括那些普通法之外的法律体系的资料，都是英文的。尽管面临这种障碍，我已经试图控制住自己不对法律作出任何不必要的假设，虽然这些假设可能源自我特别多样化的个人经验。我曾经在一个混合法律体系（南非）以及另外两个普通法法域（英格兰和中国香港地区）中学习并教授法律，而我现在则居住在一个大陆法系的国家（意大利）。我希望，我的游历生涯能够帮助我减少本书中出现的失于偏颇之处。

幸运的是，在上面的法域里，有两个法域特别具有教育意义。它们自从20世纪90年代以来都经历了翻天覆地的剧变，从而导致了法律层面上的根本变化。1992年，种族隔离制度的法律架构被摧毁了；两年后，尼尔森·曼德拉当选为“新南非”的总统，民主宪法、权利法案和宪法法院也同时诞生。1997年，香港地区回归祖国，从英国的殖民地转变成中华人民共和国特别行政区，而这种转变首先是个法律问题。中国香港地区在国家主体坚持社会主义制度的情况下，保持原有的资本主义制度，这本是几无可能的，但它的形制和结构经由中国香港地区的新“宪法”（即基本法）而得到维持，从而保证了中国香港地区现行普通法体系的延续。

如果我们能够从这两起引人瞩目的事件中学习到什么，那也许就是这个老生常谈的事实：法律是维持和改变社会的工具，它并不完美，却不可或缺。有效运转的法律体系能够提供确定性、普适性和可预测性，低估这种价值是非常轻率的。没有哪个社会能够达到真正的和谐一致，但是如果没有法律，我们这个日益多极化的星球将会不可避免地堕入混乱与冲突。

简短地——且避免过于简单化地——概括法律的基本特征，导致了无数冷血的决定。许多章节被我忍痛扔进了不断膨胀的回收站。我只是希望，当我勾勒出当代法律的中心地带时，它的边缘不至于被我描绘得过窄或过宽。我致力于描绘出变动不居的法律地形图的关键特征；当然，我也承认，这在很大程度上取决于法律的边界。

同样重要的是，我们必须着重指出，如果不了解法律的社会、政治、道德与经济背景，就不能准确地了解法律。法律理论或者说法理学，旨在揭示诸多深层的哲学因素，以解释法律这一复杂概念及其在法律制度中的实际运行。第三章试图阐明法律与社会所接受的道德实践之间颇具争议的紧张关系。我拒绝在经常难以通行的法哲学灌木丛中继续远足，既是因为它远远超出本书的卑微目标，也是因为我希望，如果有读者想要阅读这一令人兴奋的学科的简介读物，他们可以转向我的《法哲学》（牛津大学出版社，2006年）。该书可以被视为你手中这本书的姐妹篇。

在制订与执行这个计划的过程中，牛津大学出版社的相关人士一如既往成为了我相当愉快的合作伙伴。我还要特别感谢安德烈·基根、詹姆斯·汤普森、艾丽丝·雅各布、海伦·奥克斯、狄波拉·普罗瑟罗、佐薇·斯皮尔伯格、温妮·塔姆，以及我初稿的匿名审稿人。

如果没有我的妻子佩妮洛普（幸运的是，她是一位出庭律师）恒久的爱、鼓励与支持，这一切都是不可能的。对于我这位忠诚的臣民，她的主权是无限的；她的话语即是法律。

雷蒙德·瓦克斯

第一章

法律的起源

踏上一辆巴士。法律就在那里。你差不多已经缔结了一份合同：支付车票，以到达目的地。如果你没买票就下了车，那么刑法的长臂将很有可能来抓你。如果汽车出了交通事故的话，法律也准备好了决定谁会为你受到的伤害承担责任。你的工作、你的家庭、你的人际关系、你的人生——以及你的死亡，你全部的生活——以及更多的一切，都处于法律的管理、控制与指引之下。法律制度处于每个社会的核心地带，它保护权利，赋予义务，并为几乎每一起社会、政治及经济活动的实施建立框架。惩罚违法者，赔偿受害者和强制执行协议，只不过是现代法律制度的一小部分任务。除此之外，法律还努力实现公正，提倡自由，保障法治，并保护安全。

不过，对于外行来说，法律看起来经常是高度技术化的、令人困惑的和神秘的，充满了旧式且时常令人费解的行话术语、陈腐的程序、冗长的繁文缛节式的法律规定、附属立法以及法院的判决。律师们倾向于回顾过去。遵循先例的原则是普通法的独有烙印，它表明过往如此，现在也应该如此，并据此给这个不确定的世界提供了具有确定性和可预测性的规则。

但法律并不是静止不变的。全球化、科技的迅速发展以及行政监管的日益增多，都不断地在给法律施加压力。大家期待着国内法律制度对于上述改变作出回应，甚至作出预测；也有很多人期待国际法能够解决国家之间的争端，惩罚邪恶的独裁者，并创造一个更好的世界。这些都是当代法律制度所面临的无数问题中的一部分。

法律很少毫无争议。律师和政治家们习惯性地推崇法律的价值，改革者们哀叹法律的缺陷，怀疑论者驳斥法律对公正、自由与法治自以为是的拥护。然而，很少有人会否认，在绝大多数社会里，法律已经成为我们的社会、政治、道德和经济生活得以进步与发展的重要工具。想一想法律规定给我们生活中的无数层面带来的转变吧，而之前这些层面都曾经被认为属于个人生活领域：促进性别和种族平等、保障工作与娱乐安全、确保食物更为健康、维持商业道德，以及追求其他许多值得赞赏的理想。保护人权、环境、个人安全的法律蓬勃发展。似乎没有什么不能被法律的长臂所触及。立法产业的快速发展，使公民们难以熟悉大量的法律规定，也让权力机构难以实际执行。

法律是新闻。谋杀、并购、婚姻、不幸和谎言成为了媒体的每日素材，尤其是在不当行为在法庭上被公开展示的时候。涉及名人的轰动性审判仅仅是冰山一角。诉讼是法律微不足道的一部分，这在底下的章节中将会越来越明显。

但是法律是什么？大致而言，这个看起来很简单的问题有两个主要答案。一方面，有人认为法律是一系列与自然相一致的、普遍的道德准则。这一观点（被所谓的自然法学家所接受）历史悠久，可以追溯到古希腊时期。另一方面，对于所谓的法律实证主义者来说，法律仅仅是有效的规则、命令或准则的集合，它们可能不具备任何道德因素。另外一些人则将法律视作保护个人权利，达成正义或者经济、政治和性别平等的基础工具。几乎没人相信法律可以与其社会背景相分离。法律的社会、政治、道德与经济背景，对于正确理解法律的日常运转而言非常关键；在形势不断变化的时代中，这一点尤为正确。认识到形式主义的脆弱性非常重要。如果我们忽略了法律从属性的本质和价值，我们就是在危险的薄冰上滑行。对法律本质的思考有时会深奥得让人烦恼，然而这种思考会不时地让我们对“我们是谁”和“我们正在做什么”产生重要的认识。这些不同立场的本质和后果，不久后都将显现出来。

法律的创立

尽管法律在社会中的地位相当重要，但它第一次以成文法典的形式出现，仅仅是在公元前3000年左右。在文字出现之前，法律只是以习惯的形式存在。书面法律的缺位，使得这些规则持续或广泛的适用受到了限制。

汉谟拉比法典是最早的成文法典之一（汉谟拉比是巴比伦帝国的国王与开创者）。它大约在公元前1760年左右出现，是统治者向其人民公布的最早的系统法律文本之一，以使人民了解他们的权利和义务。这部法典雕刻在一块黑色的石碑上（也许你可以在卢浮宫看到它），包含约300个条款。法典的规定覆盖了一系列广泛的活动，从对作伪证者的惩罚（死刑），到房屋建筑工的责任（死刑）——如果他负责建造的房屋倒塌，并导致房屋主人死亡的话。这部法典几乎没有规定任何抗辩理由或者借口，可以说是严格责任的早期典范！

这位国王其实是对更为古早的法律作出了承认（但对此我们的证据少得可怜），他的法典隐隐表明了这一点。因此，这部法典实际上反映了在这位古代君主统治之前就已经存在的习惯。

另外一个更加引人注目的早期立法例证，可以在公元前6世纪左右的雅典政治家梭伦所制定的法律中找到。梭伦被古希腊人尊

图1 汉谟拉比法典由巴比伦国王在公元前1760年左右创制，是现存最早的法律文本藏品之一。它是保存完好的闪长岩石碑，展示了282条法条，吸引我们深入了解了这位国王治下的社会生活。

为七贤之一，他被授予立法权，以帮助雅典度过社会与经济危机。他所制定的法律范围极其广泛，包括对经济、政治、婚姻、犯罪与刑罚的重大变革。他根据经济地位将雅典社会分成五个阶层。个人所承担的义务（包括纳税责任），取决于他所在的阶层。梭伦取消了农民为之抵押土地或人身的债务，奴隶制也因此而告终。

为了解决较高阶层与较低阶层的市民之间的争议，在公元前450年左右，罗马人在铜表上颁布了法律汇编，即十二铜表法。公元前455年左右，罗马人指派了十人委员会（*Decemviri*），来起草对所有罗马人——特权阶层（贵族阶层）和普通人（平民阶层）——都有约束力的法典。对这部法典，治安官（两名执政官）必须加以执行。此举的成果是大量法律的汇编。大多数法律源自当时占主导地位的习惯，它们占据了十块青铜表。平民对这一结果并不满意；公元前450年，罗马人任命了第二个十人委员会，这个委员会增加了另外两块青铜表。

在这段所谓的古典法学家时期（即公元前1世纪到公元3世纪中叶），罗马法的复杂精细程度显著增加。事实上，这些法学家们（盖尤斯、乌尔比安、帕比尼安、保罗，以及其他的法学家们）非常高产，其著作汗牛充栋，厚重得令人绝望。在公元529年到534年之间，东罗马帝国的皇帝查士丁尼下令，对这些纷芜庞杂的文本进行缩减，编纂成系统的、综合的法典。其成果是三本书，即包含《学说汇编》、《法典》与《法学总论》的《民法大全》[①]。这些成果本来要被视为一劳永逸的：它们是法律的最终表述，不需要任何新的解释。但是，这种绝对的确定性很快成为泡影：这一法典过于冗长

① 《新敕律令》系公元534年后颁布的法律的汇编，其形成时间远迟于前三部书，故作者未将该书列入公元529年至534年之间的编纂成果。

图2 拜占庭罗马帝国皇帝查士丁尼。这幅肖像来自拉文纳的圣维塔莱教堂中惊人的马赛克画作之一。他监督将罗马法修订和编纂成《民法大全》，它由《学说汇编》、《法学总论》、《法典》和《新敕律令》构成。

（近100万个词）和巨细无遗，因而适用难度极高。

然而，一丝不苟的细节终究成为了这部法典的巨大力量。在西罗马帝国灭亡600余年后，欧洲见证了罗马法研究的复兴。仍在西欧部分地区生效的查士丁尼法律汇编，成为了欧洲律师进行实验的完美样本。1088年左右，位于博洛尼亚的西欧第一所大学建立，之后四个世纪里，欧洲各地的大学纷纷建立，向研习法律的学生同时传授查士丁尼法和教会法。而且，查士丁尼法典中的矛盾性和复杂性开始成为了它的优势，因为尽管皇帝醉心于让这些法规成为终极答案，但是它们仍然可以顺应不同时代的要求，被重新解释与改编。由此罗马法在欧洲大部分地区得到了传播——尽管在文艺复兴时期和宗教改革时期，它也面临着众多反对者。

然而到了18世纪，人们开始认识到，需要有更加简明的法典。

图3 博洛尼亚大学可以说是西方世界最早的大学。它建立于1088年左右，在那一时期，语法、修辞与逻辑大师们开始将他们的注意力转向法律。博洛尼亚大学一直盛产杰出的法学教师团队。

查士丁尼法典被一些新的法典所取代，这些新法典旨在追求简洁性、易于适用性和全面性。1804年的拿破仑法典离实现这些崇高的抱负又近了一步。通过殖民，这部法典被引进到西欧与南欧大地，并传入拉丁美洲；它对整个欧洲产生了巨大的影响。1900年，一部更加技术化和抽象化的法典在德国被颁布；它并不是用户友好型的法典，但是它以惊人的全面性弥补了这一缺陷。它的简称是BGB，其影响力同样巨大：它成为了中国、日本、希腊与波罗的海国家的民法典立法典范。

法典化的吸引力

一个人需要开卷才知，法律所蕴含的种种层面，是怎样适用于在人类可能的活动范围内所能够想象出来的每一种行为：哪些行为是他必须为自身、邻居或社会公众的利益而去履行的义务，哪些行为他有权利去实施，哪些行为他有权利让别人为了他的利益去实施……在这样一个知识库内，他或者任何其他人所服从的整个义务体系得到了记录与展示，可供人阅览。

杰里米·边沁，《法律总论》，第19章，第10段；引自杰拉德·J.帕斯特玛，《边沁与普通法传统》（牛津大学出版社，1986年），第148页

西方法律传统

西方法律传统具有一系列显著特征，以下特征尤为突出：

- 法律机构（包括司法、立法及其制定的法规）与其他机构之间具有相对清晰的分界，同时上述机构的法律权威高于

政治机构。

- 法律原理的本质包括主要的法律渊源，并以法律训练、法律知识与制度性的法律实践为基础。
- 法律的概念是由一系列规则和原则构成的、连贯一致的有机整体，并有其自身的内在逻辑。
- 存在律师与其他法律专业人士，并有相应的专业训练。

尽管有些特征也会出现在其他法律传统中，但它们对法律在社会中扮演的角色重视的程度和采取的态度，都与西方法律传统有所不同。在西欧，法律，特别是法治，是社会形成的基本元素，也是社会自身意义之所在。对于法律与法律程序的尊重，通过当代西方民主制度，也规范着一国政府在国内和国际上的行为。

法治理想与英国宪法学者阿尔伯特·维恩·戴雪联系得最为紧密。在他极负盛名的著作《英宪精义》（1885年）中，他详细阐明了英国（不成文）宪法的基本理念，尤其是法治理念。根据戴雪的观点，法治理念应当包含以下三个原则：

- 与专断权力的影响相比，普通的法律应当具有绝对的至高无上的地位或优势地位。
- 法律面前人人平等，或者说，每个阶层都服从于这块土地上的一般性法律，并服从一般法院的管辖。
- 宪法源于由法院加以确定并执行的个人权利。

大陆法系与普通法系

欧洲大部分地区、南美以及其他地区采用的法典化制度被称为大陆法系，与其形成对比的是英格兰、前英国殖民地、美国及加拿大大部分地区采用的普通法制度。大陆法系通常被分为四种类

普通法的古老魅力

某些事对于大陆法系的律师们来说只是单纯的一个问题，可以用一部法律来解决；但是对于普通法系的律师而言，就是一堆更加专门的问题，他必须用多种法律体系加以解决，而且大多数法律还具有古老的渊源……然而，我们应当坦率承认，尽管英国的制度确实有着古董式的魅力，但是它太复杂，太难理解，因此其他人根本不会想去采用这种制度。

K.茨威格与H. 科茨，

《比较法简介》，第三版（牛津出版社，1998年），第37页

型。第一种是法国法系，它同样为比利时、卢森堡、加拿大的魁北克省、意大利、西班牙，以及它们的前殖民地所采用（包括非洲与南美洲的前殖民地）。第二种是德国法系，主要为奥地利、瑞士、葡萄牙、希腊、土耳其、日本、韩国所采用。第三种是斯堪的纳维亚法系，为瑞典、丹麦、挪威与冰岛所采用。第四种是中国法系，它结合了大陆法系与社会主义法律的元素。这种四分法并非滴水不漏。比如在过去一个世纪里，意大利、葡萄牙和巴西的法律已经向德国民法体系靠拢，它们的民法典逐渐采取了德国民法典的基本元素。俄罗斯的民法典在一定程度上则是荷兰民法典的翻译版。

尽管这两种传统——普通法系与大陆法系——在过去的一个世纪里开始互相靠拢，但这两种体系仍然具有至少五处重大的区别。首先，普通法系的本质是不成文法，这一特点是由中世纪的律师及其提交辩论意见的皇家法院的法官联手造成的。实际上，这一

根深蒂固的口述传统得到了强大的君主制的支持，并在罗马法研习的复兴之前，由专家加以发展。这一点也许能够解释为什么罗马法体系从来没有被英格兰所接受。

数代普通法律师都拒绝了法典化，然而在美国，这种抵触情绪已经逐渐减弱。自从美国法律协会（其组成人员为律师、法官以及法律学者）于1923年成立以来，它已经发布了一系列“法律重述”（涉及的领域包括合同、财产、代理、侵权以及信托），以“通过对基本法律问题的重述来解决法律的不确定性，从而让法官与律师知道法律是什么”。他们的目的在于让法律更加明晰，而不是将法律法典化。这些法律重述所持的观点具备仅次于法律的权威性，这一点可以通过美国各法院的普遍接受（尽管并非一直与它们保持一致）得到证明。更加重要的是《统一商事法典》（UCC），它针对重要的商业交易建立了一系列稳定而一致的规则，在全美都得到了广泛应用。美国50个州的法律各不相同，因此对于商业交易使用统一的规则就显得格外重要。想象一下因缺少这种标准化而引发的混乱：你生活在纽约，在新泽西买了一辆在密歇根制造、仓储地在缅因的车，然后这辆车被运送到了你家。

第二，普通法具有诡辩意味：它的基石是案例，而大陆法系的基石则是法律文本。随便问一个美国、澳大利亚或者安提瓜岛的学法律的学生，他们绝大部分的学习时间都用来做什么，答案几乎肯定是“阅读案例”。如果去问阿根廷、奥地利或者阿尔及利亚的学生，他们则会提及他们一直在精读的民法或刑法法典。普通法律师集中于研究法官作出的论断，而非法典的词句，因此他们会用一种更加实用的、不太理论化的手段来解决法律问题。

第三，考虑到法院判决的中心地位，普通法系的律师把遵循先例原则作为整个法律体系中的最高原则。这一原则意味着，在案件的事实基本相似的情况下，法院作出的在先判决应当适用于现在的案件；它也意味着在司法等级制度中级别较高的法院作出的判决，对于级别较低的法院具有约束力。这一理念之所以正当，是因为它可以带来稳定性、可预测性和客观性；同时也可以让法官“辨识”出明显具备约束力的先例，其依据是它们与之前的案例在某些方面有着实质性的区别。

第四，尽管普通法以“何处有救济，何处即有权利”为基本前提，大陆法系却在整体上采取了一种完全相反的立场，即“何处有权利，何处即有救济”。如果说普通法系本质上是救济本位而非权利本位，那么从表面上看，这是由所谓的令状制度导致的。在采取这一制度的英格兰，自从12世纪以来，如果没有经国王的授权所发布的令状，诉讼均不能开始。每一个请求都有一种正式的令状。因此，举例来说，债务令状是所有追索欠款的诉讼的前提，权利令状的存在则是为了追索土地。在17世纪，人身保护令（*habeas corpus*，字面意义为“你必须提交此人的身体”）是对专断权力的重要制约，因为它要求将未经审判而被关押的人呈交法院[①]。如果关押此人并无正当合法的理由，则法官可以命令释放此人。大陆法系国家用了一个世纪之久，才最终接受了这一自由社会的根本特征。

最后，在13世纪，普通法系已经将陪审团引进了民事案件与刑事案件。陪审团决定案件的事实问题，法官决定法律问题。陪审团审判制度一直是普通法系的根本特征，大陆法系从未接受过这种

---

① 另一解释为you may have the body，意即“你可以拥有此人的身体”。对人身保护令的历史感兴趣的读者，可阅读丹宁勋爵(Lord Denning)的经典之作《法律的界碑》（*The Landmarks in the Law*）第八章的内容。

将事实与法律分离的做法。这种分离也阐明了普通法系口述传统的重要性，这与大陆法系所采取的、以书面辩论意见为中心的做法截然相反。

普通法、混乱，以及法典化

如果普通法由法典化的、可以通过参考其渊源法规而加以确认的一系列法规所组成，生活将会容易很多。但是现实是，我们面临的状态要复杂和混乱得多；而且，要让普通法符合那种理想状态，唯一的方法就是法典化，那样的话，整个制度也就不再是普通法了。这种神话（因为它的确是个神话）的魅力来自另外一种理想，即法治而非人治的理想……将普通法视为一系列法规的集合，或是视为一种在本质上很精确的理念，将会扭曲这一制度的本质；就好像说，一个人可以在大体上列出普通法有多少法规，并且把它们像数羊一样数出来或把它们刻在石版上一样。

A.W.B.辛普森，《普通法与法律理论》，载于威廉·唐灵（编），《法律理论与普通法》（布莱克维尔出版社，1986年），第15页—16页

有这样一些法域，例如苏格兰，尽管其法律体系并非法典式的，但是仍然在不同程度上保留了罗马法的影响。也有一些法域虽然避免了罗马法的影响，但由于制定法占据主导地位，这些国家的法律体系与大陆法系传统较为接近。这些法域包括斯堪的纳维亚国家，在罗马—日尔曼法系中具有独特的地位。

其他法律传统

宗教法

如果不去细究某一法律制度的宗教根源，就不可能正确地理解这一制度。这些根源往往根深蒂固，历时久远。事实上，在西方世界，罗马天主教会的法律制度最为悠久，也未曾间断。就西方法律制度而言，宗教的影响可谓相当明显：

> 基本的机制、观念和价值观……可以追溯到11世纪和12世纪的宗教仪式、礼拜仪式和教义。它们反映了对于死亡、原罪、惩罚、宽恕与救赎的新态度，以及关于神与人的关系、信仰与理性的关系的新看法。

在12世纪的欧洲，教会法在很多领域起着重要作用。教会法庭宣称，它对范围相当广泛的事项具有管辖权，包括异端、婚前性行为、同性恋、通奸、诽谤，以及伪证。教会法仍然适用于不少教会，特别是罗马天主教会、东正教会，以及圣公会。

世俗主义的兴起并没有完全排除宗教法的影响。在西方世界，立法和法院对于宗教专属事务的管辖权经常受到限制，而且很多法律制度包含了宗教法，或将宗教机构的事务交由它们自己处理。但是西方法律的一大重要标志是政教分离。

若干卓越的宗教法律传统与国家法律制度并存，而有些宗教法律传统则为国家法律所采纳。最为重要的是塔木德法、伊斯兰法以及印度教法。这三种宗教法的权威都有神圣来源，即《塔木德经》、《可兰经》和《吠陀经》中揭示的宗教教义。

塔木德法

塔木德法象征着一种伟大的智识理念；作为一本法律书，它包含了来自所有时代的观点，其相异之处永无止境；它还处理着过往之事，从未将其视为终结，这就给更多的意见提供了空间，而每一个时代都与之相关。在任何法律传统中都找不到类似的特点。

H.帕特里克·格伦，《论普通法》

（牛津大学出版社，2005年），第131页

所有的宗教法都以种种方式影响着世俗法。例如塔木德法对西方商法、民法和刑法都有着重要的影响。在普通法系和大陆法系之外，我们还可以找出另外四个重要的法律传统。

印度教法

印度教法承认法律与世界均有变化之可能，但是……印度教法只是在忍受，而不会以任何方式鼓励这种变化的可能性，认为它一定会发生，但不应当干扰整个世界的和谐基调。如果干扰到了，那就是恶业，会得到相应的处置。因此，就一种书面记载的传统而言，印度教传统的宽广令人难以置信。忍受并非位于这个传统的边缘，而是位于它的核心。而且忍受有其所独有的戒律。

H.帕特里克·格伦，《世界法律传统》，第二版

（牛津大学出版社，2004年），第287页

伊斯兰法主要以《可兰经》的教义为基础。它延及生活的方方面面，而不仅仅适用于那些属于国家和社会的层面。超过地球人口总数五分之一的人（大约13亿人）遵守着它。

印度教的核心以因果循环的理念为前提：善良和邪恶最终决定着人们下一世的好坏。印度教法，尤其是其中与家庭和继承有关的部分，适用于大约9亿人，他们多半生活在印度。

伊斯兰法

伊斯兰法……通过对人性的常理推定，而非通过完善自创的范畴来寻求永恒性。它是一个由伦理、逻辑与判断构成的体系，它并非建立在对教旨的完善之上，而是建立在日常生活的标准之上；以此作为衡量标准，它的发展、整合、逻辑和成就都是极具影响力的。人类的义务是遵循真主创设的道德约束，而不是试图去发明它们。但是在真主创设的道德约束之内，在知道它们的存在、错综复杂性和交互影响的情况下，人们可以创造各种关系，并进行交易。

劳伦斯·罗森，《司法人类学：伊斯兰社会中作为文化的法律》（剑桥大学出版社，1989年），第56页；引自马利斯·鲁思文，《伊斯兰简介》（牛津大学出版社，1997年），第89页

习惯法

习惯法所涉及的惯例必须具备通常做法和习惯之外的其他特征。它们需要具备一定程度上的合法性。辨认出这种合法性并非

总是轻而易举，尽管习惯法一直在扮演重要的角色——特别是在具有混合法律制度的法域中，比如某些非洲国家。习惯的韧性在印度与中国也非常明显。事实上，关于中国的习惯法，《中华人民共和国香港特别行政区基本法》规定，习惯法作为在之前的香港地区（1997年7月1日之前）已经生效的法律的一部分，应当继续有效。

混合法律制度

在一些法域中，两种或者两种以上的法律体系互相影响。比如在南非，罗马—荷兰法的存在，是受到荷兰法学家影响的结果，他们在著作中参考了罗马法。这一传统是在17世纪和18世纪向好望角殖民地输出的①。19世纪，在南非引进英国普通法之后，南非法律体系的混合特性更加具有活力，两种体系实现了非凡的和谐共存。并且，这一趋势仍在延续：

> 如同宝石镶嵌在胸针之中一般，在今日的南非，罗马—荷兰法在英国制造的基座上光芒闪耀。即使整个南非的私法与刑法体系仍然是纯正的罗马—荷兰法（事实上，它并不是），作为整体的南非法律体系仍然是一种混合体系，大陆法系与普通法系的元素在其中互相碰撞。

尽管斯里兰卡和圭亚那分别在1799年和1803年引进了罗马—荷兰法，但这种混合体系早已不再有效，普通法正占据着主导地位。

---

① 其时好望角为荷兰殖民地。

中国法

传统的中国社会与其他的儒家文明一样，没有发展出以西方法律体系的基础理念为根基的法律体系。儒家思想接受了“礼”的概念：它与其他普遍和平等适用的固定的法规体系，形成了强烈的对比。尽管中国的“法家”致力于削弱儒家哲学理念的政治影响力，要用“法治”（法）取代儒家的组织之道——“礼”，但“礼”仍然一直在中国占据主导地位。

中国令人叹为观止的现代化进程，需要能够促进经济发展和金融发展的法律。毫无疑问，法律在当代中国的角色仍然是工具性和实用性的。中国的法律体系在本质上属于大陆法系，因而在很大程度上也是法典化的。

中国法律的未来

我愿意大胆地提出，当中国现在的经济改革带来席卷整个国家的经济与社会巨变时，随着时间的流逝，所有传统法律文化中的封闭元素得以形成的社会背景，将被另一种社会背景所取代。它们将会在重焕青春的中国文化中找到自己的位置，而中国文化能够，而且也将会从中国传统里的开放元素中得到启发，诸如儒家的仁爱，道德修养，以及对于天、地、人与世间万物之和谐的默默却无尽的精神追求。

阿尔伯特·H. Y. 陈，《儒家法律文化及其现代命运》，见雷蒙德·瓦克斯（编），《中国香港地区的新法律秩序》（香港大学出版社，1999年），第532页—533页

法律的诱惑

当人们深受不公之苦时，他们经常抱怨："应当由法律来制止这个行为啊！"现在的趋势是，我们日益期待法律来解决问题，这是可以理解的。当法律不能提供救济时，人们会觉得沮丧和愤怒。但是法律对于反社会行为的管制，并不像看起来那么简单。本书第六章提到的技术给法律带来的挑战，应该说明了这一点。我们向法律——或者律师——寻求帮助时，很有必要去回忆一下伟大的美国法官伦纳德·汉德的话语。汉德法官针对人们对于法律的过度信任，开出了这剂解药：

> 我常常在想，我们是否将希望过多地寄托于宪法、法律和法庭之上。这是错误的希望；相信我，这是错误的希望。自由在每一位男子和女子的心中；当它在那里死去时，宪法、法律或者法庭，都将束手无策。如果它依旧在每个人的心中，那么它不需要任何宪法、法律或者法庭来加以拯救。

本文的论述自会证明这一断言到底是否正确。

法律的功能

秩序

很难想象足球、象棋或桥牌可以没有规则。如果没有一套达成一致的、成员应该遵守的规则，一家扑克休闲俱乐部都没办法正常运转。因此，当人们组成更为庞大的社会团体时，他们总是需要法律，这一点丝毫不让人吃惊。几乎难以想象没有法律的社会。不幸的是，我们总是倾向于利己主义。法律对自由的限制，是我们为了在社区中生活必须付出的代价。“我们都是法律的奴隶，”古罗马伟大的律师西塞罗写道，“所以我们才可能自由。”法律提供了安全与自决，这在很大程度上推动了社会和政治的进步。

“法律与秩序”已经成了老生常谈，也许更准确的说法应该是“法律为了秩序”。人们普遍认为，如果没有法律，秩序就不可能得到维持。而秩序——或者，用现在更流行的词来说，“安全”——是绝大多数政府的中心目标。如果社会有志于保障其成员的幸福安康，那么“安全”则是基本前提。

托马斯·霍布斯在著名的自然状态理论——在社会契约理论之前——中宣称，人类的初始状态是“孤独的、穷困的、下流的、粗野的和短暂的”。不过，不止一名学生将这一格言修正成了“……下流的、英式的和短暂的”[①]。霍布斯认为，只要我们希望维持秩序和安全，法律和政府就是必需品。因此，根据社会契约，我们需要将自然自由让渡出去，以创造一个有秩序的社会。在今天，他的哲学被认为有点威权主义，因为他将秩序置于正义之前。尤其需要指出的是，他的理论——事实上，他自己也承认——是为了削弱革命的合法性，哪怕革命旨在反对恶政。

他认识到，无论是在精神上还是在生理上，我们在本质上是平等的：最弱者也有能力杀死最强者。但他认为，这种平等造成了混乱。他论证说，人们容易基于三种原因而争吵：竞争（因为物质财产的供给有限）、不信任与荣耀（为了保护我们强大的名声，我们一直保持敌对）。霍布斯认为，因为我们容易发生冲突，我们的自然状态是，所有人都持续地互相敌对，没有任何道德存在，所有人都生活在永恒的恐惧之中。在这种战争状态停止之前，所有人对一切

① 这里包含了一个文字游戏：“粗野的”原文为brutish，而“英式的”原文为British，仅有一个字母之差。

事物都拥有权利，甚至包括他人的生命。当然，秩序仅仅是法律的一种功能。

正义

法律无疑维护着秩序，但它还有另外一种至关重要的功能。20世纪的英国法官丹宁勋爵曾经说过：

> 我认为，法律有两个伟大的目标：一是维护秩序，二是伸张正义；然而，这两个目标并非一直保持一致。有些人重视秩序，将稳定置于正义之前；而有些人重视救济不平之事，将正义置于稳定之前。正确的解决之道，是保持二者之间的适当平衡。

对正义的追求必须成为任何法律制度的核心。法律与正义画上等号的历史相当久远。这一理念在古希腊哲学家的著作中，在《圣经》中，在古罗马皇帝查士丁尼的法典中都可以找到。但是，要弄清楚正义的概念并不容易。柏拉图和亚里士多德都曾致力于阐释正义的基本特征。事实上，绝大多数对正义的讨论，仍然以亚里士多德的方法为出发点。亚里士多德认为，正义在于以平等对待平等，以不平等对待不平等（根据不平等的程度而定）。亚里士多德承认，正义中所蕴含的平等既可以以算术方法计算（以所涉及之人的身份为基础），也可以以几何方法计算（以维持同样的比例为基础）。因此，他区分了两种正义，一是矫正正义（交换正义），二是分配正义。前者是法庭的正义，适用于矫正犯罪或矫正不当的民事行为。它要求所有人都必须被平等地对待。至于后者（分配正义），亚里士多德认为，给予每个人的，应当和他的价值或他所应得的份额相适应。根据亚里士多德的观点，这一点主要是由立法者考虑的范畴。

在经典之作《法律的概念》中，H.L.A.哈特认为正义的理念：

……包含两个部分。一是统一性或者恒定性，可以用一句格言来概括："情况相似的案件，应当得到相似的判决"；二是一个灵活的、可变的原则，基于任何既定的目的，用于决定案件是相似的还是不同的。

哈特认为，在现代社会，"人类有权得到同等对待"这一原则已经根深蒂固，因此，为种族歧视辩护的理由经常是：那些被歧视的人"不完全是人类"。

另外一种特别具有影响力的正义理论叫作功利主义，它总是让人想起著名的英国哲学家，法律改革者杰里米·边沁。他的文风富有活力，极具个人特点：

自然把人类置于两位主公——快乐和痛苦——的主宰之下。只有它们才指示我们应当干什么，决定我们将要干什么。是非标准和因果联系，俱由其定夺。……功利原理认可这一被支配地位，把它当作旨在依靠理性和法律缔造幸福制度的基础。凡试图怀疑这个原理的制度，都是重虚轻实，任性昧理，从暗弃明的。[①]

为了这一目的，边沁制定了"幸福计算法"，以评估任何行为的"幸福指数"。

---

① 此段引文参考了时殷弘先生的译文（《道德与立法原理导论》，商务印书馆2000年12月第1版，第57页，第一章第一小节）。

世界上有许多解释正义为何物的方法，它们互相冲突。有些方法同样反映了霍布斯的社会契约理论。这一理论的现代版本在约翰·罗尔斯的重要著作中有所反映。罗尔斯拒绝了功利主义，将正义理念发展为公正性。这种公正性旨在得出正义的客观原则，在理论上，它将会得到无知之幕下个体的一致同意，这些个体并不知道他们所属的性别、阶层、宗教或者社会地位。每个人都代表着一个社会阶层，但是他们并不知道自己是聪明还是愚顽，强壮还是虚弱。他们也不知道自己生活在哪个国家或哪个时期。他们只对科学和心理学原理有基本的知识。在这种幸福的无知状态下，他们必须以匿名的方式决定一份契约，这份契约的基本原则将会规定他们组成的社会的生活模式。在这一过程中，他们为理性的个人利益所驱动：每个人都在追寻着那些最能够使自己获得自己所选择的“美好生活模式”的原则，不管这种模式到底是什么。

法律现实主义

法律的生命不在于逻辑，而在于经验。感受到的时代的需求、主流的道德与政治理论、公开宣布的或者潜意识里关于公共政策的直觉，甚至法官共同的偏见，在决定统治人们的法律规则如何适用的过程中，比三段论式推理更加重要。法律反映了一个国家数世纪以来的发展史，我们不能像对待一本只包含了公理和推论的数学书那样对待它。

奥利佛·温德尔·霍姆斯法官，《普通法》，第1页

除非某一法律体系的规则尽可能具备合理性、普适性、平等

性、可预测性和确定性，否则正义就不可能通过这一法律体系而获得。但是，这些目标都不可能在绝对的意义上达成，它们只是理想。举例来说，法律永远不可能具备完全的确定性。有时候案件的事实模糊不清，难以查明。与此同时，法律本身也难以确定——特别是对于不是律师的人来说，他们将会面对汗牛充栋的法规、法庭的判决、实施细则等等。因为互联网的存在，寻找法律的任务变得略微轻松了一些，但是面对着法律渊源的迅速扩张，这项任务依然是个艰难的挑战。“疑难案件导致恶法”这一格言说明了一项重要原则：法律具有确定性，要比扭曲法律来适应某个异乎寻常的个案来得更重要。

正义需要的不仅仅是公正的法律，它还要求获得正义的过程也必须是公正的。因此，这首先需要一个公正而独立的司法制度（第五章将对此加以讨论）；其次，还需要有能力的、独立的法律职业人士（第五章同样将对此加以讨论）；第三，程序正义是公正的法律制度必不可少的因素。这些必备因素和其他因素一起，保障我们能够获得法律意见、法律援助与代理，以及公正审判（第四章将对此加以讨论）。

在公正的或者比较公正的社会里，一般来说，法官在推进正义事业的道路上几乎不会面临障碍。很少需要英雄主义。然而，当不公在整个法律制度中蔓延的时候，法官的工作会棘手得多。在纳粹德国或者种族隔离的南非这样的社会里，一位高贵的、有道德的、公正的人，要怎么样才能兼顾他的良心和职业呢？在不公的社会里，普通人也可能会遭遇这种道德困境。法官属于公务人员这一事实，会把他和其他参与这个法律制度的人或者只是从不公正中攫取利益的人区分开来吗？将法官和其他人，特别是律师，作道德上的区分，是否有着充分的理由？可敬的法官只会努力在他力所能及的范围内施行正义，并承认在某些主要的法律领域内，他的权力是受到限制的。但是一位尽职的、有良心的律师是否也和法官在同一条船上？他也同样努力去做好事，但在这个法律制度的苛刻限制下，他个人将会付出巨大的代价。他也同样为这一法律制度提供合法性依据。他的道德困境和法官的道德困境难道不是一样的吗？

对于这类困境，我们并没有简单的标准答案。从制度上说，法官与律师并不相同：他们是通过任命或者选举产生的、负责法律实施的官员。他们的法定义务很清晰。但是律师不是国家的官员。他们对客户负有巨大的责任。当然，他们必须在这个法律制度内工作，但是他们的职责是运用法律，而非广施正义。他们可能认为某项法律在道德上令人厌恶，但是在不公的法律体系内，相比法官来说，他们更容易为自身扮演的角色正名。也正因为如此，举例来说，在实行种族隔离制度的南非，律师们认识到了他们与法官在作用上的区别，因此多名声誉卓著的资深律师宣称，本着良心，他们会拒绝出任法官职位。但是他们仍然可以继续做律师。尽管从这个制度中退出的诱惑非常强烈，但是在为正义努力奋斗的途中，许多律师仍然展示出了巨大的勇气，有时候他们甚至成为了英雄。

不管怎样，律师个人可以认定，自己在法律制度中的作用是不是为了巩固这一制度的合法性。这是一种在道德上完全正确的回应。但是这并不意味着国家官员也面临着相同的道德困境，因为法官与律师在功能上存在重大的区别。具体来说，与法官不同的是，律师所关心的远不止是法庭程序。事实上，律师做出的某些最有价值的工作，就是针对客户的权益向其提供建议，而不论客户是否打算或期望提起诉讼。出庭会被视为对现行法律制度合法性的明确接受，但为客户提供建议就不一定是这样了。

法律制定最基本的规则。谋杀是不对的，盗窃也不对。法治最明显的实例，就是对各种形式的反社会行为进行规制的法律规则。现代政府致力于以强制措施之外的方式来说服我们循规蹈矩。胡萝卜每每取代了大棒。政府会用宣传活动、官方网站以及其他形式的公共关系活动来劝导我们做某件事，或者不要做某件事。但是法律规定了人们的行为标准，因此仍然是国家手中最有力的工具。

而且，法律建立了一个框架，用以解决所有难以避免的纠纷。法院是解决冲突的主要场所。几乎所有的法律制度都包括法院或者类似法院的机构，它有权力对纠纷作出公正的裁决，并且依据公认的程序来依法作出权威性的判决。

法律促进，甚至经常鼓励特定的社会和经济关系。法律规定了很多规则，让各方得以缔结婚姻关系、劳动合同或者买卖合同。公司法、继承法、物权法等等，都为我们提供了有用的工具，我们可以借助它们从事构成社会生活的无数活动。

法律的另一项功能是保护财产。规则确认“谁”拥有“什么”，从而决定了谁对物品拥有最坚实的权利或请求权。因此，法律不仅保障了个人的独立，而且还鼓励人们更高产、更富有创造性（催生新的思想，它们可能会转化为受到专利权和著作权保护的知识产权）。

法律同样追求保护社会公众的普遍安全。法律对超出市民或私营企业能力的公共服务（比如国防或国家安全）进行监督或协调，个人不再被迫为自己的安危操心了。

近年来，法律另一方面的功能起到了重要的作用，那就是保护个人权利。比如许多国家的法律囊括了权利法案，以此作为保护一系列个人基本权利免遭侵犯的手段。有时候，权利法案以宪法的形式确立。宪法确立是保护人权法案的手段，使它不会轻易受到立法修正的影响[1]。在其他法域中，由普通的、像其他任何法律一样可以废止的法规所保障的权利就不那么安全。几乎每个西方国家（澳大利亚是明显的例外）都以宪法或者立法形式确立了权利法案。

法律的渊源

法律并不是从天而降的神赐之物。它起源于诸多得到认可的“渊源”。由此得到反映的观念是：如果缺少权威的渊源，某项号称是法律的规则，其实并不能被认可为法律。因此，律师们经常提及“权威依据”。法官可能会这样询问律师：“你的主张有什么权威依据？”为回答这一问题，普通法系的律师很可能会引用在先的判例，或是一项法令；而大陆法系的律师则会向法庭引证某一条款，比如民法典中的条文。不管哪种情况，公认的法律渊源都会对法律论证的形成起到决定性的作用。

除了上述两种传统的法律渊源之外，法学著作被视为权威法律渊源的情况同样屡见不鲜。同时，还有其他一些法律渊源，比如常识和道德准则等。这些法律渊源严格来说并不是法律，这一点可能令人难以置信。

立法

当代法律体系中，典型的法律渊源是由立法机构颁布的法律。它旨在引进新的规则，或者修改原有的规则——通常打着改革、发展或者声称要改善生活的旗号。然而，立法的起源却较为晚近。

---

① 宪法作为根本法，与非根本法的其他部门法相比，修正程序较为复杂。

20世纪见证了立法者立法能量的爆发，他们的当选常常归功于充满承诺的宣言，宣言假定存在着一条永不休止的立法流水线。在大多数发达社会里，几乎不太容易想出来，生活中还有什么领域没有被立法者致力于管理我们何事可为、何事不可为的献身精神所触及。

然而法律并不是什么灵丹妙药。事实上，法律起到的效果与起草者的立法目的往往背道而驰。而且，我们的立法措辞也很少能够精确明白到无须再加解释。法律用语极少是定论性的，很容易对它们作出不同的解释——特别是在律师介入的情况下。不可避免地，解释法律的含义成为了法官的责任。当他们解释法律的时候，他们通常会创造先例；先例为法院的审理提供了指导，但是法院将来很可能会面临立法机关的解释。

因此，人们发展了一系列的技术性“规则”，来帮助法官解读立法者的意图。这里有一个经典的例子能够展示对立法者的意图进行解释的不同方法：假定有一部禁止“车辆”进入公园的法律。汽车自然属于“车辆”之列，那么自行车呢？滑板呢？第一种解释方法是“字面解释”，或者叫“文本解释”，即对法律用语进行通常的、字面意义上的解释。在这种解释下，“车辆”的外延不会扩展到小轿车、卡车或者公共汽车之外。根据通常理解，自行车和滑板并不属于车辆。但是，值得注意的是，这种单纯的文义解释可能会导致荒谬的结论，即使是它的支持者也承认，这种方法会产生麻烦，而且我们不能用明显不合逻辑的方法去解释存在争议的单词和短语。

第二种方法是努力探求立法的**目的**。在我们刚刚举的例子里，我们可以认为该条规定的目的是为了保障公园的宁静祥和。如果是这样的话，我们可能会更容易判断立法的真正意图是什么，并据此来将汽车（噪音）和自行车（安静）区别对待。这一方法还会让法官考虑整个法律体系的综合目的。当采用上述狭义或者广义的目的解释方法得到的解释和语句的字面含义不一样时，目的解释方法会倾向于采取灵活一些的解释，而不是单纯的字面解释。

目的解释是在不少法域中占据主导地位的方法。美国法院经常细究法律的立法历史，以解决法律的模糊性，或者确定其清晰的含义。在加拿大和澳大利亚也有着相似的做法。在欧洲，1972年的《欧洲共同体法》规定，在解释执行欧洲共同体（EC）法律的立法[①]时，法院应当采取目的解释的方法。事实上，欧洲共同体法律是根据大陆法系的立法模式起草的（措辞比普通法系国家的法律更为简练，但抽象程度更高），目的解释就成了必不可少的方法，而且法院会经常考虑到广泛的社会目的与经济目的。欧洲法院[②]也同样倾向于使用目的解释的方法。

我认为，公正地说，任何一种方法都不能单独开启通向完美法律解释的大门。事实上，这些解释规则到底是不是得到了一致适用，或者能不能得到一致适用，还存在大量疑问。著名的法律解释学者鲁伯特·克劳斯教授（爵士）向我们讲述了他在牛津大学的学生表达出的疑惑：

① 某些欧洲共同体（现在为欧盟）成员国的法律传统决定了它们不能直接适用欧洲共同体法律，而必须通过国内立法将欧洲共同体法律转化成内国法，才能执行和适用。英国即是其中之一。因此才有“执行欧洲共同体法律的立法”一说。

② 于1952年成立，位于卢森堡，是处理有关欧盟法（欧共体法）争议的最高法院。它有权管辖对其成员国提起的、诉称其未履行欧盟条约项下义务的案件。

每一个学生都告诉我有三种方法——文义解释原则、黄金原则和除弊原则；法院若适用其中任何一种，我们都可以相信它在个案中秉持了正义。我对此一直有着疑惑，但最令我不安的是，我每次向学生或者考生提出这个问题，答案一直都是一样的。甚至当问题是"'议会的意图' 是什么意思？"或者"法律解释的主要外部辅助手段是什么？"的时候，我得到的答案依然是"有三种解释原则——文义解释原则……"

普通法法律解释原则

文义解释原则

如果某部法律的用语清晰，只有一种含义，那么必须认为该立法的真实含义和目的，就是它所清晰表达的含义；以清楚明白的词句颁布的法律必须得到执行，无论这会引起何等荒谬的、有害的结果。

亚金森勋爵，瓦希诉伦敦排字工人协会案 [1913] A.C. 107, 1211

黄金原则（目的原则）

黄金原则……是指我们（在解释法律时）需要将整部法律进行通盘考虑，并对其进行整体解释，赋予其中的文字以通常的含义；除非此举将会导致不一致的、荒谬的、不便的结果，其严重程度足以让法院认为立法并非旨在在通常意义上使用这些词语，也足以让法院有充分理由赋予这些词语其他意义。尽管与通常意义相比，这些意义不那么正确，但它们是法院认定的、这些词语所应当承载的含义。

布莱克本勋爵，威尔河委员会诉安德姆森案(1877)

2 App Cas 743, 764–5

除弊原则（海顿案原则）

在适用除弊原则时，法院必须问四个问题：(1) 在该部法律颁布之前的普通法是什么样的？(2) 之前的普通法没有规定的缺陷或弊害是什么？(3) 该部法律意图提供的补救是什么？(4) 提供上述补救的真正原因是什么？

海顿案(1584) 3 Co Rep 7a, 7b

而且也有人愤世嫉俗地认为，这些规则只不过是将来自完全不同基础的解决办法加以合理化罢了。

立法过程中另一个固有的困难是，我们不能期望立法者预见未来。当新情况发生时，为达到某项特定目的而设计的立法可能就不管用了。当创新型技术使法律变得更加复杂时，情况尤其如此。例如，因为数字技术和互联网的兴起，版权立法和色情作品立法正面临着尴尬的挑战，我们将在第六章中讨论这一问题。

普通法

人们通常会把"普通法"这一术语与**英国**普通法联系在一起。但是如果我们讨论的是法律意义上的、主要以立法形式表现出来的普通法，而非局限于某个具体法域之内的普通法，那么它们就不是英格兰或者英语系前殖民地国家的专利。普通法的存在形式多种多样，而且在不少欧洲法律体系中均有留存，包括法国、意大利、德国和西班牙。它们均源自罗马，为欧洲各地自发接受而非强制施行，并由此获得了共性。但在英格兰，由法官推动的普通法倾向于使用司法和救济术语。尽管欧洲（法国、德国）的普通法似乎已经被内国法所吸收，但是它们并没有死去。尽管法典化和遵循先例原则的时代已经到来，这些非英语系国家的普通法虽然已经饱受打击、伤痕累累，但是依然适用，而且它们还在多个法律制度的血管内不知疲倦地循环着。

对于施行普通法的英格兰，以及多个引进普通法的国家而言，法院的在先判决（司法先例）是法律的基本渊源。遵循先例原则规定，法院在先前的案件中采用的说理方式，对于后来审理类似案件的法院通常具有约束力。这一理念建立在"遵循先例"（*stare decisis*）的基础上。它的目的当然是为了提高法律的稳定性和可预测性，并保证相似的案件尽可能得到相似的判决。

每一个普通法法域都有它独特的法院等级制度，遵循先例原则要求法院遵循在等级序列中高于它的法院的判决。由此，低级别的法院只需要在作出判决时遵循上一级法院的**说理方式**——所谓的判决理由（*ratio decidendi*）。法官们作出的其他任何表述则没有约束力：它们只是"附论"的附带意见（*obiter dicta*）。比如，法官可以对某一案件发表与其事实毫不相干的意见，也可以就该案件发生的社会背景武断地发表意见。对后来的法官而言，上述言论除了有建议和参考价值之外，不具备其他效力。

找出一桩案件的判决理由往往是一场披荆斩棘的艰难旅行。判决可能会冗长而费解。当法庭由数位法官组成时，每一位法官都可能引证不同的理由来得出相同的结论。尽管法官和学者们已经提供了各种各样的路线图，但是这条路并不容易。没有一个简单的公式可以直接揭示判决中有约束力的部分，就像生活中的许多事一样，这需要练习和经验。

在先的判决（经常是古老的判决）应当决定当代案件的结果，这一理念不时遭到嘲讽。最有名的嘲讽来自杰里米·边沁，他曾嘲笑遵循先例原则是“狗的法则”。

> 当你的狗做了任何你不希望它做的事的时候，你就等到它做完，然后再因为这件事而打它。这就是你为你的狗制定法律的方法，这也是法官们为你我制定法律的方法。先例越是古老——这意味着它是由更加野蛮的、不成熟的、受偏见误导的人类所确立的——它所对应的过去的情况……与现在的情况就越不可能相同。

人们经常认为，大陆法系中并没有与遵循先例原则相对应的做法，也就是说，大陆法系的法官并不需要遵守级别较高的法院的判决。但是这种认识是错误的。在实践中，和普通法系上诉法院的判决一样，法国最高法院或者德国联邦最高法院作出的判决都会被低级别的法院所遵循。

其他渊源

在一个完美的世界里，法律将会是清晰的、确定的和易于理解的。但现实和这种乌托邦式的幻想尚有距离。所有法域内的法律都是动态的有机体，受制于不断变迁的社会、政治和道德价值观。我们已经提及了极具影响力的基础道德观念之一：自然法。这一古代哲学仍然塑造着罗马天主教会的教义。正如我们所知，这一理念从以下假设出发：在自然世界中存在着一些原则，我们作为理性的生物，有能力通过推理发现这些原则。比如，堕胎是不道德的，因为这种行为侵犯了自然法对生命的尊重。

尽管在讽刺漫画里，法律、律师和法院存在于一个人为制造出来的、密不透气的气泡之中，但是在现实生活中，法官确实接触现实世界并考虑公众意见。事实上，有时候法院的回应太过迅速热情，显得颇不得体。比如当媒体哀叹在某个案件里或者牵涉到某个恶名昭著的罪行时，法官显得过于仁慈的时候，法官可能会轻率地（有没有人敢说是不明智地？）加以回应，运动一下他们的判刑肌，明显是为了安抚他们感受到的公众舆论。

法院也许更为谨慎地、越来越多地引用学界人士在教科书和学术杂志上表达的观点，这一点也为学院派律师喜闻乐见。被判决书引用是一种承认，这不仅意味着他们的著作有人阅读，更重要的是，它们确实有点分量。

如果某一法律观点缺少直接的权威依据，法院甚至可以允许律师引用“常识”来支持他们的论点。这些“常识”包括为大众普遍接受的是非观念、社会实践的总结、公平、法律的理念，以及其他的普遍观念。愤世嫉俗的人也许会认为它们和法律程序格格不入。

第二章

法律的部门

法律丰富的分支永远在繁殖增长。当社会生活在不断变化的时候，法律很少会落后一大截——法律会发明和规定新的概念和规则，并解决不可避免会发生的纠纷。因此，我们勇敢的法律新世界在不断地开疆辟土：空间法、体育法、性法。但是，作为绝大多数法律体系核心的基本部门法，可以回溯到法律的根基：合同法、侵权法、刑法和物权法。这个原子核的周围必须围绕着一系列部门法，包括宪法和行政法、家庭法、国际公法和国际私法、环境法、公司法、商法、证据法、继承法、保险法、劳动法、知识产权法、税法、证券法、银行法、海商法、福利法、人权法等等。为了便于刑事审判、民事审判以及其他实务的操作（比如转让土地、起草遗嘱），人们发展了复杂的程序规则，由此产生了新的次级部门法。

公法与私法

公法与私法之间的界限非常重要，对于欧洲的大陆法系国家以及它们的前殖民地来说尤为如此。尽管对于怎么划分以及从何处划分这一界限并没有达成共识，但是一般而言，公法管辖的是公民与国家之间的关系，而私法则关注社会中的个人或者群体之间的关系。因此，宪法和行政法是典型的公法，而合同法是私法的众多部门之一。刑法因为主要涉及国家对于罪犯的指控，也同样处于公法的保护伞下（这三个部门法在下文中均会述及）。然而，当国家越来越多地侵入我们的生活时，公法与私法之间的界限也会更加模糊。

合同

协议是社会生活必不可少的元素。当你同意和我一起喝一杯，向我借本书，或者让我搭车上班时，我们就已经缔结了一份协议。但是法律不会强制你出现在酒吧里，不会强制你还书给我，或者强制你让我搭车。违反这些社交安排也许会带来相当的不便、烦恼，甚至开销，但是绝大多数法律制度都能够理解这种违约。

自由社会的基本特征之一是它给予成员自治的权力，只要他们不伤害别人，他们就可以通过自由选择达成交易。合同自由也可以通过功利主义的立场来捍卫：通过执行遵循市场定价机制的合同，资源——货物与服务——可以被出价最高的人买走。有观点认为，这会让稀缺的资源得到平均分配。

自由市场的拥护者认为，个人是他自身福祉的最佳判断者。在19世纪（特别是在英格兰），在追求工商业界的首要价值的过程中，合同法因为能促进交易关系最优化，已经发展到了相当复杂的程度（有人认为已经到了神秘化的地步）。当然，没有合同法规制的商业是无法想象的，但是在任何社会里，合同双方在讨价还价能力上的不平等都难以避免。理论上说，在我和电力公司订立的家用供电合同中，合同双方都处于平等的基础上。但是事情并不是这么简单。我几乎不可能对合同条款讨价还价，那是一份冷酷无情的格式合同。这是一场力量悬殊的对抗。因此，法律通过消费者权益立法和其他机构设置对这种“不公平条款”进行了调节，试图重新平衡双方的利益。比如法院有权依法拒绝承认不合理的条款，并且只执行那些"合理的"条款。

为了缔结一份**有约束力的**合同，法律通常会要求协议双方确实具有创设法律关系的**意图**。违反承诺几乎一直被认为是不道德的，但是只有在满足特定条件的时候，它才会产生法律上的后果；尽管在某些大陆法系国家（比如法国、德国和荷兰），个人可能会因为不诚信的协商而承担法律责任，即使这时候对方还没有接受他的要约。

理论上，普通法将协议分成两部分：一是一方发出的要约，二是另一方对该要约的承诺。要约人通过发出要约表明——以语句、言辞、传真、电子邮件，或者甚至作出行为等形式——要约一旦被要约的受送达人（受要约人）所接受，要约人就随时准备受合同约束。举例来说，亚当广而告之，要以1000美元出售他的车，夏娃则出价600美元。亚当回复她，他可以接受700美元的报价。这是个反要约，夏娃完全有接受或者拒绝的自由。如果她接受了，协议就会达成；如果同时满足了其他的法定要求，这就是个有约束力的合同。这一分析有助于判断协议是否确实成立，但这种分析方法相当机械，经常很难据此判断到底谁是要约人，谁是受要约人。实践中，最终的协议也许要经历冗长的磋商，而且涉及双方之间无数的提议与反提议。仅仅将这一过程描述为要约和承诺，则不现实了。

数百个案例都在和不能完美地符合要约和承诺模式的事实情况作斗争。还有一个不断产生的难题是，要约人要在多大程度上受到要约的约束。普通法规定，在你对我的要约作出承诺之前，我都有撤销它的自由。而德国、瑞士、希腊、奥地利和葡萄牙的法律则有相反的规定。它们规定，我必须受到自己发出的要约的约束，不能不受惩罚地撤销它。它们声称撤销要约没有任何法律效力。法国和意大利的法律采取了一条中间路线。意大利民法典规定，在特定的承诺期限届满之前，要约人不能撤销要约。如果要约中没有规定承诺期限，那么在受要约人作出承诺之前，要约可以撤销。但是如果受要约人出于诚信已经信赖了该要约，那么他可以要求要约人赔偿自己因为进行交易准备而受到的损失。

普通法不仅要求严肃的、愿意接受法律约束的意图，而且还要求“对价”，这一概念在大陆法系中是没有的。对价是协议的利益因素：各方都希望从中得到些什么，否则他们就不会缔结协议了。这些因素在1892年的卡利尔诉卡布利克鼻烟球公司一案中得到了阐述。卡布利克鼻烟球公司为它的产品做了广告——该公司声称其生产的鼻烟球可以防止使用者感染流感。该公司承诺，如果有人在使用过后得了流感，那么它会向这个人支付100英镑。广告中有以下陈述：

> 如有任何人士遵守鼻烟球所附说明书之指示，每日三次，连续两周使用鼻烟球之后，仍然感染现今愈演愈烈之流感、伤风或由伤风招致之疾病，卡布利克鼻烟球公司将向该名人士支付100英镑。1000英镑业已存入摄政街安联银行，以表诚意。

卡利尔夫人出于对该许诺的信赖，购买了一个鼻烟球，并根据说明书的指示加以使用。但是她仍然得了流感。卡布利克公司宣称，在它和卡利尔夫人之间并不存在可强制执行的合同——她并没有通知公司她对这一要约作出了承诺。该公司还认为，这里也不存在任何对价，因为公司在售出鼻烟球之后，也不会从购买者的使用中再获得任何利益。这两个抗辩都被法院驳回了。法院认为，在卡布利克公司和任何见到该广告并据以行动的人之间，广告构成了一项单务合同的要约（通常情况下，合同是双务的，涉及在双方之

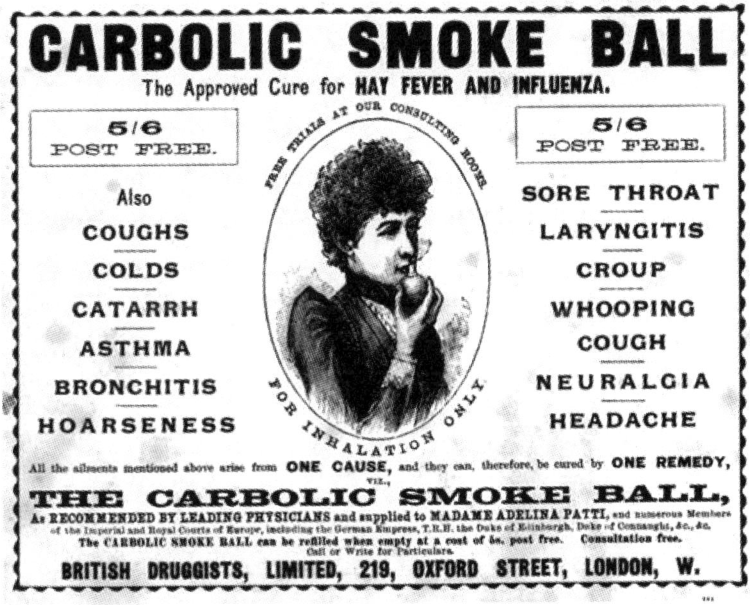

图4 尽管该公司作出了承诺，但卡利尔夫人在购买了该公司生产的鼻烟球并根据说明书加以使用之后，仍然得了流感。这个19世纪的传奇性的英国案例确立了形成有效合同的基本条件。

间交换承诺）。在这个案件里，卡利尔夫人满足了这些条件，所以她有权要求强制执行这个合同。告知卡布利克公司她已经使用了这个鼻烟球构成了承诺的一部分；而且，卡布利克公司在银行中存了1000英镑“以表诚意”，这也表明该公司明确地作出了一个严肃的要约。关于对价，法院认为，相对于公司答应给她100英镑的承诺，卡利尔夫人的行为已经构成了对价。

举例来说，我同意把我的车卖给你；我有权获得购车的款项，而你则获得车辆的所有权。如果我无视与你缔结的协议，而将车卖给别人，你就可以依法获得救济——因为你依赖于我遵守约定。这就是大家所知道的违约，下文中将会对此加以讨论。

在对待合同的基本方法上，毫无疑问，两大主要法系之间存在着分歧。普通法系通常被视为是实用主义的、商业性的；而大陆法系则更注重道德因素。但是，我们依然可以看到，两大法系都或多或少地接受了某些基本原则。

社交约定经常是不具备约束力的。正如上文所描述的那样，我们“一起喝一杯”的约定，不具备必不可少的、准备受法律约束的意图。对于去那家“你答应会在那里等我”的酒吧而发生的交通费用，法院是不会支持的。普通法同时规定，正如我们所知，为了回报一项承诺，被承诺人同样必须付出“对价”。但是，这有可能导致荒谬的或者不公正的结果。比如，在一个著名的英国案例中，两名水手突然跳槽了。船长没有办法找到替代他们的人，因此，他许诺给其余水手们更多的钱，但是他食言了。水手们要求获得额外薪水的诉请以失败而告终，因为他们的合同早就约定他们要在船上承担额外的工作。就船长加薪的承诺来说，他们没有支付新的对价来作为回报。但是，法院开始发明各种各样的技术手段来避免这样的不公，尤其是美国法院。

合同的缔约方还必须有能力来签署合同。尽管细节有所区别，但是所有的法律制度都对其成员缔结合同关系的能力程度作出了控制；特别的是，年轻人（未成年人）或者那些因为精神问题或者其他原因而导致心智受损的人，通常会被认为没有能力缔结合同。

与流行的说法相反，合同并不都需要以书面形式订立。除了某些特定的合同（土地买卖是最明显的例子）之外，合同并不需要特定的形式来约束它的当事人。口头合同和书面合同一样具有约束力，只不过正如我们所知，普通法要求有证据证明用以回报承诺的对价。但是，以保护消费者为名义的、日益滋长的政府家长作风使得正式合同的数量有所上升，比如通过立法要求合同应当具备书面形式，或者是更为常见的印刷合同形式。

有些“合同”是无效的，因为它们违反了“公共政策”。尽管有着合同自由原则，法律不会支持那些旨在利用法律来获得不道德的或者不合法的目标的合同。这些合同很可能会被法院认定为无效。但是社会习俗很少一成不变，一个世纪之前人们觉得不道德的事，在当今社会的宽容环境下可能显得平淡无奇。比如，德国法院曾经会依惯例认定把房子用作妓院的租赁合同无效。

错误、虚假陈述或者胁迫[①]同样可以导致合同无效。这是因为事实上并不存在真正的合同。在特定情况下，比如在存在错误、虚假陈述、胁迫或者不当影响的情形时，法律可以允许我宣布合同无效。比如，如果我对合同的标的存在错误理解（我以为我在买一辆法拉利，而你事实上只是在出售一辆福特），或者你误将福特当成了法拉利，或者你逼迫我进行交易，我都能够以此作为你要求我履行合同义务的抗辩。如果我能够证明欺诈性错误陈述[②]的存在，那么合同可能无效。

法院可能会判决赔偿因违约造成的损失。如果我没有履行合同项下的义务，你可以起诉我，要求我赔偿损失，或者在某些特定情况下，要求我强制履行合同义务。但是，如果我能够证明客观情况已经使得实际履行变得不可能，或者合同目的已经落空，我也许可以免于承担违约责任。我们假设，我将我的度假别墅租给你一个

① 此处术语翻译系引自《元照英美法词典》，法律出版社，2003年5月第1版。

② 同上。

星期。你来到了别墅门前，但是我拒绝你入内。我显然违反了我们的合同，而且你希望获得赔偿。但是赔偿多少呢？法律应当试图让你恢复到合同签订之前的状态，还是应当争取让你达到合同实际履行后的状态？或者法律只是要求我返还从你那里拿走的、旨在确保成功预订的定金？如果我因为风暴让供电变得不安全而拒绝你进入度假别墅呢？如果风暴在一个月前发生，又或者仅仅在一天前发生，这两者会有区别吗？

在所有的主要法律制度中，这些棘手的问题都引发了大量错综复杂的司法分析。解决方法有所区别，有时甚至存在重大区别；但是典型的是，如果一方的违约完全超出了他能够控制的范围——自然灾害是最好的例子——那么他可以免于履行合同义务。

侵权

侵权行为（或者大陆法系所称的delicts），是民法上的不当行为，它们包括对我的人身、财产、名誉、隐私甚至我内心的宁静造成的损害。就像合同法一样，侵权法规定，受害人（或者原告）享有就其遭受的损失获得赔偿的权利。但与合同法不同的是，合同法的主要目标在于有诺必守，而侵权法保护的利益则更加广泛。对基于故意或者过失而造成损害的行为，法律规定了先发性和赔偿性的救济方式；而对基于过失而造成损害的行为进行规制，则成为了现代侵权法的首要焦点。意外可能会发生，但是如果它是由你的过失所导致的后果，那么我有可能获得赔偿，以弥补我的损失。所以，如果你的车撞了我，而且我能够证明你驾驶时有过失，那么我就可能获得相应的赔偿，以弥补我的医疗费用、误工损失，以及因为疼痛和折磨所受到的精神损害。

为了胜诉，原告通常需要证明这一不当行为是出于故意或者过失。绝大多数侵权行为只有在它们造成了实际伤害或损害时，才是可诉的；但是也有一些特定的侵权行为（比如侵害之诉），法律对它们进行规制的主要目的是为了保护权利，而不是赔偿损失。这些侵权行为即使没有实际损害证据，也是可诉的。被告（在普通法系中又称为侵权行为人）通常是负主要责任的人，但是根据替代责任规则，一个人（比如雇主）可能会对另外一个人（比如雇员）实施的侵权行为承担责任。

有时候，侵权行为会与违约行为重合。比如，一位粗心大意的公共汽车司机给他的乘客造成了损害，这位司机就是同时实施了过失侵权行为和违约行为（违反了将乘客安全送达目的地的合同）。乘客可以以侵权和/或违约主张损害赔偿。公共汽车司机还可能实施了犯罪行为（比如危险驾驶）。

对于财产权和人身安全的保护是较为直接的，但是当需要赔偿的受害者遭受的并非实际损害，而是纯粹经济损害或者精神损害时，很多法域的法院都会遇到困难。我们假设，正如在某个已经发生的英国案件中那样，被告在原告工厂附近进行建筑工作时出于过失损坏了电缆；结果是原告的生产遭受了严重的破坏，原告蒙受了经济损失。实际损害（对材料的损坏）可以很明确地得到补偿，但是因为电缆并非原告的财产，所以原告的损害是“纯粹经济损害”。他能够要求赔偿吗？在经历了英国法院制造的一系列波折之后，普通法的回答是“不能”[①]。法院似乎是害怕，如果允许上述

---

① 这一案例是*Spartan Steel & Alloys Ltd.* v. *Martin & Co Ltd.*, [1973] 1 QB 27, [1972] All ER 557。在本案中，原告主张被告赔偿：（1）电源截断时已经熔化的钢材所受的损失；（2）上述受损钢材所能产生的利润；（3）电缆截断期间停工造成的利润损失。包括丹宁勋爵在内的英国上诉法院法官们判决原告可以获得诉讼请求（1）和（2）的赔偿，但

赔偿，那么诉讼将会像洪水一样涌入法院；尤其是在英国，法官们常常对此表示担忧。在法国，情况则恰恰相反，在实际损害和经济损害之间并没有明显的界限。

对于处理精神痛苦的问题，司法存在着类似的忧虑。当伤害包括人身损害及因此造成的精神疾病时，法院在原告与受害人之间寻求着一定程度的“接近性”。这种计算的复杂程度，在1992年上议院的一项判决中有着悲剧性的阐明。某座体育场的坍塌导致了95名球迷的死亡和400余人受伤，警察承认他们有过失，他们允许太多观众进入已经很拥挤的场地。这场比赛是进行现场直播的，结果这场灾难的现场影像也同样被转播出去。有些原告看到了这些令人不安的影像，他们知道他们的亲友在体育馆现场观赛。两名原告是现场观众，但是他们不在灾难发生的看台上，其他的原告是从电视或者广播直播中知道这场灾难的。所有的原告在这场灾难中都失去了或者害怕将会失去一名亲戚或朋友。他们没有获得精神损害赔偿，因为他们没有能够满足法律规定的一个或多个控制机制；它们正是适用于那些没有直接受到事故影响，仅仅是通过所见所闻知晓事故，但却要求获得精神损害赔偿的原告。这些限制因素是：

> 1. 原告与受害人之间必须具有爱意与感情的紧密联系。2. 原告必须在事故现场，或者是事故直接后果的现场。3. 精神损害必须出于对事故或者事故直接后果的直接感知，而不是从其他

是不能获得关于请求（3）的赔偿。这三个诉讼请求可以说是分别对应了“实际损失”、“直接导致的经济损失”与“纯粹经济损失”。这一判决确立的基本原则是，只有由有形损失直接导致的经济损失才可以获得赔偿，而纯粹经济损失不能获得赔偿。

人那里听说该事故。

这种“接近性”就像其他标准一样，一直饱受批评；在某些法域中，它还激起了要求对法律进行改革的呼声。而且，如果伤害并不足以被确认为精神疾病，但却饱含因失去所爱之人或者因所爱之人受到伤害而产生的悲痛与痛苦，问题也会产生。

侵权法不仅旨在赔偿受害者，它的目的还在于阻却人们从事那些可能会伤害别人的行为。而且，它还旨在“转移”或者“分配”过失侵权中产生的损失。简单来说，如果你的过错使我受伤，那么法律就会将损失转移给你。我为什么要承担你的过失所导致的损失呢？你会立刻看到，这个似乎很简单的问题背后，隐藏着关于过失的本质属性的一系列难题：什么是“过错”？什么构成了“原因”？如此等等。在当今这个被保险统治着的世界里，这个问题逐渐由谴责变成了责任承担；从“是谁的过错”变成了“谁承担费用最合适”。而这一问题的答案经常是“保险公司”，保险公司要受到强制责任保险政策的约束。

普通法的侵权体系由丰富的错误行为所组成，包括侵入他人土地、侵犯他人人身（包括企图伤害他人与殴打他人）、妨害、诽谤、违反法定义务和严格责任。但是就像我们所提及的那样，在实践中，建立在过错归责原则基础上的过失侵权，让这些行为黯然失色。原告必须证明，被告对他负有**注意义务**，而被告没有达到**“理性人”**标准，从而违反了这一义务，并**造成了**对原告人身或财产的损害。

这三个因素中的每一个都需要进行简明扼要的解释。“注意义务”在普通法系最著名的司法判决之一中得到了生动的阐释。在多诺诉史蒂文森这个标志性案例中，多诺夫人抱怨，她在姜汁啤酒瓶中发现了一只蜗牛；但是比起这件事来，判决结果要重要得多。该案的事实从来没有得到准确的查明，但大致案情是：多诺夫人与她的朋友一起去苏格兰佩斯利市的咖啡馆。她的朋友要了饮料。咖啡馆老板将一个姜汁啤酒瓶中的液体倒进了一个放着冰淇淋的杯子里。多诺夫人喝了一点上述液体。她的朋友拿起瓶子，将剩余的姜汁啤酒倒进杯子里。据称一只已经腐烂的蜗牛顺着瓶口流进了杯子。多诺夫人此后抱怨说自己胃痛，她的医生诊断她患上了肠胃炎。多诺夫人同样诉称，因为这一事故，她一直饱受痛苦情绪的折磨。当时的侵权法并不允许她起诉咖啡馆老板。但是，上议院判决，对于处于多诺夫人地位的原告，史蒂文森这样的姜汁啤酒生产者负有注意义务。亚特金法官引用了《圣经》中人有义务爱他的邻居的训诫，作出了他著名的论断：

> 你必须爱你的邻居这一戒律，在法律中就意味着你不能伤害你的邻居；而对于律师提出的“谁是我的邻居？”的问题，答案是有限制的。你必须采取合理的注意，以避免作出那些你能够预见到的、可能会对你的邻居造成损害的行为。那么，在法律上，谁是你的邻居？这个答案似乎是——我的行为对他们的影响如此直接而密切，以至于我在脑海中思考相关的作为或者不作为时，应当合理地考虑我的行为对于他们的影响。

换言之，对于那些你能够预见到可能因你的行为而受到损害的人，你负有一定的义务。

因此，这一注意标准是**客观**标准：评判标准是“理性人”。例如，一个英国法庭认为，学员司机注意义务的标准，应当和其他任何一位机动车辆驾驶者相同。最后，被告必须实际导致了原告的损失。长期以来，因果关系问题让许多普通法系法官大费脑筋；在法院认定什么才是公平的或者什么才是符合社会最佳利益的时候，“损害的间接程度”、“近因”①等概念，经常使得法院最终作出的政策性判决令人费解。

理性人——一名假定存在的人，以他作为衡量被告行为的标准——经常被描述为“克拉珀姆公共汽车上的人”，但是在一次考试中，我的一名学生更乐意使用“快散架的公共汽车上的人”这一说法。

理性人

他没有任何的人性缺点，没有一点恶行、偏见、延宕、贪婪、不良禀性和注意力不集中，他像关心自己的安全那样关心别人的安全，这种完美但是可厌的人物像座纪念碑那样矗立在我们的法庭上，徒劳无功地向他的同胞们呼吁，让大家以他为榜样去安排生活。

A.P. 赫伯特，《非普通法》，（梅休因出版社，1969年），第4页

在同样传奇的美国麦克弗森诉别克汽车公司一案中，卡多佐法官判决，在生产商出于过失生产了有缺陷的车辆，而且从经销商手中购买车辆的人因此而受到伤害时，尽管在生产商与购车人之

① 指伤害、损害是某项作为或不作为的直接结果或合理结果，即如果没有该原因，则结果不会产生。近因不一定与结果在时间上或空间上最为接近，而是与造成的结果最为接近。详见《元照英美法词典》的proximate damages词条。

间并没有直接的合同关系，生产商仍应对购车人承担责任。

过失侵权之诉的原告应当证明，被告的行为确实给他的人身或财产**造成了**损害。但经常发生的情况是，原因与结果之间的关系太遥远了。这一问题极其复杂，并催生了庞大的案例法体系——在英格兰尤其如此。要让被告承担责任，被告是否必须合理预见因其过失而导致的损害的准确类型？这个问题的答案并不一直清楚明了。被告是否要对更为广泛的或者以不寻常的方式发生的损失承担责任，这一点也并不确定。整体来说，法院会基于政策层面来处理这种棘手的案件[①]。

伦纳德·汉德法官的过失公式

1947年，美国上诉法院的伦纳德·汉德法官用以下代数公式，阐明了他对于"为了避免事故，被告必须要做到什么程度"这一问题的解决方法。

B<p×L

B=出于避免事故的需要而作出预防措施所带来的负担。

p=在不采取预防措施的情况下，该事故发生的概率。

L=如果事故发生，造成的损害后果的严重程度。

当行为人的负担（B）小于伤害的概率（p）与损害的程度（L）的乘积时，行为人就存在过失。换言之，如果预防措施的成本小于事故的成本，那么被告就有过失。

① 此处的"政策"，以及上文中的一系列"政策"，应理解为罗纳德·德沃金所提出的"政策"，其含义详见第四章中的"司法职能是什么？"一节。它与中文语境下通常理解的"政策"在内涵上存在一定区别，望读者慎加判别。

针对原告提出的、被告基于过失给原告造成损失的诉请，被告也可以提出一系列抗辩理由，包括原告自愿接受风险，比如原告自愿搭乘严重醉酒的司机的顺风车。被告也可能会抗辩，原告的过失也是他受到损害的原因，因为他没有注意到司机已经醉得很厉害了。

有些情况下，被告不管有无过错，都需要承担责任。这就是大家所知道的"严格责任"。对公共健康或公共安全的保护阻碍了过错原则的适用，尤其是在被告从事有固有危险的行为的时候（比如使用爆炸物）。对于从事具有潜在危险行为的大公司来说，责任经常被视为它们获得巨额利润的代价。

法国民法典在这方面是非常彻底的。它对于所有"处于某人控制下"的事物都施以严格责任。这种"事物"包括任何实在的物体，它可能是由气体、液体、电缆或者放射性物质构成的。机动车辆也是事物。意大利的法律让车辆驾驶员承担严格责任，除非他已经尽己所能来阻止事故发生。德国的法律也对造成人身或财产损害的车辆驾驶员施以严格责任，同样的还有铁路公司、煤气公司和电力公司。盎格鲁—美利坚法律认为，严格责任这一概念与自身并不契合，但是根据"瑞兰德诉弗莱彻案的规则"，如果危险源"逃脱"并造成了损害的话，那么将危险源带到其土地上的被告必须承担严格责任。这一规则在其他危险领域中也得到了应用，比如火、煤气、水、化学物品、烟雾、电和爆炸物。严格责任也可以适用于动物致损的情况。雇主也可能对雇员在行使职务的过程中造成的损害承担严格责任（"替代责任"）。

证明生产商存在过失是很困难的，这就导致了"产品责任"这一严格责任形式的兴起，尤其是在美国。消费者很少有能力去检查他买的车是否毫无瑕疵。因此法律规定，如果被告将产品投入流通领域时，产品具有瑕疵，则原告无须证明被告具有过失。

美国另一主要的新近发展是所谓“大规模侵权诉讼”的出现。这些诉讼由人数众多的原告发动（共同诉讼），并且只与一个产品相联系。这些诉讼包括因吸烟导致肺癌而对烟草公司提起的产品责任诉讼、因乳房填充手术而导致人身伤害的产品责任诉讼，以及大规模的“人为”灾难，比如飞机失事或者化工厂爆炸等。

过错原则带来的费用、延宕以及不公平，引起了人们对于侵权法体系中对事故受害者进行赔偿这一方面的强烈不满。这一不满广为流行，无处不在；过错原则的坚定捍卫者数量急剧减少，而他们延续过错原则的努力，也往往因为这种不满而面临着冷嘲热讽。人们讽刺称，律师是唯一从这个体系中获利的群体。有些法域（尤其是新西兰和魁北克）引进了复杂的无过错保险体系，在这一体系下，侵权法中因事故导致人身伤害的部分已经被废除了。事故的受害者可以通过为这一目的所设立的特别基金得到赔偿。批评者们质疑，这一宽宏大量的做法，会对基于过错原则的体系的震慑效果造成不利影响；但是现在，人们普遍认为，至少在交通事故领域里，强制保险政策确实为侵权法敲响了丧钟。

在基于过失而作出的不当行为之外，法律还规定了一系列故意侵权行为。诽谤即是其中的一种民事不当行为。普通法中关于诽谤的（相当技术化的）经典定义为，这一不当行为由以下要件构成：发布与原告有关的虚假陈述，旨在降低社区中思维正常的成员对原告的普遍评价，或旨在使别人对原告避而不见，或旨在将原告置于憎恨、荒谬、蔑视之中，或旨在使原告在本行业或职业中失去信誉。

这是个客观标准。事实上，被告是否真的希望损害原告的名誉，并不构成相关的考量因素。被告是否意识到特定环境可能会使明显无伤大雅的言论变成诽谤，或者是否意识到任何读到相关言

产品责任:“麦当劳咖啡案”

这一判决常受嘲弄,被视为贬损过失原则的典型轻率诉讼。但是事实会展示出另外一面。

一位79岁的老妇人斯黛拉·莱贝克在麦当劳汽车餐馆中点了一杯咖啡。她坐在乘客的位置上。她的孙子泊了车,好让她可以在咖啡里加点奶油和糖。她将咖啡放在双膝之间,拉着离她身体较远的那一边盖子来打开它。在这一过程中,她把整杯咖啡都泼在了大腿上,造成了三度烫伤;她需要皮肤移植,并进行为期两年的后续治疗。

她以重大过失为由起诉了麦当劳,诉称他们出售的咖啡具有“不合理的危险”和“生产缺陷”。她举证证明,麦当劳要求它的餐馆提供82℃—88℃的咖啡(这会在2秒—7秒钟内导致三度烫伤),并认为餐馆提供的咖啡最高不得超过60℃。她还诉称,麦当劳的咖啡非常烫,可以在12秒—15秒钟之内导致需要通过植皮来进行治疗的三度烫伤。麦当劳辩称,它在汽车餐馆里出售非常烫的咖啡,是因为消费者通常会带着咖啡开车离开,高温可以确保它一直是热的。

证据表明,在1982年到1992年之间,麦当劳公司收到了700多起顾客抱怨被热咖啡烫伤的投诉。为了解决烫伤纠纷,它支出的和解金额已经超过了50万美元;麦当劳每售出2400万杯咖啡,就会有一次投诉记录。

陪审团认定,麦当劳对此事故应当负担80%的责任,莱贝克夫人应当承担20%的责任。咖啡杯上印有警告,但是陪审团认为这一警告并不充分。陪审团认定的赔偿数额为20万美元,后来缩减了20%,为16万美元。此外,陪审团还给了她270万美元的惩罚性赔偿(用于惩罚麦当劳)。之后这一数额被法官减少到了48万美元。因此,她得到的赔偿一共是64万美元。双方都对这一判决结果提起了上诉,但是这一案件最终以和解结案,和解金额并未公开,但低于60万美元。

论的人都不可能认为它是真的——这些事实都不重要。如果被告授权或者意在复述诽谤言论，那么他可能为这种复述承担法律责任；不过普遍适用的原则是，被告对于未经授权的复述不负法律责任，除非被告发表言论的对象有义务对此加以复述。因此，以书籍为例，在正常情况下，有以下几种公开言论的情形：作者对出版商，作者、出版商共同对印刷商，作者、出版商、印刷商共同对经销商等等。每次复述都是一次新的公开，并产生一系列新的行为。但是，法律也在两类人之间作出了区分：一类仅仅是经销商，另一类是对作品的产生起着积极作用的人。在因特网上公开诽谤也可能面临着类似的问题。

对于诽谤之诉有四种抗辩理由。一是以"正当性"（或事实）作为辩护理由。在承认言论自由重要性的基础上，法律规定，如果被告能够证明他所公开的言论具备实质上的真实性，那么对于损害名誉之诉而言，这是一个充分的抗辩理由。第二，如果这些损害名誉的言论是在立法、司法以及其他官方程序中发表的，绝对特权这一抗辩理由也可以保护上述言论。第三，限制性特权[①]也是另一抗辩理由。这是指被告有（法律、社会或者道德上的）义务，必须对某人作出陈述，而此人也具有相应的利益或义务来接受这一陈述。例如出版商和接受所披露信息的一方，对相关信息具有共同的利益。这一抗辩同样可以延及对于立法和司法过程公正、准确的报道。第四，在实践中，公正评论也许是最重要的抗辩理由；公正评论对如实报道涉及公共利益的事务进行保护，而且它与保护言论自由尤其密切相关——这一事实已经由法院确认。如果使用这个抗辩理由，那么评论必须针对涉及公共利益的事务。已经确定的涉及公共利

① 绝对特权、限制性特权及其具体内容详见《元照英美法词典》的privilege词条。

益的事务包括：已经具有或正在试图获得公务机关或公益信托职位的人所作出的公共行为，对于司法、政治和国家事务的管理，对于公共机构、艺术作品、公开表演的管理，以及任何引起公众注意和评论的事务。而且这种评论必须是观点而非事实，但这种区分在理论上要比在实践中容易得多。同时，这种评论必须是“公正的”，也就是说，它必须基于事实，并且能够为事实所支撑——事实基础必须能够充分地佐证评论。评论所基于的事实也必须是真实的。如果事实是真实的，而且被告诚实地陈述了他对于涉及公共利益的事务的真实观点，那么，一位理智的人是否会持有上述观点就不重要了。

原告可以通过证明被告为恶意所驱使，来对抗被告的抗辩。证明被告具有恶意的责任在于原告。恶意也可以对抗限制性特权抗辩。就公正评论这一抗辩而言，恶意是指任何可以导致被告作出这一评论的不当动机，这样一来，被告的评论就不再是他的意见的如实表述。作为一项普遍原则，这一标准就是：“被告在作出评论时，是否相信他的陈述是真的？”

大陆法系并没有将诽谤作为一项单独的侵权行为，而是利用了人格权来对名誉进行保护。在某些方面，德国、法国以及其他欧洲大陆国家采取的方法，比普通法系国家更为严格。比如，公正评论以及言论正当性的抗辩理由通常不能适用。但是，《欧洲人权公约》中关于言论自由的条款舒缓了法律的严峻性。大多数欧洲大陆国家还保护原告不受“侮辱”，这使法律责任很可能无边无界，因此受到了《欧洲人权公约》的批评。但是，普通法系的法院很可能会判决被告作出高额赔偿（有时候赔偿数额高得异乎寻常）；相对而言，欧洲大陆国家法院施加的罚款则微不足道。

刑法

犯罪是不可抗拒的，而且并不是对于罪犯来说才是这样。它充斥于流行文化之中。想想那些为数众多的电影，绝大多数是美国片，比如《教父》、《出租车司机》、《低俗小说》、《疤面煞星》、《落水狗》，以及其他不计其数的电影和那些大受欢迎的、从多个方面刻画犯罪与探案的电视剧集，包括《法律与秩序》、《纽约重案组》、《希尔街警探》、《黑道家族》[①]等等。这些还只是一小部分。我们几乎要为对刑案流程无微不至的观察而欢欣鼓舞了。

刑法惩罚的严重的反社会行为有以下几种典型形式：谋杀、盗窃、强奸、敲诈、抢劫、企图伤害他人以及殴打他人。但是，政府也对法律进行设置，将一些相对较轻的不当行为认定为犯罪，尤其是与健康和安全相关的不当行为。这些“管制型犯罪”在现代刑法中占很大比例。与侵权法一样，过错这一概念也是刑法的核心。普遍来说，绝大多数国家禁止下列行为：导致不安的行为、侵犯行为，以及有害于政府、经济或者社会的普遍有效运行的行为。

为了给某个人定罪，几乎所有刑法体系都要求有证据证明此人具有过错（故意或者过失）。因此，《美国模范刑法典》会将犯罪定义为“对于个人或公共利益造成无正当理由的、无法原谅的实质性损害的行为，或者具备实质性损害威胁的行为”。刑事责任具有三个基本的构成要件：行为、没有正当理由和没有可原谅之处。作为犯罪的构成要件，“行为”必须对个人或公共利益造成了实质性损害，或者具备实质性损害的威胁。总而言之，某人如果实施了对个人或者公共利益造成实质性损害或者具备实质性损害威胁的行为，就

① 此处所涉影视剧通常采取国内流行译名，但*Hill Street Blues*没有流行译名，故暂译作《希尔街警探》。

必须承担刑事责任——在没有正当理由和不可原谅的情况下。

根据每个社会不同的社会和政治价值观念，“损害”的标准也有所不同；但是所有的社会都同意，有损社群安全或者有损社会成员身体与安宁的行为构成了“损害”。

刑事责任的认定通常要求犯罪行为与犯罪意图同时存在。但是这两个前提并不必然让被告被定罪，因为他可能具有一定的抗辩理由来为他的罪行开释。假设我被持刀抢劫者袭击，并且在随之而起的混乱中杀死了袭击者。如果我用“合理暴力”为自己辩护，那么我可以被认定无罪。但是如果我为保护自己的财产而杀了人，那么我就不能以这一理由为自己辩护。其他的抗辩理由包括胁迫（比如有人用枪指着我，强迫我去犯罪）、误解（我真的相信我拿的这把伞是我的）、不具备犯罪能力（被告是个孩子，还很年幼，不能形成必不可少的犯罪意图）、被挑衅以及精神错乱。

上面提及的传统侵害行为是随处可见的犯罪，但是它们各自对应的惩罚形式和程度有所不同。此外，社会不能容忍那些危及其自身生存的袭击。叛国、恐怖主义，以及破坏公共秩序也通常被认定为犯罪。刑法并不仅限于规制这些对社区进行极端攻击的行为。如果侵害行为带来足够的侮辱或妨害，那么它也会引起法律的关注：公共场所的裸露、过量的噪音或者气味，以及卖淫都属于可能超过界限的情况。刑法日趋成为手段，以达到家长式统治的目的。想一想这些例子：法律对使用安全带和头盔进行强制要求，或者大多数国家立法禁止携带毒品。这些法律的表面目的，都是为了保护个人免受其愚蠢行为或脆弱意志的伤害。

为了给被告定罪，普通法系的要求是，必须证明被告的犯罪事实能够“排除合理怀疑”。民事案件（比如违约之诉或者侵权损害之诉）将这一责任减轻到了“各种可能性的均衡考量”。在大陆法系中，刑事审判的情形大体相似，但是欧洲大陆国家以及其他大陆法系法域采用的所谓“纠问制”常常被误解，与普通法系之间的差别也被夸大了。

正如侵权法那样，刑法中的责任也会有相当严格的时候，有些犯罪并不以犯罪意图为构成要件。同样，抛弃过错原则是为了保护公共利益。例如即使没有过失，工厂也要为工业污染承担责任。

当然，检方必须证明被告确实实施了被控的犯罪行为。假设我们打了一架，我用钝器击中了你的脑袋。你冲到医院，但死于医院的用药。我是否犯了谋杀罪？我是否**导致了**你的死亡？如果不是因为我给你造成的伤口，你就不会去医院，也不会死于医院基于过失的错误用药。但是也许任何法律体系都不会让我对你的死亡负责。

在绝大多数国家，谋杀罪的成立都需要能够证明杀人意图的证据（普通法系的“恶意预谋”[①]）。法律制度试图通过种种方法，以所涉及的心理因素为基础，来对杀人进行分类。因此美国和加拿大倾向于对构成谋杀的不同类型的杀人进行分类。根据《加拿大刑法典》，一级谋杀是故意的、有预谋的杀人，或者是在别的严重犯罪行为（比如抢劫）的进程中杀人。二级谋杀是没有预谋的故意杀人（比如因为情绪激动而杀人）。第三层级的是非预谋杀人，即在没有杀人故意的情况下杀了人。第四层级的是杀婴，指母亲在尚待从生产中恢复过来的时候，杀害了婴儿。[②]

---

① 指构成普通法上的谋杀罪所要求的心理状态，它包括：1. 杀人故意；2. 致人重伤的故意；3. 对人的生命价值的极端忽视；4. 实施重罪的故意。详见《元照英美法词典》的malice aforethought词条。

② 普通法系刑法上的主观故意可以分为蓄意（purpose或intention）、明知（knowledge）、疏忽（negligence）和轻率（reckless）。我国刑法理

故意杀人的责任相对争议较小，但是出于过失导致他人死亡的责任就没有这么简单直接了。各个法域的法律采取了不同的方案，以解决这一公认的难题。有些法域要求被告**必须在主观上明知**他的行为可能会杀死他人，而且，尽管存在这样的风险，被告仍然鲁莽地继续其行为。比如，我曾被人劝告，永远不要用装好子弹的武器指着任何人。我忽视了这个警告，用来复枪指着你；枪响了，你被杀死了。其他一些法域则不需要以明知为前提，只要被告作出的行为基于重大过失，就可以适用过失杀人的责任。而另外一些法域只要求普通过失。

刑法的基本功能之一是批准惩罚罪犯。一系列（经常是互相对立的）理由可以支持这一结论。首先，有人认为惩罚可以对罪犯和社会公众形成震慑；有些情况下，这个理由是正确的。但因为很少有罪犯会去想象他们被逮捕的情况，所以惩罚的震慑效果值得商榷。第二，有人相信，通过惩罚，特别是通过监禁，罪犯会认识到自己行为的过错，并因此改过自新。但不幸的是，支持这种仁慈态度的证据并不充分。第三，有人认为，惩罚的真正目的是报应或报复，让犯错的人为他的罪行受苦："以眼还眼……"一个例子就是伊斯兰法，大多数解释都认为，该法对情节严重的盗窃的惩罚是截去双手或者双脚（但是对于初犯者，只会砍掉一只手）。

论则分为直接故意（明知自己的行为会发生危害社会的结果，并且希望这种结果发生）、间接故意（明知自己的行为会发生危害社会的结果，并且放任这种结果发生）、出于疏忽大意的过失（应当预见自己的行为可能发生危害社会的结果，因为疏忽大意而没有预见）及过于自信的过失（已经预见到自己的行为可能发生危害社会的结果，但轻信能够避免）。根据我国刑法的规定，故意犯罪应当负刑事责任，而至于过失犯罪，法律有规定的才负刑事责任。

国家承担惩罚罪犯的责任，并以此降低受害者自掌刑柄的风险。第四，关押犯罪者可以将其与社会隔离，从而保护其余的人。最后，特别是在轻微犯罪的情形下，罪犯可能会被要求通过“社区服务”的方式来弥补其过愆。这种形式的惩罚已被正名为“恢复性司法”。

财产权

所有权处于社会组织结构的震中。法律定义和保护这一独有权利的方式，是社会性质的重要标志。而且，法律对于这一主题始终有话要说，不管是赋予私有财产绝对权利，还是确认集体权利，或是采取折衷路线。财产法具体规定了以下事项：首先，什么是“财产”；其次，个人何时对某项事物获得专有权利；再次，保护这一权利的方式是什么。

对于第一个问题的共识是，财产包括土地、建筑物和物品。普通法系将地产（土地和个人财产或可移动的财产有所不同）与个人财产加以区分，大陆法系则有动产与不动产的区分。动产大致与个人财产相当，而不动产则与地产相当。但是，法律宣称财产是什么，它就是什么：一张十美元的票子只是张纸，它不具备任何天然固有的价值，给它价值的是法律。法律还可以用相似的方式创造财产，知识产权（包括著作权在内）就是个例子。比如，作为本书著作权的所有人，我对本书的复制和出版拥有一系列的垄断性权利。

第二个问题，即“谁是所有人”的问题，通常可以归结为确定“谁拥有最坚实的长期权利来控制该事物”。这一权利通常还包括将所有权转让给他人的权利。以土地为例，我很可能不知道卖家是不是法定的所有人，所以，绝大多数法律体系都规定了公开的土地登记制度，以方便潜在的买家确定谁才是真正的土地所有人。

第三个问题，我们可能需要法律来解决某一事物的所有人和占有人之间的冲突。前者，正如我们所知，是指对某一事物的占有拥有最坚实的长期请求权的人。但是，假设一下，我将自己的度假别墅租给你一年。现在你占有着这一财产。我虽然对占有这一别墅拥有最高的权利，但是有些法律体系更倾向于保护房客的权利（至少在租期内如此），而有些法律体系则倾向于保护房东的权利[①]。

财产法的一个重要分支是信托法，它是从英格兰对普通法与衡平法[②]的区分中发展出来的。在14世纪，败诉方对于普通法的刻板僵化、贪污腐败和形式主义相当不满，他们转而向国王提出申诉，请他迫使另一方当事人遵守有关的道德准则（而非遵守严格的法律原则）。国王将这些申诉转呈给当时的首席行政官员——王室文秘署长官[③]，由其最终开始行使司法权，衡平法理念也由此产生。莎士比亚精准地理解了严格适用法律和正义原则与道德原则之间不可避免的冲突，并在《威尼斯商人》第四幕第一场之中，通过鲍西娅宣称：

---

① 所有权与占有权是物权法领域中两个非常重要的、非常基本的概念，它们之间既存在联系，也存在一定的区别。对此有兴趣的读者可去阅读《中华人民共和国物权法》中的相关章节。

② 指与普通法相对应的、由衡平法院在试图补救普通法缺陷的过程中演变出来的、与普通法和制定法并行的一套法律原则与法律程序体系，衡平法构成了英格兰法的重要渊源。

③ 原文为the chancellor，《元照英美法词典》将其译作“王室文秘署长官”，后来这一头衔演变成the Lord Chancellor（大法官或御前大臣），其职能曾包括掌管国玺、履行宗教职能、主持上议院会议、负责司法事务等。但经过历史发展，尤其是现代以来，其职能屡经更迭，目前已大为缩减。对此感兴趣的读者可参考http://www.parliament.uk/about/mps-and-lords/principal/lord-chancellor/上的相关内容。

慈悲不是出于勉强，
它是像甘霖一样从天上降下尘世；
它不但给幸福于受施的人，也同样给幸福于施与的人；
它有超乎一切的无上威力，
比皇冠更足以显出一个帝王的高贵。[①]

从衡平司法管辖权之中衍生的诸多理念之一是便利的信托制度。作为一项安排，委托人将财产移交给一名或多名受托人，受托人为了一名或多名受益人的利益持有上述财产，受益人则有权请求法院执行这一信托。

衡平法以良心为基础，设置了包括禁令在内的一系列重要救济方式。禁令使个人有权提前阻止违法行为的实施。比如，如果我得知你将要发表一篇有损我的名誉的文章，那么，在一些法域中，我可以获得一项紧急禁令，来阻止你实施这一行为。另一项衡平救济是“实际履行”。对于违约行为，普通法只赋以了赔偿损失的救济方式，但是原告经常要求实际履行合同，而非获得赔偿。自从19世

① 转引自朱生豪译、辜正坤校，《威尼斯商人》，《莎士比亚全集》（第1卷，喜剧卷上册），译林出版社，1998年5月第1版，第436页。译者在此引用鲍西娅所作陈词之全段，以呈现作者引用该节之深意：“慈悲不是出于勉强，它是像甘霖一样从天上降下尘世；它不但给幸福于受施的人，也同样给幸福于施与的人；它有超乎一切的无上威力，比皇冠更足以显出一个帝王的高贵。御杖不过象征着俗世的威权，使人民对于君上的尊严凛然生畏；慈悲的力量却高出于权力之上，它深藏在帝王的内心，是一种属于上帝的德性，执法的人倘能把慈悲调剂着公道，人间的权力就和上帝的神力没有差别。”

图5 莎士比亚作品《威尼斯商人》中的鲍西娅化装成年轻的法学博士，成功地说服了法庭，虽然夏洛克有权获得安东尼奥的一磅肉，但是根据法律要求，他必须在不流一滴血的情况下割掉这块肉。这个漂亮的法律技术救了安东尼奥的命。

纪以来，普通法和衡平法都可以在同一家法院中得到适用，而且，尽管这两种法律体系之间的区分仍然存在，但衡平法已经失去了它与普通法“不可动摇的男性”地位相对应的、“富有同情心的女性”的职责。

狄更斯式的大法官法庭

这就是大法官法庭，每个郡都有被它弄到败落的人家和毁坏了的土地，每个疯人院都有被它折腾到发疯的人，每处教堂的墓地里都有因它而死的人；那些被它毁掉的原告，鞋跟磨平，衣衫褴褛，向每个他认识的人求借乞讨。它给予有钱有势者无穷的手段，去慢慢消磨掉正义；它耗尽财力、耐心、勇气、希望，瓦解理智，摧毁心灵。从业者之中任何正直可敬的人都会给出警告，而且是经常给出警告：“宁可忍受能够毁掉你的不公，也不要来到此地！”

查尔斯·狄更斯，《荒凉山庄》，第一章

宪法与行政法

每个国家都有宪法，无论它是否具有书面形式。宪法规定了政府机构的组成和功能，并且规定了个人与国家之间的关系。宪法分析了政府的功能如何在立法、执法与司法部门之间进行分配，即“分权”。许多国家的宪法包含了权利法案，它通过赋予公民个人权利和自由，限制政府行使权力。上述权利通常包括言论自由、思想自由、宗教自由、和平集会的权利、自由结社的权利、隐私权、法律面前人人平等与平等获得法律保护的权利、生命权、结婚并建立家庭的权利、迁徙自由，以及犯罪嫌疑人与罪犯的权利。

行政法规定了公共官员如何行使权力和履行职责。它尤其关注通过法院来控制权力。在许多法域中，法院越来越多地介入审查立法权行使和行政行为。在很大程度上这是因为，在过去50年中，政府机构的数量发生了剧烈的扩张，以对我们社会生活和经济生活的方方面面进行管制。法院还关注所谓“准司法”机构，比如能够影响其成员法定权利的行业自律委员会作出的裁决。这些机构作出决定时同样会受到“司法审查”的影响，以判断它们的行为是否合理。

在不同的普通法系法域中，法院所适用的、用以判断“合理性”的具体标准也有所不同。例如，美国法院在对是否推翻某一机构的决定作出裁决之前，会询问该决定是否是“专断的或者任意的”。加拿大的标准属于“显而易见的不合理”，而印度最高法院采取的是比例标准与合法预期标准。英格兰法采取的是“**温斯伯里式不合理**”标准（以温斯伯里案命名，该案的判决指出，一项决定如果是“不合理到任何一个理智的机构都不会作出”的话，这项决定可以被撤销）。

在法国，宪法委员会行使独家的司法监督权，包括那些没有得到议会充分支持的立法。它具有不可上诉的、宣布有争议的法案无效的权力。法国最高法院（法国行政法院以及法国最高民事刑事法院）致力于将法律解释得与宪法一致。法国行政法确认了具体的“具有宪法价值的原则”，包括人的尊严原则。执法机关必须遵循这些原则，即使在没有具体的法律规定的情况下也必须如此。德国宪法（基本法）则确保了司法审查是对多数人暴政的制衡。

有些大陆法系国家则特别设立了行政法院。但是，决定某一案件到底应该由行政法院管辖，还是由普通法院管辖，往往会很困难。比如法国有专门的冲突法庭来判断某一案件到底应该由哪类法院负责管辖；而在德国，是由第一个接到诉状的法院来决定其是否具有管辖权,如该法院认定自己并不具备管辖权，则它有权移送这一案件。在意大利，如果发生类似冲突，则最高法院是最终的决定机构。

其他部门法

家庭法涉及婚姻（以及当代那些与它类似的关系）、离婚、子女、子女抚养费、收养、监护、监护权、代孕以及家庭暴力。

国际公法旨在规范主权国家之间的关系。这些原则产生于条约、国际协定（比如日内瓦公约）、联合国以及其他国际组织——包括国际劳工组织、联合国教科文组织（UNESCO）、世界贸易组织（WTO）以及国际货币基金组织（IMF）。1945年，国际法庭（有时被称为世界法院）根据联合国宪章在海牙成立，其目的在于解决国家之间的法律纠纷，并就法律问题给出建议性的意见。国际刑事法院于2002年成立，同样位于海牙。它负责审理指控嫌犯犯有种族灭绝、反人类罪、战争罪、侵略罪等罪行的案件。该法院的成员国有一百多个，但是中国与美国都不在其中。美国对于国际刑事法院尊重美国被告宪法权利（包括由陪审团进行审理）的能力以及该法院或将被政治化的前景感到不安——这种恐惧似乎没有来由，认可该法院管辖权的众多国家并未因此感到烦恼。

环境法是由许多普通法规则、法律、国际协定与公约集合而成的，它主要关注保护自然环境，使其免受人类的破坏，例如造成污染并可能导致全球变暖的碳排放。它还旨在推动“可持续发展”。

公司法则规定公司以及其他商业机构的运作。“公司法人”这一概念（公司具有独立于其成员的独特身份）在商业世界中至关重要。它意味着公司是一个具备签订合同及起诉与被诉的能力的法人。公司法同样规定了董事、股东们的权利和义务，而且涉及公司治理、并购及兼并的规定越来越多。

第三章

法律与道德

同性恋是罪恶吗？堕胎错在哪里？为什么种族主义是不好的？在任何一个法律体系中，这样的道德问题都是不可避免的。面对这些问题也是自由社会的基本特征之一。而且，国际舞台上也开始越来越多地使用道德用语。当一位美国总统用“邪恶轴心”来描述某些国家时，他已经（也许是无意识地）设定了衡量国家行为的规范性标准。自从联合国建立以来，这一标准就在范围不断扩大的国际宣言和公约中得以部分体现。

我们不能轻松避开道德问题，但如果有人确定或者承认在生活中具有一致的基本道德价值观，那么这一定会引发争议。尽管法律的理念和制度经常体现着道德价值观，但做好人、做好事并不一定必然等同于遵守法律。如果两者完全相同的话，这反而会非常奇怪了。

法律与社会所接受的道德实践（或称“实证道德”）之间的关系类似于两个部分交叉的圆环。在它们互相重叠的地方，我们可以找到法律和道德价值观的一致之处（例如，在所有的社会之中，谋杀在道德上和法律上都是被禁止的）。但是在这些重叠的区域之外，一方面，违法的行为不一定不道德（比如停车超出规定时间）；另一方面，不道德的行为不一定违法（比如通奸）。两者的交叉之处越多，法律就越容易得到社会成员的接受和尊重。

在有些情况下，特定个体或者群体的法律和道德准则会产生冲突。比如，和平主义者如被要求参军，他将会被迫成为良心反对者，他的违法行为可能会使他面临监禁的后果。类似地，许多国家的记者坚称自己具有不披露消息来源的权利，但如果他们被要求出庭作证以披露上述信息，那么这种坚持对他们就并无助益。

更加极端的情形是，法律在事实上与大多数人的道德价值观相冲突。比如，实行种族隔离制度的南非曾经利用法律达到不道德的目的。南非的政治体系是由少数白人创设的，它剥夺了每一位黑人的公民权，南非的法律在社会生活与经济生活的好几个重要方面歧视黑人。在这种情况下，我们也许会问，这样不正当的法律是否还有资格成为“法律”。法律必须符合道德吗？是不是什么都能成为法律？

在两位作为领军人物的法哲学家之间有场著名的，却并没有形成定论的论战，它旨在为“不道德的法律也能被视为‘法律’”这一观点奠定基础（如果有这种基础的话），但这场论战并未形成定论。论战的中心是战后的西德法院作出的一项判决。在1944年，纳粹统治期间，一位希望摆脱自己丈夫的女性向盖世太保告发了她的丈夫，因为他对希特勒的战争行为作出了侮辱性的评论。他因此受审，并被判处死刑，不过他的判决转而被改成了在苏德战争前线服兵役。战后，因为使丈夫失去自由，这位妻子被提起公诉。她的辩护理由是，根据1934年的一部纳粹法令，她丈夫的行为是违法的。但是法院仍然认定她有罪，理由是据以惩罚她丈夫的法令违反了“所有正派的人的健全良知和正义感”。

牛津大学的法理学教授H.L.A.哈特坚称，因为1934年的纳粹法律是正式生效的法律，所以法院的这一判决以及其他与其一致的类似判决都是错误的。相反，哈佛法学院的朗·福勒教授则认为，纳粹的“法律”严重有悖道德，因此它不具备成为法律的资格。福勒教授据此认为，西德法院的判决是对的，虽然两位法学家都表示，他们倾向于制定能够据以起诉该名女性的、具有溯及力的律法。

对于福勒来说，法律具有“内在的道德性”。以他的视角而言，法律制度是人类本着一定目的而制定的、“让人类的行为受到普遍规则的指引与控制的制度”。法律制度必须符合特定的程序标准，否则看起来是法律制度的东西，可能只不过是在运用国家强制力。这种“法律的内在道德性”具有八个基本原则，如果不符合其中任何一项或者实质性地违反了其中数项，那么都表明在这一社会中不存在“法律”。他提及了一个名叫雷克斯的国王的悲惨传说。这位国王忽视了这八个原则，从而付出了相应的代价。他根本没有制定普遍适用的规则，而是一个一个地解决问题。他也没有公布规则。他制定的规则具有追溯力、难以理解、互相矛盾，还要求受其影响的当事人实施他们力所不能及的行为。而且他的规则经常变更，臣民们无法据以调整自己的行为。最后，他颁布的规则和其实际执行之间并不一致。

福勒解释，这些失败的对立面则是一个规则系统所追求的八种“法律精髓”，并为“法律的内在道德”所体现。它们是：普遍适用、公开颁布、无追溯力、清晰明了、不自相矛盾、能够被人遵守、恒久，以及公布的规则与官方行为之间相一致。

如果某一制度不符合其中的任何一项原则，或者实质性地违反了其中的数项，那么就不能说在这个社群中存在着“法律”。因此，福勒拥护的是程序上的自然法，而非实体上的自然法。“法律的内在道德性”的本质是“愿景上的道德性”。它不是为了达到实体上的目标，而是希望达到法律本身的完美。

不关法律的事？

哈特教授参与了另一场关于法律与道德之间关系的重要辩论。这次他的对手是英国法官德夫林勋爵。这场被称为哈特与德夫林之争的辩论阐明了在强制执行道德准则时，法律的某些基本作用。在英国，甚至在全世界，这场经典的对抗都是任何关于这一主题的严肃讨论的起点。

这一争论的催化剂是1957年英国某个委员会的报告。约翰·沃尔芬登爵士是该委员会的主席，他被任命调查同性恋犯罪以及卖淫问题。这一报告的结论是，刑法的功能在于维护公共秩序与正派体面，保护市民免受有害的或是令人不快的行为的伤害，并且免受他人的利用和腐化。特别需要保护的是那些易受伤害的人群：年轻人、没有社会经验的人，以及弱势人群。但是：

> 除非社会有意作出努力，通过法律这一媒介使犯罪与罪孽画上等号，否则就必须给事关私德及有违私德之事保留一块领域；这个领域，以简单粗暴的话来说，根本不关法律的事。

在得出这一结论时（沃尔芬登委员会一并建议，成年人之间私下自愿发生的同性恋行为或者卖淫，都不应当被视为犯罪），该委员会受到了19世纪自由派功利主义者约翰·斯图亚特·密尔的观点的强烈影响。密尔在1859年声称：

> 人类被允许以个人或集体的方式对他们的任何成员的行动自由进行干涉的唯一目的，就是自我防卫；对文明社会的任何一个成员，可以不顾他的意志、对他正当行使权力的唯一目的是阻

图6 约翰·斯图亚特·密尔是位神童（他在八岁时即能阅读拉丁文与希腊文），他的《论自由》是对于自由概念的经典阐释，在关于国家权力之于个人的限制问题上尤其如此。他的“有害原则”不断激起自由社会中刑法的正当边界的争论。

止他伤害别人。他本人的利益，无论是物质的还是精神的，都不是对他施以强制的充分理由。[1]

乍一看，确定刑法边界界碑的“有害原则”似乎并不复杂，也挺有吸引力。但是两个难题立刻就显现出来了。第一，刑法惩罚另一位维多利亚时代的功利主义者詹姆斯·菲茨詹姆斯·斯蒂芬（小说家弗吉尼亚·伍尔夫的叔叔）所称的“较为严重的恶行”[2]，这是正当的吗？第二，由谁去决定什么是“有害的”？

这两个问题是哈特与德夫林之争的核心。在1959年的一系列讲座中，德夫林勋爵对沃尔芬登委员会的立场提出了异议，认为社会完全有权惩罚在社会普通成员（“位于陪审席上的人”）眼中极其不道德的行为。他认为，“有害”不应当成为相关标准，社会的结构是由共同的道德观念来维持的。当人们作出不道德行为时，即使这些行为是私下作出的，即使它们没有伤害任何人，社会的凝聚力也会因此而削弱。他认为，社会的分崩离析更多源于内部因素，而非外力的摧毁：

当人们不再遵守通常的道德标准时，瓦解就开始了。历史表明，道德准绳的放松往往是社会瓦解的第一步，所以，社会采取与维持其政府相同的措施来维持其道德标准，这是正当合理的……对于恶行的抑制也是法律的功能，正如法律抑制颠覆活动一般。

---

① 此处译文引自《自由·平等·博爱：一位法学家对约翰·密尔的批判》，（英）詹姆斯·菲茨詹姆斯·斯蒂芬著，冯克利、杨日鹏译，广西师范大学出版社，2007年11月第1版，第24页。

② 同上，第126页。

但是，尽管德夫林勋爵主张只有那些“不能忍受的、令人愤慨的、令人厌恶的”行为才该受到处罚，哈特教授还是直接反驳了德夫林勋爵“社会凝聚力”论点的根基。哈特坚称，社会并不需要共同的道德标准，多元的、多文化的社会可能会包含各种各样的道德观念。即使存在这样的共同道德，对于社会的存续而言，保护这种道德也并非至关重要。就第一个论断而言，它认为一个社会的根基无法承受竞争性的意识形态或道德的挑战，这确实有些牵强。西方社会的相当一部分居民奉行伊斯兰教的禁酒规定，但西方社会因此受到严重损害了吗？同样，伊斯兰社会是否不能经受其内部少数人的道德观念的挑战？

哈特并未从他支持法律扮演家长角色的立场中退缩。与密尔不同，他认为在有些情况下，法律应当保护个人不受自己行为的伤害。因此，刑法可以正当合理地不允许将受害者同意被杀死或被袭击作为抗辩理由。对机动车安全带的要求，或者对摩托车手必须戴上防撞击头盔的要求，是法律加以合法控制的实例之一。

哈特还对两种伤害作出了重要的区分，一是因公众瞩目而造成的伤害，一是仅仅因为知情才导致的侵害。因此，惩罚重婚罪就有了正当合理的理由，因为重婚是一种公众行为，它可能导致对宗教敏感之处的侵害；而成年人之间私下进行的、得到彼此同意的性行为，只有在有人知情时才有可能构成这种侵害，因此对其施以惩罚就不够合理。最好是让立法机关去决定如何对待这样的行为。著名的英国法官阿特金勋爵曾说过：

> 关于法律是否应当惩罚那些并非当众作出的不道德行为，现在存在着众所周知的重大分歧。有些人认为法律已经走得太远，而有些人则认为法律做得远远不够。议会是解决这一问题的合

适场所，而且我坚持认为，它是唯一适合解决这一问题的场所。如果能有来自公众意见的充分支持，议会在加以干预时就不会瞻前顾后。如果连议院都不敢涉足某一领域，那么法院也不适宜贸然闯入。

在涉及以下事务时，类似的方法也可能适用。

生命权？

道德问题很少能够有简单的解决方法，还常常将社会变得多元化。美国关于堕胎的争议就是个引人注目的例子。一方面，基督教团体谴责（有时是激烈谴责）堕胎，视之为谋杀胎儿。另一方面，女权主义者则认为，堕胎是女性控制自己身体的基本权利。两者之间没有任何中间地带。罗纳德·德沃金生动地描述了这一斗争的激烈程度：

> 反堕胎群体与其对手之间的战争，是17世纪欧洲因宗教而起的内战的翻版。立场相反的军队沿街行进，或者聚集在实施堕胎手术的诊所、法院以及白宫之前举行抗议活动，彼此大声叫喊、吐唾沫和憎恶。堕胎正在撕裂美国。

美国最高法院1973年就罗诉韦德一案作出的判决，成为堕胎这一争议主题的核心问题。该案中，法院的多数意见认为，得克萨斯州的堕胎法因侵犯个人隐私而违宪。该部法律规定，堕胎属于犯罪行为，除非是为了挽救孕妇的生命。法院判称，各州禁止堕胎以保护胎儿生命的做法，只能适用于六个月以上的胎儿。这一判决被称为是“毫无疑问，有史以来美国最高法院作出的、最广为人知的判决”，它立刻得到了女权主义者的欢迎，而许多基督教徒则对此加以抨击。美国女性赖其享有脆弱的合法堕胎权。

图7 1973年，美国最高法院在罗诉韦德一案中作出的里程碑式的判决不断激起论战，这些论战分歧极大，往往尖酸刻薄。法院判决，禁止堕胎的法律侵犯了作为宪法权利的隐私权。这一判决被女权主义团体普遍拥护，却被生命权的提倡者反对。

在堕胎引起的辩论中，人类生命权的不可侵犯性与女性对自己身体的控制权，处于一种道德权衡之中。大多数欧洲国家的做法是通过立法，允许在特定时期、特定条件下堕胎，以努力寻求这两者之间的平衡。比如，在英国，如果有两位执业医生证明，继续妊娠将会危及孕妇或孕妇现有的孩子的生命，或者会对他们造成伤害，而且这种危险会比终止妊娠的危险更大，那么在这种情况下，堕胎就是合法的。如果孩子出生后，有严重身体残疾或者严重智力障碍的风险很大，堕胎也是合法的。在孩子能够活着出生的情况下，终止妊娠会构成犯罪。因此这个时间通常是在怀孕28周之后。最近的法律则规定可以终止尚未超过24周的妊娠，前提是继续妊娠可能会伤害孕妇或孕妇现有的孩子，且这一危险比终止妊娠更为严重。但如果终止妊娠能防止对孕妇造成严重的、永久性的身体或者精神的伤害，或者能防止危及孕妇的生命，或者孩子出生后存在严重身体残疾或者智力障碍的风险很大，那么终止妊娠没有时间限制。

在探索解决这一复杂问题的、合乎良心的方案的时候，每一个社会都必须评估它自身的主流道德。如果大多数人都倾向于相信生命是神圣的，那么是否可以将胎儿视为有资格受到伤害的人？如果答案是"是的"，那么终结胎儿的生命，与人道地处死一个活生生的人有何不同？一个还未出生的胎儿的权益是否应当胜过女性被迫怀着不想要的孩子的苦痛，或者胜过抚养残疾儿带来的焦虑、费用和艰辛？

安乐死这一令人望而却步的问题，也同样不可避免地引发了类似的思考。医生、律师，最终是法院，一直在为个人的"死亡权"这一争议问题比拼角力。主动安乐死和被动安乐死经常会被划清界限（这一界限并不是在所有情况下都具备说服力）。前者是指通过积极的行为加速死亡过程，比如注射氯化钾。大多数法律制度将其视为谋杀。后者包括通过不作为来缩短生命：停止治疗。在很多法域中，这一方法被视为人道主义，正日益为法律以及医疗行业所接受。但如果无法治愈的病人或者晚期病人处于持续性植物状态（PVS），根本无法作出自主决定，那么法院在判定撤除他们身上的生命维持设备的合法性的时候，也并不轻松。

道德上的不一致？

战争之外的杀人被视为平时所犯下的最严重的罪行。相形之下，唯一一种为我们的文化更加严厉禁止的行为是食人（即使人已经死了）。但是我们挺享受以其他物种为食。我们中的许多人会在人类最为可怖的罪犯的司法行刑现场退缩，但是我们会热烈支持未经审判射杀相对较为温和的有害动物。事实上，我们还以杀死其他无害物种为乐。一个人类胎儿所具有的人的感觉并不比一只阿米巴虫更多，但胎儿享有的尊严和法律保障却远远超过成年的黑猩猩。然而黑猩猩能够感觉和思考……甚至可能有能力学习某种形式的人类语言。胎儿属于我们自己的物种，并因此立刻得到了相应的特殊优待和权利。

理查德·道金斯，《自私的基因》，
30周年纪念版（牛津出版社，2006年），第10页

对终止病人生命的道德性和合法性进行概括，同样并不容易。比如在无法治愈的病人和晚期病人之间就存在着重要的区别。后者可包括缺乏行动能力（病人具有完全清醒的意识，可以自主呼吸）、需要人工支持（病人具有完全清醒的意识，但需要连接呼吸机）、无意识以及需要深度护理的病人（病人处于昏迷状态，需要连接呼吸机）。每一个不同的情况都会产生不同的问题。

法律遇到此类棘手的道德问题时所面对的复杂性，表明了它们并不能够轻易通过口号得到解决。“死亡权”、“自治”、“自我决定权”或者“生命的神圣性”在相关辩论中大量使用，但是法律给

出的答案必须是谨慎的、经过深思熟虑的，而且能够最好地服务于公共利益。法官可能不是最合适的裁决者，但是我们有其他人选吗？两个国家（一个是英国，另一个是美国）法院的判决阐明了这些问题所涉及的复杂性。

英国的案件由1989年某个足球场的坍塌事故所引发（见本书第44页）。安东尼·布兰德因缺氧而导致脑损伤，处于持续性植物人状态。但是他的脑干仍处于运转状态，他的大脑皮层（控制意识、交流能力以及自主活动的区域）因为缺氧而完全受损了，但是他在法律上并没有死亡。霍夫曼大法官（那时他已经成为了大法官[①]）这样描述他的悲惨状况：

> 他躺在……医院中，他食用的流食泵压进一根管子，这根管子穿过他的鼻腔、喉咙后部，一直到达他的胃部。一根导尿管插进他的阴茎以排空膀胱，这会不时导致感染，需要敷料及抗生素治疗。他僵硬的关节让他的四肢紧紧收缩在一起，所以他的双臂弯曲着交叉在胸前，他的双腿不自然地扭曲着。喉咙的反射活动使他呕吐和流口水。尽管他的家人轮流前来看他，承受着这一切的安东尼·布兰德并没有任何意识……黑暗和无意识永远不会离开他。

布兰德的情况没有任何好转的迹象，他可能很长时间都得维持着现在的情形。他的医生向法院提出申请，请求法院准许停用呼吸机、抗生素、人工喂养与给水设备，之后他们可以用其他方法治疗他，让他在最小的痛苦中有尊严地死去。官方律师（代理那些无

① 霍夫曼法官于1992年成为上诉法院大法官。

行为能力的人）认为，这会违反医生对于他们的病人的义务，并构成犯罪。

上议院（英国的最终上诉法院[①]）认为，自我决定权比生命权更为重要。医生应当按上述顺序，尊重他的病人的权利。如果病人已经预见到自己将会堕入类似于持续性植物状态的境地，而且他明确清楚地表达了自己不愿意接受医疗（包括经过计算的、用以维持生存的人工进食）的意愿，那么这一顺序就更有说服力。但是，尽管全部五名上议院贵族法官均同意应当允许终止布兰德的生命，但是关于法律对此事的态度是什么以及它应当持什么样的态度，他们并没有形成明确的一致意见。所有人都同时承认了生命权的神圣性与病人的自主权利，但是在布兰德没有作出明确指示的情况下，要如何调和这些价值观？对于高夫勋爵来说，答案是保护病人的最佳利益。但是失去意识的病人有什么利益呢？高夫勋爵认为，这些利益部分在于给他人带来的压力与痛苦。凯斯勋爵与马斯提尔勋爵对此则存有疑问，后者声明：

> 如果说终结他人的压力之源也是安东尼·布兰德的利益，那么对我而言，个人权利的概念已经被拉伸得超过了临界点。与拥有清醒意识的病人不同，他并不知道自己的身体发生了什么……无法逃避的痛苦现实是，那些他人提议的行为并不符合安东尼·布兰德的最佳利益，因为他事实上并不具有任何形式的最佳利益。

① 2009年10月，英国最高法院取代上议院上诉委员会，成为英国最高级别的法院。对于英国境内的民事案件及英格兰、威尔士、北爱尔兰的刑事案件而言，它是最终上诉法院。更多内容可见www.supremecourt.gov.uk。

荷兰法律以较为灵活的措辞，规定了允许医生终止病人生命所必须满足的前提条件。

参与自愿安乐死或者自杀的医生必须：

1. 确信病人的要求是自愿的、经过深思熟虑的和持久的；

2. 确定病人的痛苦是无法中断和难以忍受的；

3. 已经告知了病人他的现状与前景；

4. 已经与病人一起得出结论，认为没有其他任何合理的选择；

5. 至少咨询了一名其他医生；

6. 以适当的医学方式实施了程序。

荷兰刑法典第293条第2款

这一方式与美国及加拿大的一些法院所采取的立场相似。在美国最高法院就克鲁山一案作出的著名判决中（处于持续性植物状态的病人的父母试图说服法院，尽管他们的女儿并没有在清醒状态下立下"生存遗嘱"，但是她不会想要这样活下去），法院判称，国家在生命的神圣性中享有利益，并因此对保护生命也享有利益。这些判决同样将国家在保护生命中享有的利益放到了重要地位。

最终上议院裁决，撤除布兰德的营养和给水设备不会构成犯罪，因为布兰德得以康复的任何希望都已经不存在了；而且，尽管结束他的生命不符合他的最佳利益，但是布兰德的最佳利益——维持生命，已经与"无须同意"机制的正当性，以及医生维持其生命的义务一起消失了。因为不存在这一义务，所以撤除营养和给水设备并不是犯罪行为。

全世界的法院都无法绕过这种令人沮丧的两难境地。法院的负担可能会因"生存遗嘱"而大为减轻。在该文件中，个人需按照下述言辞作出保证："如因身体或者精神障碍，我无法参与决定自身的医疗护理，并且因此具有下列任何一种医学状况（两位独立执业医生能够证明我不具备任何合理的康复前景），则我声明，我的生命不应以任何人工手段加以延续。"

做那些自然而然的事

自从亚里士多德以来，道德问题一直吸引着哲学家们的兴趣。自然法理论寻求解决"实然"与"应然"之间的冲突。简单来说，它最基本的论点就在于自然应当是什么样的。在自然中发生的事是好的，我们应当努力追寻这一目标。繁殖是自然的，所以我们应当繁衍后代。罗马律师西塞罗曾这样论述：

> 真正的法律是与自然和谐的正当理性，它是普遍适用、永恒不变的……试图改变这样的法律是一种罪孽，同样也不能允许废止它的任何一部分，将它全部废止是根本不可能的……[神]是这部法律的撰写者、发布者，也是执行它的法官。

当代自然法的内容有很大一部分应当归功于天主教，特别是多明我会的圣托马斯·阿奎那（1225—1274）深思熟虑的著作，他的重要作品《神学大全》包含了基督教教义对该主题最为全面的陈述。在17世纪的欧洲，人们认为，法律的全部门类的阐述建立在自然法的基础之上。雨果·德·格罗特（1583—1645）——更加广为人知的名字是格劳秀斯——与自然法的世俗化运动紧密相联。在具有影响力的作品《战争与和平法》中，格劳秀斯宣称，即使上帝并不存在，自然法也将具有相同的内容。这成为了正在形成的国际公法基本原则的重要基础。

18世纪，英国的威廉·布莱克斯通爵士在《英国法释义》中声明了自然法的重要性。布莱克斯通（1723—1780）在本书开头表达了对古典自然法原则的支持——就像他要通过诉诸上帝所赐的原则来使英国的法律神圣化一般。这种态度引发了功利主义哲学家，法律与社会的改革者杰里米·边沁（1748—1832）的批评，他嘲笑自然法“仅仅是想象的产物”。

尽管边沁对自然法相当蔑视，自然法还是被用于证明革命的合理性——特别是美国和法国的革命——理由是法律侵犯了个人的**自然**权利。反抗英国殖民统治的美国革命以诉诸全美人民的自然权利为基础，用1776年《独立宣言》中的崇高言辞来说，全美人民的自然权利是“生命、自由与追求幸福的权利”。正如《独立宣言》所称：“我们认为下面这些真理是不言而喻的：人人生而平等，造物者赋予他们若干不可剥夺的权利。”同样激动人心的情绪也体现在法国1789年8月26日的《人权宣言》中，该宣言提及了人类的“自然权利”。

自然法同样成为了纽伦堡审判纳粹军官的潜在依据。纽伦堡大审确立的原则是，特定行为即使没有违反任何实体法条文，也能够构成“反人类罪”。这些审判的主审法官并没有明确引用自然法理论，但是他们的判决表明他们作出了一个至关重要的认可，即法律并非判定是非的必然唯一标准。

我们的时代是一个公众责任不断提升的时代。或者，更加准确地说，现在我们致力于起诉实施种族屠杀与其他反人类犯罪的罪

图8 对伊拉克独裁者萨达姆·侯赛因的审判和处决尽管确立了犯下严重罪行的统治者所要承担的责任，但也受到了来自不同角度的批评，包括美国过度的影响、法官的频繁更换，以及对辩护律师的攻击。

犯，而且恶毒的政府官员及其合作者与军事指挥官所享有的豁免权正在逐渐缩水。国际刑事法院（ICC）新近在海牙的建立是一个标志性的事件，它意味着不应允许邪恶的独裁者及其亲信逍遥法外。尽管现在的美国政府对该法院持反对态度（主要是因为美国政府担心它会削弱美国对涉及本国国民的司法事务所享有的主权，以及美国军队有可能会被起诉），但是这一情况可能会被未来的总统改变。国际刑事法院的管辖权被限定为“为全体国际社会所关注的、最为严重的罪行”，这些罪行包括反人类罪、种族屠杀罪、战争罪以及侵略罪。

2006年，前南斯拉夫总统斯洛巴登·米洛舍维奇死亡时，以他为被告在国际战争犯罪法庭提起的起诉也戛然而止。他被控在波黑地区犯有种族屠杀罪行，在克罗地亚犯有反人类罪，并在科索沃地区实施了与暴行有关的犯罪。卢旺达的前总理因被判决犯有种族屠杀罪与反人类罪而被判处终身监禁。在伊拉克举行的对萨达姆·侯赛因的审判以执行死刑终结，他的数名同伙也被判处死刑或监禁。

对法律和道德的严肃分析，不可能不涉及个人权利这一概念。道德诉求经常演变为道德权利：人们坚持他们对一系列利益享有权利，包括生命、工作、健康、教育以及住房。各个民族则坚持他们享有自决权、主权与自由贸易权。在法律背景下，权利已经占有极其重要的地位，在某些情况下，它们会被视为法律的同义词。有关政治权利的宣言经常被视为当代民主国家的商标。相互对立的权利之间不可避免的碰撞，已经成为自由社会的显著特征之一。

在国际层面上，一系列人权公约和宣言足以说明权利之论的力量。联合国的《世界人权宣言》（1948年）、《公民及政治权利国际公约》以及《经济、社会、文化权利国际公约》[①]（1976年），至少在理论上显示了国际社会对于确立人权的普适概念与保护人权所做的努力。它表明，在相当大的程度上，不同国家之间具有跨越文化的一致性。

① 以上公约译名均从联合国网站中文版译名。

第四章
法院

法官完全是法律的人格化体现。司法职能体现了公平、正义，以及法治铁面无情的实施。法官解决纠纷、惩罚违法者，并在没有陪审团的情况下决定有罪与否。在更为宏大的法律与法律制度层面上，法官是法律价值的监护人与守护者：正义与程序公正的卫士。

不过，法官在刑事犯罪中的角色尤其能够激发公众的兴趣。法庭戏对于小说家、剧作者和影视剧本作者来说，有着不可抵挡的魅力。在英语世界里，我们立刻可以联想到不少作品。狄更斯的《荒凉山庄》是一个极好的例子。阿尔伯特·加缪的《堕落》、卡夫卡的《审判》、哈珀·李的《杀死一只知更鸟》、斯考特·杜罗的《无罪推定》、约翰·莫提默的《法庭的鲁波尔》系列剧，以及约翰·格利山姆的畅销小说中对庭审过程的描绘是其他一些突出的例子。莎士比亚在《威尼斯商人》中展示了令人难忘的正义理念与法庭审理程序。电影中的法庭戏更加不胜枚举。午后电影的偶像们通常会扮演那些勇敢的辩护者：电影版的《杀死一只知更鸟》中的格里高利·派克，还有《大审判》中的保罗·纽曼。法庭和律师大量出现于许多成功的电视剧集中，《甜心俏佳人》、《律师本色》与《洛城法网》则是较近的例子。

我们很容易理解为什么法庭程序会这么具有娱乐性，这么吸引人。刑事审判的戏剧场面经常具有强大的吸引力。律师之间的对抗、被告不确定的命运、耸人听闻的证据——所有这些都会在展示过程中引起近乎窥私癖的好奇心。在有些情况下，虚构出来的司法程序的壮观程度并不亚于真实的庭审过程。特别是在美国，真实的庭审过程经常会有电视直播。当名人受审时，法庭中的摄像机确保了这一案件能够拥有广大的受众——指控的罪名越可怕，效果就越好。然而，审判很少能够具有这种程度的吸引力和魅力，它们通常是沉闷而冗长乏味的。

刑事审判可能会因为提交的证据而显得生动有趣，但民事审判通常缺乏这一调料。法庭从事的是解决纠纷的工作。代表各方当事人的律师致力于说服法庭采纳他们关于案件是非曲直的看法。在普通法系的审判中，一方引用某个先例，以此论证本案和之前的案件有充分的相似之处，所以应当遵循先例。另一方则致力于寻找本案与先例之间的细微区别，以指出两者存在不同之处。这是法律推理的精华所在。如果败诉方提起上诉，那么级别更高的法官将重新听取双方的论辩。

毫无疑问，法官们行使的责任相当繁重：

> 来到法官席前，等待判决宣布，是件让人敬畏的事……法官象征着正义的概念和有组织的强制力，兼有理性人的理性与多数人的残忍。他既具有他所属的文化的理念，也具有强迫他人服从的权力。当一位公民站在庭上，他会立刻感受到这一权力的影响；权力集合起来，集中体现在他一个人身上。

当代法哲学的领军人物罗纳德·德沃金评论说："法庭是法律帝国的都城，法官们是它的君王。"在每一个法律体系中，法院都扮演着中心角色。但是这个角色究竟是什么？法官们的政治功能是什么？他们的任命、选举与责任又是怎样的？在刑事审判管理中，特别是在复杂的商业犯罪审判中，陪审团制度是不是一个有益的因素？普通法系国家的对抗制是否比大陆法系国家的讯问制更加优越？

对于普通法来说，法官扮演着基石般的角色，司法功能的离心力在理论和实践两个层面上推动着法律制度的运作。尽管在欧洲大陆国家的法典化体系中，法官的作用相对而言可能不那么重要，但是法官的影响力再怎么被高估，都不过分。

法官是法律体系的典型象征。在长袍与崇高的独立性之下，他们是正义的化身。以英国法官德夫林勋爵的话来说，法官向社会提供的"社会服务"就是："消除不公正感"。这种不偏不倚体现在法官解决纠纷的判决之中，无异于一篇对自由社会和公正社会深具信心的论文。冷静理智的法官是民主政体的精粹。立法与司法之间所谓的界限也是这一政体最负盛名的标志之一。

尽管愤世嫉俗者认为这种吸引人的、经久不衰的关于司法职能的看法只不过是个神话，但这些怀疑并不足以轻易驱除法官作为法律的守护者、正义的保护人和智囊团的形象。当然，我们并不能否认，正如我们普通人一样，法官也会受到个人偏好和政治偏见的影响。但偶尔也有人认为，承认司法的弱点具有某种程度的颠覆性，著名的美国法官本杰明·卡多佐对此曾评论说："似乎一提到法官也会受到人性的限制，法官就必然会因此失去他人的尊敬和信赖一样。"

司法职能是什么？

司法机构位于法律程序的核心。在努力揭开法官如何审理案

图9 中世纪的法庭（约1450年）。

件的神秘面纱之时，我们不得不追寻法律本身的意义：“什么才能构成法律”的理论，必然指引并贯穿裁判行为的每个层面。根据正统的、所谓“实证主义”的范式，法律是由一系列规则组成的体系。在没有可以适用的规则，或者规则具有一定程度的模糊性或不确定性的情况下，法官享有自由裁量权，来填补这一法律空缺。

罗纳德·德沃金对这一观点的挑战很有说服力，他否认了法律只能由规则组成。在规则之外（规则通过“要么全有，要么全无”的方式加以适用）还有其他不属于规则的标准：“原则”和“政策”。与规则不同的是，它们具有“相当的分量或重要性”。一项“原则”是指“一项必须得到遵循的标准，并不是因为它可以促进或者保障一定的经济、政治或者社会形态……而是因为它是正义、公正或者道德的其他层面的要求”。而一项“政策”是指“一项标准，它确立了一个既定目标，通常是某一社群中经济、政治或者社会层面的进步”。当法官不能立即找到可以适用的规则时，或者根据既定的规则不能得出裁决结果时，他就要在互相冲突的原则之间加以权衡。这些原则并非规则，但它们并不因此就不能成为法律的一部分。在这种“难案”中，因为法官并不能够诉诸个人经验来作出裁决，所以与实证主义者的看法恰恰相反，法官并没有真正的自由裁量权。总有一个正确的答案，而法官的任务就是（在“难案”中）找到它，通过权衡各种相互冲突的原则，并据此决定他所审理的案件中各方当事人的权利。

这种裁决模式明显诉诸民主理论：法官们不参与立法，他们仅仅是强制执行权利，而权利的主要内容已经由代议制立法机构在法律中规定。事实上，德沃金的论点源自对“界定并维护法律的自由主义理论”与“认真对待权利”的关注（这一点与实证主义者的观点相反）。这一论点主要来自民主理论，德沃金之所以关注消灭强大的司法自由裁量权，其前提是法官有着令人不快的地方：法官通常是没有经过选举产生的官员，他们不对选民负责，但却拥有立法权或者准立法权。

法院是最好的解决纠纷的场所吗？法官们能够真正做到公正客观吗？刑事审判的目的是什么？有些法院——比如美国最高法院——是不是太政治化了？法官是否应当通过选举产生？陪审制度是否有效而公正？ 本章将努力回答其中的一些问题。

法院是什么？

人世纷争无所不在，它们必然需要一个友好解决的平台。法院是所有法律体系的必备要件。法院对于特定的刑事、民事以及其他事务具有权力与权威——或者，用律师们的话说，具有“管辖权”。这使得它们的裁决（以强制力为最终后盾）被当事人当作权威来接受，但如果当事人并不信任庭上的职业法官具有独立性和公正性，那么他们将不会愿意接受裁决。

法院会犯错误。法官难免受到人性脆弱之处的影响，所以有必要采取措施以纠正他们的错误。被错误定罪的被告所遭受的明显不公，可以通过赋予他上诉权加以纠正。同样，民事案件中的败诉方也可以基于法定理由，认为初审法院在解释法律时存在错误。对更高一级的法院提起上诉，就需要等级制度来对“一审法院”和上诉法院的层级加以区分。有些初审法院只有一名法官与一个陪审团：陪审员们负责在法官的指导下发现事实，法官负责确定所适用的法律。这一组合构成了法庭的审判。在其他初审法院中，事实与法律都由法官加以确定。

普通法法域中的上诉法院负责审查初审法院或者低一级的上诉法院作出的判决。他们的任务通常限于考虑法律问题：比如，初审法院对法律的适用与解释是否正确？通常他们不会审理有关事实问题的证据，但是如果有新证据出现的话，上诉法院可能会对其加以评估，以决定是否将该案件发回一审法院重新审理。

每个地方的法院都会遵循相应的程序，在有些国家，这些程序已经变得十分冗杂。在刑事审判中，因为法官作用的不同，这些程序也会相应具有较大的区别。普通法系国家采取了“对抗式”的制度，而大陆法系国家采取的则是“纠问式”或者“控告式”的制度。尽管它们之间的区别经常会被夸大，但是在一些基本的层面上，两种途径确实存在区别。普通法系的法官是公正的裁判，很少纡尊降贵地踏足争议的尘土。而大陆法系的法官在庭审中的角色则更加积极主动。

欧洲大陆的刑事预审法官直接介入了是否提起公诉的决定过程。这一职务起源于法国，欧洲其他一些国家，包括西班牙、希腊、瑞士、荷兰、比利时与葡萄牙也采用该制度。预审法官经常被认为是介于检察官与法官之间的角色，但是严格来说，这一说法并不准确，因为他并不决定是否提起公诉——这是由公诉人决定的事项，而预审法官完全独立于检察机构。他的主要责任，正如他的头衔所暗示的那样，是去调查所有对犯罪嫌疑人有利或者不利的证据，他有权力去审问犯罪嫌疑人。他还可以讯问受害人和证人，他可以去犯罪现场，参与验尸过程。在调查过程中，他可以批准拘留和保释，并下令搜查和扣押证据。

必须指出的是，预审法官的工作并非决定案件的是非曲直，而是通过审查证据决定是否应当对犯罪嫌疑人提起公诉。如果他决定提起公诉，那么案件会被转移到另外一个与他毫无联系的初审法院，该法院并没有义务遵循他已经作出的决定。因此，他的职能和普通法系的交付审判程序及美国的大陪审团有相似之处。以上

图10 穿着正式礼服的法国高级法官和法律官员。

两个制度的设计目的都是为了审查证据，以决定案件是否可以提起公诉。大陪审团虽然处于法官的监督之下，但是它的运作是由公诉人来主持的。它具有传唤证人以寻求对犯罪嫌疑人不利的证据的权力。

所有主要的法律体系都有各自的优点和缺点。人们普遍认为——尤其是普通法系的律师这样认为——普通法系非常重视无罪推定的价值，它向检察机构赋以沉重的举证责任，要求它们必须证明案件已经"排除合理怀疑"。但这一点很成问题。法国法庭上的被告同佛罗里达的被告一样，享有基本的重要权利和保护。所有的民主国家都确认了无罪推定这一原则。事实上，这是《欧洲人权公约》第6条的要求，它适用于欧洲委员会的46个成员国。

对于对抗制的批评不仅仅来自民事律师。刑事审判中偶尔发生的奇怪行径（尤其是在美国），对于普通法系律师来说也是尴尬的事。这一程序有时候会堕落到做戏的境地，律师滥用对抗程序，似乎完全忽视了整个制度的目的。这一点在高调的、通过电视转播的名人审判中尤为明显，拿着过高报酬的律师歇斯底里地对着摄像机和陪审团大加表演。许多民事律师也对普通法系刑事司法制度显得有利于富人被告的方面大为震惊，富人能够负担得起庞大法律团队的费用。对O.J.辛普森和迈克尔·杰克逊的审判仅仅是最近发生的、最明显的例子。

通常情况下，普通法的公诉是以政府、国家的名义（或者在英国，以王权的名义）对被告提出的指控或者控告。为了判定检方的证据是否充分，在提起公诉之前，往往有一些初步审理程序。为了

图11 宣布被指控犯有谋杀罪的前美国橄榄球明星O.J.辛普森无罪，引发了针对陪审制是否可靠的疑虑，尤其是在很多人认为DNA证据已经毫无疑问地确定了被告有罪的时候。

完成举证责任，检方会传唤证人，并提交对被告不利的证据。此时被告可以主张自己“无须答辩”。如果这一抗辩失败了（这是通常情况），被告将会提出证人和证据。证人将会被对方律师交叉询问，但是被告自己拥有“沉默权”：他不需要发言来为自己抗辩，但是如果他决定作证，那么他必须接受交叉询问。在美国，这一权利受到宪法第五修正案的保护。然后是双方发表结案陈词。当有陪审团参加庭审时，法官会作出相应的指示，然后陪审员会在私密状态下进行深思熟虑。有些法域要求陪审团作出全体意见一致的裁决，有些则只需要多数意见一致。

公正审理的权利

所有的人在法庭和裁判所前一律平等。在判定对任何人提出的任何刑事指控或确定他在一件诉讼案中的权利和义务时，每个人都有资格由一个依法设立的、合格的、独立的和无偏倚的法庭进行公正的和公开的审讯。

《公民及政治权利国际公约》第十四条第一款[①]

判刑

如果被告被确定有罪，那么他将会被判刑。这通常发生在法院知悉被告的犯罪前科（如果被告具有犯罪前科）及有关个人品行的其他相关信息之后。如果被告有可能被判处监禁，关于被告个人背景的报告可能会被提交法庭：他的教育程度、家庭、工作经历等

① 译文引自http://www.un.org/chinese/hr/issue/ccpr.htm。

等。心理报告或者医疗报告也可能会与证据一起被提交给法庭，包括证明他的正直无可指责的证人。这一切之后可能还会有动人的、请求减轻刑罚的辩护。被告的律师试图说服法院，被告是残酷命运和贫困人生的牺牲品：贫穷、受他人操纵、父母的抚养存在问题，以及受到其他超出被告控制能力的强大力量的影响；这些原因才应该为被告的犯罪负责。

当然，每一个法域都会有一系列不同的刑罚供初审法院适用。这些刑罚包括监禁、罚金、缓刑、社区服务，或者暂缓监禁（监禁被暂时中止，比如说，中止期限为两年；如果他在两年内再次违法，那么原来的判刑可能会适用于被告）。

被定罪的被告总有权利向更高级别的法院提起上诉。这些法院不会再次开庭审理这个案件，而是详细审查诉讼程序的记录，以寻找任何可能使本案获得重新审理的错误。在特定情况下，检方如果认为某项刑罚过于宽松，可能会针对该判刑提起上诉。

民事审判

普通法系和大陆法系之间的区别，在民事审判中并不那么明显。法国法几乎已经趋向于取消民事审判：由审前准备法官作出的深入的审前准备，已经让起诉和证据成为书面工作。律师只需要就法院已经获得的证据材料提交摘要。需要进一步说明的是，法国民事审判的证明标准并不低于其刑事审判的证明标准。

在大陆法系国家，“普通”的法官只在“普通”的法院审理案件。[①]大致而言，这些法院的管辖权包括适用民法典、商法典和刑

---

① 法国有独立的行政法院与宪法法院，“普通”法院是指审理民事、刑事案件的法院。后文中的法国最高法院（Cour de Cassation）是指对于民事、刑事案件具有终审权的最高法院。

法典以及上述法典的补充立法的案件。在法国的普通法院体系中，阶层最高的法院是法国最高法院。它大概包括100名法官，法官们轮流组成六个专业法庭（五个民事庭，一个刑事庭），在某些特定的情况下，他们可以组成混合庭或者法院审判合议庭。[①]法国最高法院仅对于法律的解释问题拥有自由裁量权。德国拥有一系列独立的司法体系，每个体系都有最高法院。大多数大陆法系的制度都包含一系列拥有独立管辖权的行政法院。

普通法系的民事审判同样采取了对抗制。民事诉讼不是由政府或者王权发起的针对被告的诉讼，而是由受到侵害的原告起诉被告的诉讼。原告通常是为了获得损害赔偿，比如经济赔偿（因为侵权行为、违约行为或者其他民事违法行为）。双方当事人都有权传唤证人，证据规则与刑法审判的证据规则大体相同。但是，正如我们所见，一个非常重要的区别在于，刑事审判中的举证责任是"排除合理怀疑"，而民事案件中的原告只需要证明他的案件"具有相对较高的盖然性"[②]。

法官是什么样的人？

除了美国这一显而易见的例外之外，普通法系的法官是从资深出庭律师中任命的，而欧洲大陆国家的法官是通过类似招考公务员的方式加以招募的。一般情况下，通过公开考试的方式，他们从大学中被直接招募，并不一定具备法律从业经验。成功的候选人将被任命为这一职业阶梯的最底层，职业训练在司法系统内部完成，

---

① 法国最高法院的具体职能和介绍可见http://www.courdecassation.fr/documents_traduits_2850/20013_25991_2853/27861_38498_11984.html#i。

② 亦可理解为具有证据优势。

选拔基于个人实绩。公开竞争被认为是保持职业立场以及司法独立性的最有效的方法，它可以防止政治偏袒和裙带关系，但是人们担心，提拔中的歧视可能会扩大行政部门[①]的影响，从而损害司法独立的精神。同时，通常情况下私人执业比当法官要有利可图得多，所以，更有才华的法学院毕业生可能会不愿意从事法官这一职业。

美国的情况则复杂得多。联邦法院分为三个层级：最高法院、巡回上诉法院与联邦地区法院。根据美国宪法，总统有权提名，并与参议院一起任命所有这三个层级的法院的法官。在收到来自司法部与白宫行政工作人员的推荐之后，总统向参议院提名候选人。司法部对这些被提名的候选人加以筛选，之后由联邦调查局对候选人开展调查，同时也会向美国律师协会就这些被提名人是否合适征求意见。

白宫法律顾问办公室同样起着作用，它与司法部、参议院的议员一起，考虑来自众议院议员、各州州长、律师协会以及其他机构的推荐。参议院司法委员会会审查这些候选人的资格。如果委员会拒绝了某一提名，它会请总统作出另一个提名。参议院司法委员会的提名将在参议院的执行会议中加以讨论。没有争议的候选人将会得到一致同意。在1789年至2004年美国最高法院的154名被提名人中，只有34名没有得到参议院的同意。然而，如果某一被提名人存在争议，那么争论将会随之而来。如果参议院司法委员会作出负面评价，结果将是参议院冷酷无情地拒绝这一候选人。成功通过

---

① 原文为executive branch，相当于中文语境下平常所称之“政府”。在本书的语境下，美国的government往往是指立法、行政、司法的结合，每一个职能被称为一个branch（分支）。译者在此参照“部门法”这一法律术语，将其译为“部门”。

以上程序的被提名人，将会得到总统的正式任命。[①]

这个程序的冗长拖沓——包括参议员们的各种阻挠，以及这一制度可以预见的意识形态因素——给它带来了相当多的批评。批评者认为这一程序削弱了司法的独立性。赞成者认为，总统与参议院对联邦司法体系的组成和立场作出了至关重要的、合法正当的制衡。在联邦以外的层级上，美国有21个州的法官通过选举产生。这一情况相当罕见，在其他任何普通法系或者大陆法系国家均未见同例。尽管这一制度可能对民主主义者具有吸引力，但是它不可避免地将法官转变成政客。为了保住职位，法官必然会寻求公众情感和偏见的支持。虽然相形之下，选举制度比无视法官能力、只管任命俯首帖耳的法官的腐败政府作出的提名更为可取，但是几乎没有律师支持这一约翰·斯图亚特·密尔所谓的“民主制度所犯下的最为危险的错误之一”。

对于司法任命方式的不满，主要是针对被任命人的非民选性质（几乎没有女性或者少数族裔）。这种不满导致了司法任命委员会的建立，该委员会致力于为这一程序带来更多的透明与公正。司法任命委员会负有挑选人选之责。它存在于美国各州以及加拿大、苏格兰、南非、以色列、爱尔兰以及其他一系列欧洲地区，包括英格兰和威尔士——在英格兰和威尔士，自从2006年之后，委员会作为独立的、非政府的公众机构行使职能。司法职位的申请人必须提供一份九页纸的申请表，入围的候选人会被面试。评估他们的标准有五个：智力、个人品质（忠诚度、独立性、判断力、决断力、客观程度、个人能力与学习的意愿）、理解与公正处理事务的能力、权威性与沟通技巧，以及效率。

① 对此问题感兴趣的读者可以参阅《美国最高法院通识读本》（*The U.S. Supreme Court: A Very Short Introduction*），何帆译，译林出版社，2013年7月第1版。

图12 在大多数普通法系法域内，女法官相当罕见。比如，在英国，直到2005年才有了第一位被任命于上议院——英国的最高法院——的女性。在南非、加拿大、美国以及新西兰的最高法院中，均有女法官审理案件。加拿大最高法院（如图所示）于1982年迎来了它的第一位女法官，现在它的九位法官之中有三位是女性，包括它的首席大法官在内。

司法机构的政治

尽管美国宪法并未明确授予最高法院司法审查权，但是自从1803年的标志性案件——马伯里诉麦迪逊案——以来，美国最高法院一直宣称，它有权废止那些经它认定与宪法条款相冲突的法律。这一最为有力的司法审查形式，使通过任命产生的法官有权对经由民主程序颁布的法律施加控制，即使这些法官是由参议院认可的。在这种控制中，通过宣布各州制定的、范围广泛的、涉及各种事务（例如堕胎、避孕、种族与性别歧视、宗教自由、言论自由与集会自由）的法律违宪，美国最高法院促成了许多重大的社会与政治转型。

在得到公众广泛支持的情况下，印度最高法院在社会、政治与经济生活等一系列领域展示出高度的司法能动性，这些领域包括婚姻、环境、人权、土地改革，以及选举法等。法官经常称宪法是超越政治文件的，视其为"社会理念"的永恒宣言。这一理念浸透着平等主义价值观，它代表着一种承诺：进行社会改革，以呼应那些曾激励着宪法制定者的社会正义原则。印度最高法院引人注目的法理学特点在于公益诉讼的概念，在这一概念之下，贫困者也可以得到诉诸法院的机会。印度最高法院判决，对贫困者的法律救济不应受到对抗制的限制。印度最高法院同样对于印度宪法第二十一条作出了从宽解释。该条规定："非依法定程序，不得剥夺任何人的生命或者个人自由。"这一从宽解释造成了对个人实体权利的重大扩张。

根据废止种族隔离制度之后的南非宪法，南非宪法法院有权解释宪法。它依此作出了影响深远的判决，包括宣布死刑违法，维护居住权，坚持政府具有对家庭暴力提供有效救济措施及维护平等权的宪法义务。

美国最高法院的权力体现了强有力的司法审查权。美国最高法院可以将它对于宪法的司法解释加诸其他的政府部门[①]。其他较弱一些的司法审查形式则允许立法与行政部门有权拒绝这一判决，条件是公开拒绝。司法审查权逐渐被纳入有些国家的宪法和法

① 见本书第96页注释①。

律之中（比如英国1998年的人权法案、新西兰1990年的权利法案、加拿大1992年的权利与自由宪章）。

司法审查的批评者对于法官拥有的、凌驾于民主选举产生的立法者之上的权力持有异议。但是即使我们的立法机构是真正的代议机构，那些支持立法机构能够比法院更好地维护我们的权利的观点，至少也是站不住脚的。这不仅是因为政府更迭以及党派政治易受部门利益影响和易于妥协的问题已经臭名昭著，腐败更不消说，而且是因为正是由于法官不需要以这种政治方式“担负责任”，所以他们才是更为优秀的自由守护者。同时，基于司法的秉性、训练、经验，以及对以权利为基础的各种观点进行检验和争辩的法庭，我认为，天平已经倾向于以司法方式而非以立法方式解决纠纷。事实上，我们也很难看到后者在实践中的运作。当讨论的权利已经明显处于纠纷之中的时候，经选举产生的国会议员们又能够起什么作用呢?

而且，不幸的是，很难证明大家对于立法者的信任是正确的。尽管争论不时存在，但是某些基本的权利最好成为立法者的禁区，或者至少要处于党派的日常权谋之外。如果没有最高法院历史性的布朗案判决（该判决认为白人小学生与黑人小学生的教育设施彼此隔离是一种“本质上的不平等”），非裔美国人的公民自由会更早一些得到承认吗?与南非新的民主议会相比，南非宪法法院会更有可能保护人权吗?难道欧洲人权法院（位于斯特拉斯堡，负责审理有关国家违反欧洲《保护人权与基本自由公约》成员国义务的投诉）没有推动某些国家——比如说，英国——的公民自由吗?这一法院经常作出对英国政府不利的裁决，要求其修改一系列涉及受上述公约保护的权利（包括隐私权、免受肉刑的权利，以及精神病人的权利等）的国内立法。

有偏见的法官?

近年来,对于特定司法行为的合法性——有时甚至是诚实程度——的抱怨声浪渐起。政治保守主义者指责法官正在凌驾于人民的意志之上,而人民的意志已经体现在涉及堕胎、同性恋权利、平权行动、宗教以及其他主题的法律和直接投票之中。政治自由主义者则指责对女性的偏见、不检点的性行为、对少数人权利的严苛,以及保守政治观点深重的压力与影响。两边都在指责……罔顾人民的意见和通过打破任期限制的方式来保护职业政客的行为。各方——甚至高薪的公司律师——都在指责初审法院法官专横独断的常见行为。法官滥用法官地位,甚至接受贿赂的行为也不时为公众所知。此外,34年作为法学教授与律师的经验告诉我,还有另外一个普遍存在的问题:法官有太多的时候不愿意听取事实或者理由。他们开始时即持有严重偏向于一方当事人的偏见——当然,他们一定会拒绝承认——然后就对和他们的偏见相反的事实及相应的说理视而不见……当法官出于他们已经形成的偏见,忽略事实甚至虚构出想象中的反事实时,他们已经摧毁了司法制度的核心宗旨:基于事实而非偏见对案件加以裁决。他们同样……摧毁了对于司法制度的信任……事先形成的司法偏见、随之而来的对事实的视而不见、反事实的司法虚构,以及相应而生的一系列问题,位于当今司法制度最严重的问题之列。如果法官不再忽视事实以加强他们自身的偏见,那么这将有益于司法制度,使得法律不再成为空头许诺,也将有助于市民维持对于法律的信心。

劳伦斯·R.瓦维尔教授，《对于现代司法实践的指责》(2005)，《司法责任动议[①]法律新闻》

由陪审团进行的审判

在刑事程序中，由“同等的人”组成陪审团进行审判的理念，常被视为普通法制度的基本信条。有些大陆法系法域也同样采用陪审团来决定被告是否有罪。比如法国的法官就与陪审团一起审理案件，陪审团同样参与决定加诸被告的刑罚。

对于在什么样的案件中使用陪审团，各个法域的规定并不相同。有些法域限于在刑事审判中使用陪审团，在民事审判中则不使用（比如法国）；有些法域在审判严重犯罪案件时使用陪审团（比如加拿大）；而另外一些法域（比如英格兰与威尔士）则在刑事审判及一些特殊的民事审判（比如诽谤）中使用陪审团。

美国的陪审团审判最为典型，刑事与民事诉讼程序中均使用陪审团。超过60%的陪审团审判是在刑事案件中，其余的为民事审判以及其他类型的审判，比如家事法庭诉讼程序。

陪审团审判诸多被夸大的优点之一是，它在一定程度上可以制约法官的权力和影响。有观点认为，通过让普通市民（通常是12名）参与司法进程，社会的价值观念可以得到表达。同时，在判断被告是否有罪的时候，与一名法官相比，一组随机挑选的外行是更为民主的裁决者；相形之下，法官往往被认为是公权力的代言人（不管这种看法正确与否）。

---

① 这是一个自称致力于制止在美国“日益猖獗的、普遍存在的司法腐败”的草根组织，其名称的缩写为J.A.I.L，网址为http://www.jail4judges.org。

“我们认定被告有罪。我是说，如果他没罪的话，为啥他去请了城里最好的律师啊？”

图13 陪审团可能会受到证据之外的事实的影响。

然而，对于陪审团的批评则通常表达了对以下事实的不安：与法官不同的是，陪审团并不需要给出裁决的理由，这就给情感与偏见打开了大门，特别是当案件可能涉及被告的种族因素的时候（例如声名狼藉的罗德尼·金案件，它的后果是灾难性的，详见下面的方框）。陪审员是否普遍具备理解复杂的科学证据或者其他技术证据的能力，这一点也一直饱受质疑。比如复杂的商业案件将会产生数量庞大的、高度专业化的信息。这也使得英国及其他法域提出了争议性的提议，要求在这些案件中废除陪审团。

种族，罗德尼·金——以及，一个充满偏见的陪审团？

1991年，在洛杉矶，数辆警车追逐着罗德尼·G.金，一位被指超速的抢劫假释犯。在追逐中金闯了若干次红灯，最终被逼停。车中的两名乘客遵守了警察的要求走出车外，在经过可以忽略不计的抵抗之后，他们被制服了，但是金明显拒绝遵从警察的指示，并因此受到了身体强制。他被手持金属警棍的警察们殴打了56次，至少被踢了六次，并被电子泰瑟眩晕枪击中了。三名洛杉矶警察实施了殴打行为，他们声称这是一名警官的指示。另外有23名执法人员在场，他们看到了袭击过程，但是没有作出任何努力来阻止这一行为。一些旁观者同样证明了这一殴打行为，其中一名旁观者还录下了这一事故。金受了重伤，包括头骨骨折以及部分面部神经受损。

陪审团（包括10名白人，一名西班牙裔人，一名亚裔人）将被告无罪释放。在陪审团作出裁决后的几个小时内，洛杉矶爆发了暴乱。当暴乱结束时，54人死亡，超过7000人被捕，数亿美元的财产遭到毁坏。

尽管此后有些警察被控侵犯了金的宪法权利，且因此被联邦法院定罪并处以监禁，但没有一个起诉特地提到了种族动机。事实上，只是在联邦法院的审判中，金才第一次出庭作证，证明他受到了警察的种族虐待，但是他之后又承认，他并不确定事实是否真的如此。

替代性争端解决方案

长久以来，批评者表达着对于以法院为中心的纠纷解决方法的不满。他们认为，除了其他问题之外，这一方法是不公正的、过度形式化的和排外的。

在美国，拥护替代性争端解决方案（ADR）的运动一度盛行，这项运动“出于人性、社群主义与社会福祉的考量……拒绝非人化、物化、法庭仪式带来的距离感，以及对于法律职业人士的依赖”。他们提倡更加友好的、对抗性更少的程序。这一运动推动了以立法形式鼓励使用非司法性质的仲裁，尤其是在解决涉及国际因素的商业纠纷的时候。

各方当事人将纠纷提交一名或多名仲裁员，并同意仲裁员的决定（称为“裁决”）对于各方均具备约束力。ADR的优点被认为是速度快、成本低、灵活性强，并且专业仲裁员的技术性很强。但是拖延也并不少见，而且各方当事人需要向仲裁员支付报酬，成本可能会因此增加。在有些法域内，强制执行仲裁裁决会比较麻烦。

诉讼：易怒好斗的美国与善于交际的英国

尽管美国看起来比任何欧洲大陆国家都更像英国，但其实，美国人的国民性与英国人的相对立。恭谨顺从、相信宿命、自我克制和缺乏进取精神，是大家最不会归结于美国人的个性。诉讼从某种意义上讲是场战斗，美国人就是战士，而足球场之外的当代英国人并非如此……国民性格可能并非原因，而是结果，法律制度的特征也可能仅仅是同样的原因所导致的结果；或者，更现实地说，是同样的复杂成因所导致的结果。美国在人身和社会阶层上的高度流动性、美国人民的移民起源、美国在种族和民族上的异质性，以及美国人民所拥有的财富和闲适等因素，可能是美国人民易怒好斗和个人主义性格的成因。而且，这也是对于解决纠纷的司法程序存在大量需求的**独立**原因。一个更加静态的、统一的、紧密结合的社会可能纠纷较少——因为人们更能理解他人，或者因为人们彼此之间关系存续及未来相遇的可能性更大，以致大家尽量避免冲突——或者，也可能拥有更好的非正式解决纠纷的方式……

理查德·A.波斯纳，《英格兰与美国的法律及法学理论》（克拉伦登出版社，1996年），第109页—110页

第五章

律师

律师是一个发达的法律制度中必不可少的角色，即使他们也许并不受人喜爱。他们常受到贬损、嘲笑和毁谤。许多关于律师的笑话中的幽默元素，来自它们对律师的唯利是图、不诚实和麻木不仁的攻击。一个笑话是："你怎么知道律师在说谎？"答案是："他的嘴皮子在动呢。"另外一个笑话讽刺地哀叹："怎么99%的律师都在败坏这个职业的名声，这是不是太丢人了？"马克·吐温则因为这句俏皮话而声名远播："有趣的是，近来罪犯的人数大有增长，律师也是，不过我说重复了。"

大多数国家里，这种厌恶来自对法律职业的合理不满和误解，试图解释这种厌恶并没有什么意义。当然这是个事实：和房产中介一样，律师得不到什么喜爱。但是，独立的律师行业是法治至关重要的组成部分。如果没有律师为公民提供充分的代理服务，法律制度的理念只是空洞的回响。通过在刑事案件中提供法律援助的方式，大多数法域承认了这一观点。举例来说，法律援助是欧洲人权公约第六条所确认的权利。它要求被告应当具有法律顾问，如果他们自己请不起律师，那么应当给他们免费提供一名律师。

好莱坞在无止境的电视剧集中不停重复的、对英雄式律师的塑造——充满激情、雄辩滔滔地为客户追求正义——其实与律师的现实生活相去甚远。出庭辩护虽然很重要，但它只是律师工作中

图14 阿提库斯·芬奇：根据小说《杀死一只知更鸟》制作的同名电影中的英雄律师，由格利高里·派克饰演。芬奇为一位黑人被告作了并不成功的辩护，这位被告被控强奸白人女性。许多美国律师声称，这一角色激励了他们从事律师职业。

的一小部分。大多数律师每日忙于起草文件（合同、信托、遗嘱和其他文件），向客户提出建议，进行谈判，转让财产，以及从事其他不那么迷人的工作。尽管大多数律师从来没有踏进过法庭一步，律师工作的精华依然在于代表客户进行战斗。在这样的战役中，言辞或书面形式的辩护技巧至关重要。法律经常是战争，而律师则是战士。

普通法律师

对于很多人来说，英国的法律职业，以及在前英联邦国家的普通法法域中存在的变种，看起来有些奇异——怪异夸张和古董级的假发、长袍，以及刻板严格的称呼方式。尽管有些普通法系国家已经去除了这些奇怪的、古旧的特征，但是它们仍然引人瞩目地持续出现在人们面前，尤其是在英格兰。在执业者和公众中进行的民意测验并没有得出一致的结果。假发仍然会牢牢地戴在许多出庭律师和法官的头上，至少还要戴上一段时间。

豪华假发

先生：当然，法律职业的假发不合时宜。但是圆顶小帽、主教法冠、四角帽、熊皮帽、学位帽以及其他仪式性头饰也是如此。我认为假发的好处在于模糊身份和掩饰老朽之处，这一点已经见诸报端。然而，它真正的重要性在于传承。对于像我这样的家事律师来说，它是一根连续不断的金线，可以追溯到1857年伟大的法典与卢欣顿博士之前，直到奇妙的18世纪家庭法领域。不管我是在伦敦的上诉法院出庭，在开曼群岛的上诉法院出庭，还是在中国香港地区的上诉法院出庭，法院仍然有着佩戴假发进行审理的传统。就我所知，此地尚未作出在民事上诉案件中废除假发的决定，而且我反对任何这样的提议。

王室法律顾问尼古拉斯·莫斯廷，

泰普尔，伦敦 EC4。来信栏目，《观察家》，2007年6月23日

当然，普通法法律职业的起源已经与英国的历史交织在一起，因此合乎逻辑并不必然是它存在的合理理由。律师主要被划分为两大类别：出庭律师与事务律师。出庭律师（经常被称为“法律顾

问”）只占法律职业群体的一小部分（在大多数法域内为10%左右），而且不论正确与否，出庭律师被视为法律职业者中更为优越的一支，他们自己尤其这么认为。近年来，相当彻底的变化正在发生，很多变化逐渐取消了出庭律师们的特权。在很大程度上，对于日益高涨的法律服务费用的政治焦虑引发了这些改革，而这种高涨是由出庭律师们的限制性商业惯例所导致的。

出庭律师与他们“潜在的客户”之间，只存在最低程度的直接接触。事务律师向出庭律师进行“情况汇报”，而且通常的要求是，出庭律师在会见客户或者与客户面谈时，事务律师必须在场。但是对于某些职业会有例外，比如会计师与鉴定人可以在事务律师不在场的情况下与出庭律师会面。不过，所有的交易都必须通过事务律师来完成，他们负责支付出庭律师的相关费用。

英国的出庭律师被四个律师公会之一授予出庭律师资格。自从16世纪以来，这四个古老的机构就控制着这一职业分支的准入。与这一职业中绝大多数的事务律师不同，出庭律师拥有完整的出庭权利，他们可以在任何一级法院出庭。一般来说，事务律师只有在级别较低的法院才有出庭的权利，但是近年来，这一态势已经有所改变。有些具有“出庭事务律师”资格的事务律师，可以代表他们的客户在级别较高的法院出庭。传统的分隔制度正在逐渐瓦解。但是，两类律师之间仍然存在着两大明显区别。第一，出庭律师总是直接接受事务律师的指令，而非从客户那里获得指令，客户直接接触的仍然是事务律师。第二，与事务律师不同，出庭律师独立执业，并且被禁止合伙。相反，出庭律师通常组成一个个出庭律师办公室，借以共享资源、平摊费用。但是现在，出庭律师也可以为事务律师的事务所、公司或者其他机构所雇用，成为内部法律顾问。

其他的转型也在发生。比如，出庭律师现在可以为他们的服

图15 尽管出庭律师的服饰经常被人嘲笑是古怪而过时的，但是在数个普通法法域内，出庭律师始终坚持使用已经穿戴了数世纪之久的假发和长袍。这一持续的传统在此有图为证：一位“穿上了丝袍”的香港高级律师，戴上了仪式性的长假发，穿上了丝袍。

务和费用作广告——迄今为止，这是不能想象的商业侵蚀。他们的执业地点也不仅限于出庭律师办公室，在成为律师三年之后，他们可以在家里工作。

这种分裂的职业一直为不少人所攻击。为什么客户实际上要向两位律师支付律师费，而在美国这样的地方，支付一份律师费就可以了呢？这个问题有其合理之处。加拿大所采取的融合两个分支的做法（魁北克地区除外），得到了一系列回应。支持维持现状的人声称，独立的出庭律师可以对客户的案件提供超然的专家意见，而且事务律师，尤其是来自小型律师事务所的事务律师专业化程度往往不足。通过利用出庭律师的一系列专业技巧，小型律师事务所的事务律师也可以和拥有大量专家的大型律师事务所相抗衡。

在数个普通法法域内，执业者合二为一。美国的律师职业就没有上述区别，所有的执业者都被称为律师。任何通过州律师资格考试的人都可以在本州的法院出庭，有些州的上诉法院要求律师获得有资格在本院提起上诉与执业的证书。为了在联邦法院出庭，律师必须获得成为该法院出庭律师的特别许可。在南澳大利亚州、西澳大利亚州和新西兰，这一职业融合也同样存在。

在有些普通法系国家（但令人惊讶的是，美国不在其列），律师最基本的一项职业守则是“不得拒聘”。根据这一守则，“如对方支付合理的费用，律师则无权拒绝在自身业务领域内执业，无论客户或客户的观点多么不受欢迎或令人不悦”。在通常情况下，出租车司机有义务让任何乘客搭乘，出庭律师也必须接受任何诉讼摘要[①]，除非他有合理理由加以拒绝，比如这一法律领域超出了他

① 指事务律师为出庭律师代理当事人出庭而准备的简要的说明性文件，通常包括案件事实叙述及适用的相关法律，并附有律师意见、重要文书的副本、正式诉状、证人证词等。详见《元照英美法词典》的brief词条。

的专长或者经验，又或者他的工作任务让他无法为这一案件投入足够的时间。如果没有这一守则，律师也许会不愿意代理那些令人厌恶、不道德或者恶毒的被控客户，比如犯下类似猥亵儿童这样的可憎罪行的人。但是在实践中，出庭律师不难找到理由拒接诉讼摘要。除了案件涉及超出他们能力的法律领域，人为因素也一直存在：与那些棘手难缠的或者毫无希望的案件的诉讼摘要相比，有利可图的诉讼摘要更容易让他们挤出时间。不过这一守则代表着对于职业责任的坚定声明，并强调了律师作为"受雇枪手"的角色。他会毫无畏惧地代理任何客户，无论他们案件的是非曲直为何。

挑肥拣瘦

在法律职业中，我们拥有一群声望卓著、深具影响的执业者；他们的存在本应确保法律作出的、人人都能享受正义的承诺得以实现，但是他们最有利可图的工作，一直是处理富人的问题，而非接手穷人的案件……然而归根结底，考虑到法律职业的焦点通常集中于对财产的管理和保护，那么法律职业中商事类与"财产"类的工作独具魅力，也是可以理解的。因此，这一现象的成因主要在于法律本身重视中产阶层与中等偏上阶层的问题，并不惜以穷人的利益为代价，而非律师有意如此……

菲尔·哈里斯，《法律导论》，第7版（剑桥大学出版社，2007年），第444页

普通法系律师职业训练中的突出特点，是它类似学徒制的训练方式（见下文）。事实上，直到19世纪晚期，英国的大学才开始教

授法律。而美国、加拿大、澳大利亚和新西兰的大学开始有大规模的法学教育，得等到20世纪，尽管有些大学在此之前已经建立了法学院（较为著名的是1817年建立的哈佛法学院）。

大陆法系律师

大陆法系国家的律师与他们普通法系的同行之间，存在着根本的区别。事实上，在主要的大陆法系法域内，比如欧洲、拉丁美洲、日本和斯堪的纳维亚半岛，法律职业这一概念本身就是个疑问。用这一领域内一位泰斗的话来说："普通法系中俗称为'律师'的这一概念，在欧洲的语言里找不到对应的词汇……"大陆法系法域承认两种法律职业：法律专家与私人执业者。前者包括法学院毕业生；而与普通法系国家中律师的地位并不相同的是，后者并不代表法律职业的核心，甚至刚好相反。"法学院毕业生的其他分支在历史上、数量上和理念上，都处于较为优越的地位，包括司法官员（法官和检察官）……公务员、法学教授，以及受雇于工商企业的律师。"

大陆法系国家的法学院学生通常在毕业之后决定他们的未来。而且，因为行业内部的流动性相对有限，在很多法域内，这一选择是不可更改的。他们可能选择成为法官、公诉人、政府律师、律师或者公证人。因此，私人执业者大致可以分为法律顾问和公证人两类。前者直接与客户接触，并代理他们出庭。从法学院毕业后，法律顾问通常跟从有经验的律师，经过数年的学徒生涯之后，才开始逐渐独立执业，或者在小型律师事务所执业。

成为公证人通常需要通过国家考试。公证人起草法律文件，比如遗嘱和合同，在法律程序中对这些文件加以认证，并保管这些文件的认证记录，或提供副本。政府律师或者作为公诉人，或者作为政府机构的律师。公诉人履行双重职能：在刑事案件中，他代表政府一方为案件作准备；在特定的民事案件中，他代表公共利益。

与普通法系国家的情况相比，在大多数大陆法系法域中，国家在律师的训练、资格准入和就业方面起到了相当重要的作用。与普通法系国家的传统做法（律师通过从事学徒工作而取得资格）不同，国家控制着它准备雇用的法律专家的人数，而大学则是通往私人执业的准入资格的必经之路。

在法律教育的组织方面，两大法系存在着重大区别。大致而言，在大多数普通法系法域（英格兰和中国香港地区是明显的例外）中，法律是一个研究生学位；在澳大利亚、新西兰和加拿大，法律可能和另外一个学科的本科学位捆绑在一起。而在大陆法系国家，法律教育是本科课程。在普通法系法域内，法律教育的课程受到法律职业的有力影响；而在大陆法系法域内，国家在这一领域中处于主导地位。在大多数普通法系国家里，资格考试由法律职业自身管理；鉴于大学处于守门人的地位，进一步的考试通常是多余的，有个法律学位已经足够了。

在普通法系国家，大学的守门人功能逐渐被私人执业者的学徒制所取代。因此，举例来说，一位有追求的出庭律师必须通过资格考试，才能获得出庭律师资格。为了能够执业，他必须在出庭律师办公室里从事两期实习工作，每期的时间为半年。在指导律师（较资深的出庭律师）的指导下，实习律师参与会见事务律师，参加庭审，协助案件准备工作，起草意见，以及参与其他事务。实习律师通常没有薪水，但是现在他们可能会得到资助，以保证收入达到固定水平。在第二期为期半年的实习工作中，实习律师可以在限定范围内执业，并在权限内接受指示。出庭律师之外的私人执业律师以律师事务所成员的身份工作。律师事务所的规模不等，可以只有一名律师，也可以由数百名律师组成超级大型的律师事务所。

行业管理

律师协会、出庭律师理事会以及事务律师协会，与其他为数众多的机构一起，负责普通法律师的准入、批准、教育和管理。大陆法系则更喜欢用“辩护律师”这一术语（它更准确地描述了他们的主要职能，而相对应的机构则被称为出庭律师办公室、律师协会、律师学会或者辩护律师学院）。尽管名称不同，但是这些机构共有的职责均在于限制执业律师的人数，并维持他们的垄断地位。

在有些法域（特别是一些较小的法域，比如比利时和新西兰）之中，律师的准入与管理适用全国统一的标准。联邦制国家（比如美国、加拿大、澳大利亚和德国）则不可避免地以省或州为单位进行管理。在意大利，律师的准入以大区①为单位。

法庭上的律师

律师已经将这个案件扭曲得极为复杂，案件原本的是非曲直早已从这个世界上消失。这个案件本来是关于遗嘱和基于遗嘱的信托的——或者说，它曾经是这样。而现在，除了费用之外，它和什么都不相干。我们一直不停地出庭，退庭，宣誓，质询，提交文件，提交反驳文件，辩论，盖章，提出动议，援引文件，汇报情况，围着大法官和他的下属们团团转；为了那些费用，我们会用衡平法将自己折磨至死。费用才是最重要的问题。而其余的问题，凭借某些非凡的手段，早已消失殆尽。

查尔斯·狄更斯，《荒凉山庄》，第八章

---

① 意大利分为20个大区，大区相当于我国的省。较为著名的有皮埃蒙特大区、伦巴底大区、托斯卡纳大区等。

“我认为，你的最佳选择是先认罪再越狱。”

图16 律师们只能为他们的当事人做这么多了。

在有些国家，律师管理由司法机构负责，在其羽翼之下存在着独立的法律职业；而在另外一些法域内，尤其是在大陆法系国家，律师则服从于司法部这样的政府部门的控制。

法律援助

很多社会为无力支付律师费用的人提供法律援助。如果不能向穷人提供免费的法律建议和法律援助（特别是在刑事案件中），诉诸司法的权利就相当于不存在。即使在民事诉讼中，如果富有的被告或者国家起诉贫穷的被告，最基本的公平原则也会被削弱。任何法律面前人人平等的表象都将因此而碎裂。通常情况下，无论是对于国家还是对于寻求法律援助的个人来说，相关费用的分配会倾向于援助那些受到刑事指控的人，但是有些法域也对民事诉讼提供免费的法律援助。有些法律援助制度提供的律师的工作就是专门代理那些符合法律援助资格的贫穷的当事人。另外一些制度则指定私人执业律师来代理这些当事人。

吉迪恩有得到代理的权利

吉迪恩在佛罗里达州被起诉，理由是他破坏并进入了一个台球室，并意图行为不轨。吉迪恩出庭了，他没有钱，也没有律师。他要求法庭给他指定一名律师。以下对话因此而发生：

法庭：吉迪恩先生，我很抱歉，但是在本案中，我不能为你指定一名代理律师。根据佛罗里达州的法律，只有在被告被控犯有严重罪行的情况下，法庭才可以为被告指定一名代理律师。我很抱歉，但是我不得不拒绝指定一名代理律师在本案中为你辩护的请求。

吉迪恩：美国最高法院说，我有权获得一名代理律师。

吉迪恩为他自己进行了辩护。他被判处有罪，并获刑五年监禁。然后他提起了上诉，理由是一审法院拒绝为他指定律师，相当于拒绝给予他“宪法与美国政府的人权法案所赋予的”权利。州上诉法院驳回了他的上诉。在牢房里，吉迪恩向美国最高法院提起上诉，理由是法庭拒绝为他提供代理律师，致使他根据美国宪法第十四修正案所享有的权利，在未经正当法律程序的情况下受到了侵犯。他被指派了一名杰出的律师艾比·福塔斯（之后被任命为最高法院的法官）。法院判称，获得律师的帮助是一项基本权利，这对于公正的审判来说非常重要，并据此强调了正当法律程序所需要的程序保障。被告的财力或教育水平，应当与他能否获得代理律师无关。这一案件被发回佛罗里达州最高法院重新审理，且“此后的审理不得与本判决不一致”。吉迪恩被重新审理，这次他有了代理律师，并被无罪开释。

第六章

法律的未来

法律就像战争一样，似乎是人类社会不可避免的。但是法律的未来是什么？可以肯定的是，法律一直处于变动状态。著名的美国最高法院大法官本杰明·卡多佐，对这一现象作出了恰如其分的描述：

> 现有的规则和原则可以确定我们现在的处所，我们的方位，我们的经纬度。但庇护我们度过长夜的旅馆并非旅行的终点。法律如同旅人，须为次日作好准备。发展是法律必备的原则。

这是一个飞速改变的世界，如果法律准备充分应对它所面临的新威胁与新挑战，那么它因此受到的发展和适应的压力，将比以往任何时代都要大。毫无疑问，在过去的50年内，法律的特征已经经历了深刻的变化，然而关于它的未来，仍然争议不断。有人认为法律正在垂死挣扎，也有人提出相反的预测，指出了法律具有持久力量的无数迹象。哪一种说法是对的？令人好奇的是，两种观点都有一定的道理。

一方面，尽管有关“法律已死”的报告夸大其辞，但也有充分证据证明，很多先进的法律制度存在弱点，症状包括法律的私有化（案件和解、辩诉交易、替代性争端解决机制、拥有广泛自由裁量权的监管机构大规模的崛起，以及法治在数个国家中的衰退）。另一方面，法律所扮演的角色已经发生了革命性的转变，这意味着法律既富有弹性，又相当稳固。这一转型既包括法律为了追求效率、社会正义或者其他的政治目标，向私人领域的延伸，也包括法律的全球化，以及通过联合国、地区组织与欧盟而得以实现的国际化，更包括技术对法律产生的巨大影响。

本章旨在揭示当代社会发生的一些重大变化，并阐述这些变化给法律带来的艰巨挑战。

法律与变化

为了给法律发展的进程列出时间表，人们作出了很多努力。法律史学者们致力于确定法律进化的中心特征，从而沿着这一连续的时间轴，对不同的社会加以定位。19世纪末，杰出的学者亨利·梅因认为，法律与社会已经实现了“从身份到契约的过渡”。换言之，在古代社会，个人因其身份而与各种传统集体紧密相连；而在现代社会，个人被认为具有自主性，可以与他们选择的任何人自由地缔结合同和组成社团。

但是有些人在这一运动中看到了逆转。在很多情况下，合同自由只是表象，而非事实。比如，在面对电信、电力或者其他公用设施的格式合同（或者附合合同）时，消费者能有多少选择呢？当跨国公司作为雇主提供一份工作，并给出格式合同时，试图针对合同条款讨价还价的雇员又在哪里呢？确实，很多先进的法律制度通过各种形式的保护消费者立法，争取提高个人在交易中的地位。但这只不过是轻量级选手踏上重量级选手的拳击场，结果如何，几乎毫无疑问。是不是“身份”以消费者或者雇员的形式回归了呢？

法律制度的发展同样考验着社会学理论专家们的思维。马克斯·韦伯的思想对思考法律及其发展有着强大的影响。他以不同门类的法律理论为基础，发展出了法律的“类型论”。这一理论的核心是“理性”思想。他区分了“形式制度”与“实体制度”。这种区分的核心问题是，一种制度在多大程度上能够实现“内部自我维系”，即该制度在多大程度上具备作出判决所需要的规则和程序。其次，他区分了“理性”与“非理性”的制度。这一区分描述了法律规则和法律程序适用的方式。如果法律命题构成了逻辑清楚、内在一致的规则体系，囊括了所有能够想象得到的事实或者情况，那么它就达到了最高程度的理性。

韦伯举了一种形式非理性的法律制度的一个实例，即神裁现象。它通过诉诸某种神秘力量来决定某人是否有罪。而一种实体非理性的法律制度可能是由法官完全根据他自己的个人意见来判案，而不适用任何规则。韦伯认为，如果法官适用的不是规则，而是道德原则或者正义理念的话，他的裁决则是实体理性的。最后，如果法官遵循由法律规则与原则构成的规则体系，那么这一制度就构成了形式逻辑意义上的法律理性。这就接近了韦伯的法律演化进程理论中的理想模型。[①]

---

① 韦伯所称的“形式”，是指社会根据一般的、抽象的法律规则来处理案件，且这些法律规则是独立、自我维系或自给自足的体系。“实体”则是指社会根据道德、政治、个人意志等可变标准对案件进行个案处理。“非理性”是指处理案件的标准和原则并不确定。据此，韦伯将法律制度分为四个类型：实体理性、实体非理性、形式非理性和形式理性。韦伯对于法律的形式性极为重视，认为这种由法律规则、命题、概念等构成的系统体系，可以对法律进行形式逻辑的分析，从而使法律的准确性、可预测性得到最大化。更具体的描述可参见马克斯·韦伯的《论经济与社会中的法律》，张乃根译，中国大百科全书出版社，1998年版。

但是在很多社会里，韦伯这种理性的、广泛全面的、连贯一致的法律制度模式，被急剧加强的行政控制削弱了。行政机构的管辖权已经有了惊人的扩张，它们通常是法令的产物，拥有着广泛的自由裁量权。在有些情况下，这些机构的自由裁量权明确地免受司法审查。

比如，在多个欧洲国家，前国有行业的私营化（比如电力行业和通信行业）催生了一批监管机构，它们有权进行调查、制定规则和罚款。普通的法院被边缘化了，法律自身的作用也因此而扭曲。这种发展代表着对法院权威性和开放性的威胁。而且，自由裁量权的扩张，削弱了法治对于遵守清晰规定个人权利和责任的规则的坚持。这种具备自由裁量性质的监管接近于韦伯的实体法律理性的概念，而法治理念则代表了形式法律理性的概念。

在更为激进的关于法律发展的理论中，马克思主义理论认为，法律最终必将全面消亡。这一预测建立在历史决定论思想的基础之上：依据不可阻挡的历史力量来解释社会演化。马克思和恩格斯提出了“辩证唯物主义”理论，根据以下理论来解释历史的进程：先是一方与其对立面（或者反面）各自发展，然后，通过接踵而至的冲突，矛盾的两面得到了统一。马克思认为，每一个经济发展阶段都有其对应的阶级制度。例如，在手工作坊生产阶段，存在着封建阶级制度。在蒸汽工厂生产得到发展之后，资本主义制度取代了封建制度。阶级是由生产资料决定的，因此，一个人的阶级取决于他与生产资料之间的关系。马克思的“历史唯物主义”基于物质生产资料是确定的这一事实，这在部分程度上是辩证的，因为他看到了两个互有敌意的阶级之间不可避免的冲突。革命终将发生，因为资本主义生产模式以个人所有权与未经计划的竞争为基础，这一点与工厂的劳动生产中日益增长的非个人化、社会化特征截然相反。他预测，工人阶级将会掌握生产资料，并建立起无产阶级专政；然后这一专政将会被无产阶级的共产主义社会所取代，在共产主义社会里，法律最终将会消亡。因为法律是阶级压迫的工具，在不存在阶级的社会里，它是多余的。这一论点的精神暗含在马克思的早期论著之中，然后由列宁加以重述。该论点更加成熟的版本则宣称，在无产阶级革命之后，资产阶级政府终将被清除，并为无产阶级专政所取代。在反革命抵抗被击败之后，社会将不再需要法律或者政府，它们都将"逐渐消亡"。

不管采取什么样的理论来解释法律变化的方式和形式，我们都不可能否认，法律的未来将会被大量棘手难题所困扰。最大的困难在哪里呢？

来自内部的挑战

除了官僚管制及由此产生的恣意的自由裁量权（如上所述）之外，所有地方的法律制度还需要面对一系列棘手的问题。有些问题我们已经在第二章中提及。最为显而易见的问题之一是所谓的"反恐战争"。我们无须任何洞察力也能意识到，在近十年内，许多法律制度正面临着一系列考验其核心价值的问题。当自由社会必须对抗削弱其根基的威胁时，它将如何调整自己对于自由的承诺？绝对的安全固然无法实现，但即使是对于恐怖主义较为温和的防范，也有它的代价。任何一位搭乘飞机的乘客都能意识到，现今的安检制度不可避免地造成了延迟和不便。但是，尽管我们不可能完全预防犯罪，现代技术确实为我们提供了异常成功的工具，用于阻吓与逮捕罪犯。比如闭路电视摄像头可以监测到非法活动，其记录为检察官在法庭上指证被录下的坏人提供了有力的证据。法律应该在多大程度上容忍这样的监视呢？我们来一起思考下面的例子，它将有助于阐述这种困难和对互相对立的权利进行的无法

图17 闭路电视摄像头监视着很多城市的街道。

避免的权衡——这也是现代法律制度的显著特征。

> 我喜欢我的车。它没什么特别的，但是它银色的车身让我觉得很愉快。或者说，它曾经让我很愉快。几天前，当我准备锁上车门时，我注意到了沿着车的侧面有条深深的划痕。一把钥匙，或者一把螺丝起子，曾经刮过它的金属表面。在引擎盖上也有条差不多的划痕。我愤怒极了。和电影里的角色一样，我抱着渺茫的希望巡视四周，看看能不能找到这一恶行的蛛丝马迹。我的脸部表情恰如其分地因为强烈的义愤而扭曲，但是这个恶棍早已消失得无影无踪。我推测，这一罪行发生在夜间。我诅咒个不停。我的车停在照明不错的地方，但是很显然，这并没有产生阻止作用。我立刻哀叹道，为什么附近没有闭路电视摄像头来记录这个恶棍的身份？我希望他被抓住，受到惩罚。

这是犯罪行为造成损害的一个很小的例子。但是如果认为大多数人并不会支持那些可能成功阻止犯罪和恐怖主义的措施——特别是2011年9月11日之后——那就未免太天真了。当然，如果有摄像头来记录某个恐怖主义分子的一举一动，是不是就可以挫败他（或者是“她”，只不过可能性较小）了，正如可以挫败那个划伤我的爱车的流氓一样？守法的公民们一定会感到更加安全，因为他们知道监视正在进行。而且，为什么不呢？民意调查确认了民众的广泛支持。除了强盗、诱拐者或者放炸弹的人之外，有谁还会害怕自己在公众场所的行为被录下来？而且我们不应当止步于此。技术进步让追踪个人的财务交易信息和电子邮件通信变得很容易。“智能”身份证的引进、生物识别技术和电子道路收费制度代表着监视手段的重大进步。只有恶人才有理由反对这些行之有效的犯罪控制手段——如果这个令人欣慰的看法确实正确的话。

我们不能对恐怖分子犹疑失措，但是我们愿意用何种程度的自由受限来换取安全呢？在“9·11”事件的余波之中，政客们，尤其是在美国的政客们，寻求扩张国家的权力来拘禁和拷问疑犯，窃听通信，并监视那些可能介入恐怖主义的人士的行动。法律在此面临着难以克服的困难。在战争期间，严刑峻法可能无法避免，诸如专断的逮捕权、拘留权、未经审判的监禁、秘密审判等等。但一个自由社会能忍受这些侵犯自由的行为多久？这些行为对法治和个人权利会造成什么样的持久性损害？法律可以继续保护公民吗？或者公民需要**来自**法律的保护吗？法院能够作为坚实壁垒，抵御这些对自由的攻击吗？

实行种族隔离制度的南非，是一个试图对“恐怖主义”作出全面攻击的典型社会。严刑峻法以立法的形式，严重侵害了法院对于公民自由领域的管辖权。在广泛的范围内，可以质疑行政权行使的司法权被废除了，大大削弱了法官的权威。在关系到基本自由事务（比如在拘禁、驱逐出境、禁令和新闻审查）方面的日益膨胀的、不受限制的行政自由裁量权，将法官降至行政行为的无力旁观者的境地。这是对于他们职业的严重扭曲。而且，即使一位勇敢的法官能够对法律作出有利于自由的解释，在实践中，他的努力也很可能被废止法律效力的立法挫败。

另外一个没这么突出的、带来变化的因素是法律的国际化，或者说全球化。这个世界已经见证了国际组织（如联合国）或地区组织（如欧盟）日益上升的影响力和重要性。这些法律渊源削弱了内国法的权威性。法律也没有免受麦当劳效应的影响——强有力的跨国公司影响着银行、投资、消费者市场等等。所有这一切都对法律产生了直接影响。

此外，在本书第二章讨论的数个领域内，绝大多数法律制度都面临着尚未解决的困境。有些问题该章已经涉及。这些问题既是实体问题，也是程序问题，还包括一些关于刑事司法制度的窘境。在经常涉及高深专有技术的复杂商业犯罪面前，刑事审判的未来会是什么样？在这种情况下，由陪审团来审判更合适，还是根本无须陪审团？大陆法系的纠问制是否比普通法系的对抗方式更为可取？在很多法域内，连诉诸法律的机会都很不均等。穷人并不是总能够充分获得诉诸法院或者其他争端解决机构的救济机会。类似的棘手问题同样困扰着私法领域。比如，很多法律制度在与人身损害赔偿和保险对于赔偿金判决的影响这类的难题进行角力。

尽管法律自身并不能改变社会秩序和社会价值观念，也不能切实维持它们，但它有影响和塑造态度的能力。那些通过法律达成社会正义的努力所取得的成功并非不实之誉。例如法律宣布种族歧视为不合法，而这只不过是它在平权事业中取得的一小步进展。尽管没有法律的介入，我们什么也无法实现，但是我们必须承认法律的局限。现在有一种逐渐将道德和社会问题法律化的倾向，甚至有人认为，成为西方民主法律制度的那些价值观念和相应的制度，可以富有成效地出口或者移植到不太发达的国家。这可能是个乌托邦式的观点。同样过于乐观的观点可能是：经济发展必然预示着对于人权的尊重。经常有人提出这一观点。

现代政府支持极富野心的、经常近乎社会工程的立法计划。立法在多大程度上能够让社会真正变得更好，或者能够抵抗歧视与不公？法院是不是改变社会的更为合适的工具？在美国，一个积极进取的最高法院有权宣布法律违宪，立法机构除了保持一致之外没有其他选择，它在具有重大影响的布朗诉托皮卡市教育委员会案之后一直如此。法院达成一致意见，宣布设立黑人和白人学生分别人学的公立学校具有“本质上的不平等性”。这一里程碑式的判决为种族融合和民权运动的兴起打开了大门(一如字面意义)。尽管歧视可能会一直存在,但很少有人会否认,这一判例改变了法律与社会,并让它们变得更好。

达·芬奇密码

这样的时刻终会来临;人们,像我这样的人们,对待谋杀(其他类别的)动物的态度,与我们现在对待杀人的态度一样。

莱昂纳多·达·芬奇

图18 不管我们给予动物什么样的法律地位,在真正保护动物权益之路上的主要障碍是执法力度不够。

如果没有有效的执法，法律是无法完成崇高的抱负的。立法禁止虐待动物就是个例证。活体解剖、填鸭式喂养、毛皮贸易、打猎、陷阱、马戏团、动物园、骑牛比赛等等只是一小部分实例，此外还有那些有意让动物蒙受痛苦的行为，每天都在让全世界数以百万计的动物遭受悲惨的折磨。很多法域都颁布了反对虐待动物的立法，但是在没有严格执法的情况下，这些法律仅仅是一张空头支票。而且执法是一个主要障碍：发现这些违法行为有赖于检查员，而他们没有逮捕权，检察官又很少优先考虑虐待动物案件。再者，法官也很少施以足够的处罚，更不用说法律规定的处罚本身就不够严厉。

法律与动物的痛苦

人类之外的动物生灵得到权利的一天将会到来。除了暴君横加干涉之外，没有什么可以阻止它们得到这些权利。法国人已经认为，黑色的皮肤并不是一个人平白遭受虐待者的恣意对待，却无人理会、无法得到救济的理由。有一天，我们也许会认识到，腿脚的数量、皮肤的绒毛或者是骶骨的末端是否融合[①]，同样不足以构成将一个敏感的生灵弃置于这种厄运的理由。这条不可逾越的界限还由别的什么东西构成吗？是理性思维的能力，或者说，是对话交流的能力吗？……问题并不在于它们是否能够理性思考，也不在于它们是否能够说话，问题在于，它们就得遭受痛苦吗？为什么法律一定要拒绝对任何敏感的生灵加以保护？……人类将保护延伸至每个能够呼吸的事物之上的时代终将来临……

① 意指有无尾巴。

杰瑞米·边沁，

《道德与立法原则导论》

在一个焦虑感日益增加的社会里，期望法律解决威胁我们未来的那些问题成为一种可以理解的趋势。近年来，环境污染的危害、臭氧层变薄、全球变暖，以及其他对很多种类的动物、海洋生物、鸟类和植物的生存的威胁，已经变得越来越严重。越来越多的国家运用立法手段，试图限制或者控制对于地球的摧毁。但是，法律常常被证明是件钝器。比如，在公司涉嫌环境污染刑事责任的情况下，定罪时必须有证据证明控制这家公司的人必然知情，或者故意为之。而证明此节之难已是臭名昭著。即便这些行为构成严格责任下的违法行为，法院施加罚款所起到的阻吓作用也相当有限。也许为数众多的、几乎涉及环境保护每个方面的国际条约、公约和宣言可能更加有效，但是就同法律一样，可以预见的障碍仍然是，它们能否得到有效执行。

技术挑战

法律竭力跟上技术的进步并不是件新鲜事。但是最近的20年中，这一竞赛产生了史无前例的转型。与数码世界相关的焦虑极易催生警惕和不安。信息技术的出现对法律形成的巨大挑战，仅仅是众多例证中较为明显的一个。通过法律手段控制互联网运营与内容的努力，已经以众所周知的失败而告终。事实上，在很多人心目中，互联网自身的无政府主义和对于监管的抵制，正是其力量和魅力之所在。但是，网络空间真的超出了监管之外吗？著名的法学家劳伦斯·莱西格令人信服地辩称，网络空间还是可以控制的，并非必然通过法律，而是通过网络空间组成结构的核心部分，它的“代码”：构成网络空间的软件和硬件。他认为，这种代码要么创造一个自由占主导地位的空间，要么创造一个充满压迫与控制的空间。事实上，商业考虑越来越促使网络空间明确地接受管制。网络空间已经变成了这样一个地方：网络空间中的行为受到的控制甚至比现实空间中的更强。最后，他坚持，这是件由我们决定的事。它是体系架构的选择：什么样的代码才可以统治网络空间？谁又将控制这种代码？在这方面，核心的法律问题是代码。我们需要选择赋予这种代码以活力的价值观和原则。

信息不再仅仅是力量。它是规模巨大的生意。近年来，服务行业成为了国际贸易中增长最为迅速的部分。它占世界贸易总额的三分之一——这一比例仍在扩大。现代产业化社会的一个核心特征是对信息储存的依赖，这一认识已经成为老生常谈。当然，计算机的使用极大加快了信息收集、储存、提取和流转的效率与速度。政府和私人机构的日常运转都需要个人数据的持续供应，用于高效管理为数众多的服务，这些服务已经成为现代生活与公众期望中不可分割的一部分。因此，我们举出一个最明显的例子：执法机构之所以能提供医疗保健、社会安全、防范与侦查犯罪等服务，就是因为它们能够接触海量的数据，而且公众能够自愿提供这些数据。私营行业提供的借贷、保险以及工作，同样催生了几乎难以满足的对于信息的渴求。

老大哥？

未来不可能见证隐私的扩张。法律可以阻止显而易见的、残酷无情的、滑向奥威尔式噩梦的趋势吗？在公共行业和私营行业中，以“低科技的”方式收集交易信息已经平平无奇。在很多发达

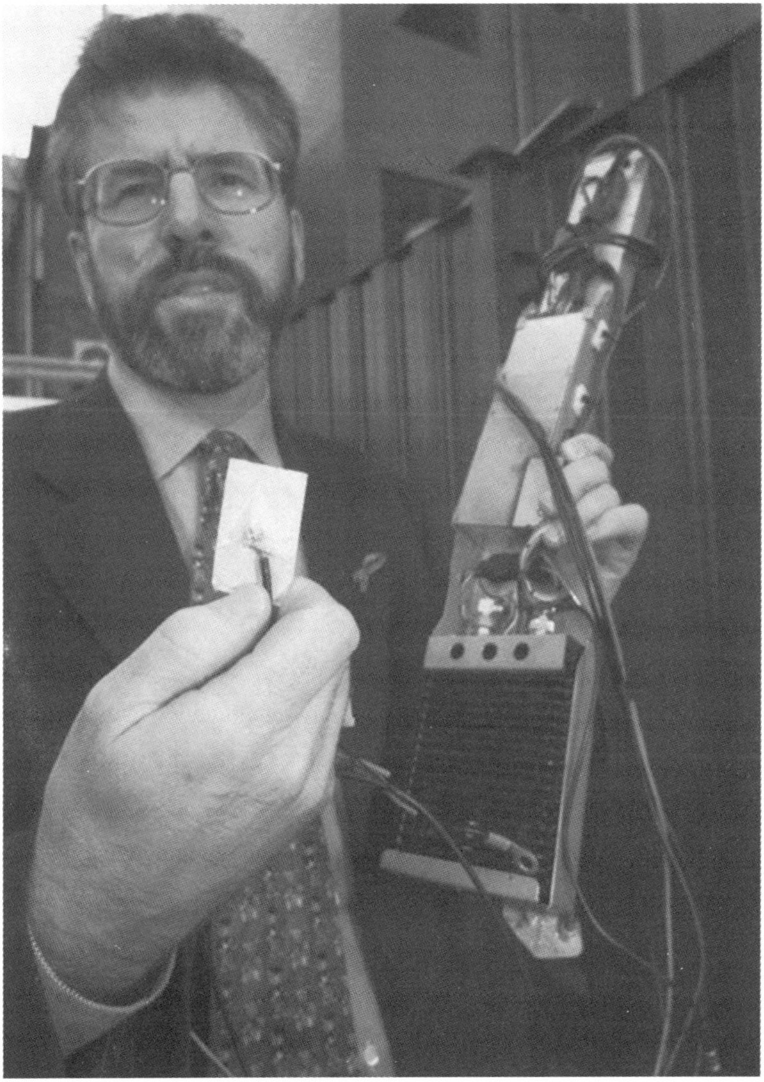

图19 新芬党主席盖瑞·亚当斯正在展示在该党使用的车辆中发现的、精巧的监听设备和数字追踪设备。

社会中，除在公共场合用闭路电视进行日常监控之外，对手机、工作场所、车辆、电子通信和在线活动进行监视，已经日益变得理所当然。比如，在工作场所进行的越来越多的监视，不仅正在改变着工作环境的特征，而且正在改变着我们所做的事和我们做事的方式。意识到我们的行为正在受到监视，或者可能受到监视，这会削弱我们心理和情绪上的自治力。事实上，逐渐依赖于电子监视，很可能会对我们的关系和身份产生根本性的改变。在这样的世界里，雇员不太可能高效地执行他们的任务。如果这种事情发生了，那么窥探着的雇主最终会发现，他的所得与所求背道而驰。

对隐私发展趋势的预测一点也不鼓舞人心；在未来，我们的私人生活很可能会受到更加精致复杂、更加令人警惕的侵入。这些侵入手段包括生物识别技术的更多运用和更为灵敏的搜索手段，比如可以穿墙入室、透过衣物的卫星监测，以及“智能尘埃”设备（微型无线微机电传感设备，缩写为MEMS，可以感知包括光线与振动在内的任何现象）。这些所谓的“微粒”——就像一粒沙那样微小——能够收集数据，并通过双向频带无线电波在1000英尺的距离内发送这些数据。

当网络空间日益成为一个危险的领域之时，我们每天都能听到最新发生的、令人不安的、对于网民的袭击。随着这种监视的无孔不入，恐惧不断增加，在“9·11”事件之前，这些恐惧就直指令人困扰的、有能力侵蚀我们的、自由的新技术。当然，关于隐私有多么脆弱的报道至少已经流传了一个世纪之久。但是最近十年内，这些报道的口吻变得越来越紧迫。而且这里有个悖论。一方面，我们残存的一点隐私依然具有复仇之心，让最近计算机技术的发展饱受诟病；另一方面，互联网被称为乌托邦。在这些陈词滥调互相辩论之时，指望它们所反映的问题能有明智的解决方法，未免失之轻率，但是在这两种夸大其词的主张之间，很可能存在着接近真相的东西。就隐私的未来而言，至少我们可以确定无疑的是，法律问题正在我们的眼皮底下产生变化。如果在原子笨拙统治的领域内，我们也只能有限地保护个人不受监视的侵害，那么在我们二进制的美丽新世界里，前景又能好多少呢？

当我们的安全受到威胁的时候，我们的自由也会不可避免地受到威胁。在这个世界里，我们的一举一动都在受到监视。这侵蚀着自由，而自由本是这种窥探常常想要保护的东西。我们自然必须保证，采取手段以提高安全程度的社会成本，不会高于它所带来的利益。因此这样的结果并不令人惊讶：在停车场、购物中心、机场以及其他公共场所安装闭路电视，不过是将犯罪驱至别处，违法者只是简单地去了其他地方。这种入侵打开了通向极权主义的大门。此外，在一个充满监视的社会里，互不信任与互相怀疑的气氛极易产生，人们对于法律与执法者的尊重会减少，而且犯罪检控也会急剧增加，因为侦查和取证更加容易了。

尽管在三十多个法域内，数据保护立法已经颁布生效，但是它的范围相当有限。它的核心理念仅仅是，在没有正当目的，且未经相关个人同意的情况下，不应当收集与身份可以确定的个人有关的数据。在更加抽象一些的层次上，这一理念包含了被德国宪法法院称为“信息自决”的原则——这个假说表达了基本的民主理念。但利他主义只是颁布数据保护立法的部分动力。新的信息技术正在瓦解着国家之间的边界，个人信息的国际流通是商业界的常规特征。假设A国对个人信息加以保护，但是在数字世界里，B国对个人信息的使用并未加以控制，可以直接从B国的一台电脑上取得A国的个人信息，那么A国的这种保护就变得无效了。因此，颁布了数据保护法律的国家，通常会禁止向没有类似法律的国家传输个人数据。事实上，欧盟的多项指令中，有一项指令就旨在消除这些“数据避风港”。没有数据保护立法的国家，则有被关在迅速发展的信息产业的大门之外的风险。

这些法律的核心是公平信息处理中不言而喻的两大中心原则：“使用限制”和“特定目的”原则。如果它们已经存在，则需要让它们保持活力；如果它们尚未被采用，则需要立即被采用（最明显的例子是美国，它也最没有理由不采用这一做法）。而且，在网络空间中，它们可能能够给个人隐私提供补充保护。

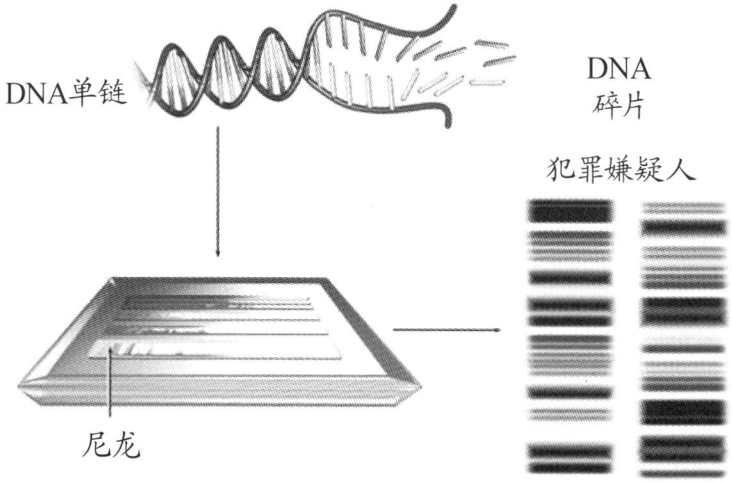

图20 在很多国家，使用DNA证据已经成为了刑事侦查的常规特征。

隐私权的未来，大半取决于法律能否清楚定义隐私权这一概念。这不仅是因为隐私权这一理念原本就模糊不清，而且是因为当隐私权被与其相抗衡的权利和利益（特别是言论自由）侵入的时候，隐私权明显不能为私人领域提供充分的支持。在我们这个迅速发展的信息时代里，隐私可能会更加脆弱，直到这一民主的核心价值观被翻译成简单的、可以受到有效规范的语言为止。

其他的技术发展则全面改变了法律整体的根本特征。法律已经受到了大量技术进步的深刻影响和挑战。下文将述及计算机欺诈、身份盗窃、其他“网络犯罪”，以及盗版数字音乐。生物技术领域的进展，比如克隆、干细胞研究和基因工程引发了棘手的伦理问题，并与传统的法律理念产生了冲突。在数个法域内，引入身份证件和生物识别技术的提案激起了人们强烈的反对。刑事审判的性质已经因DNA技术和闭路电视证据的引入而改变。

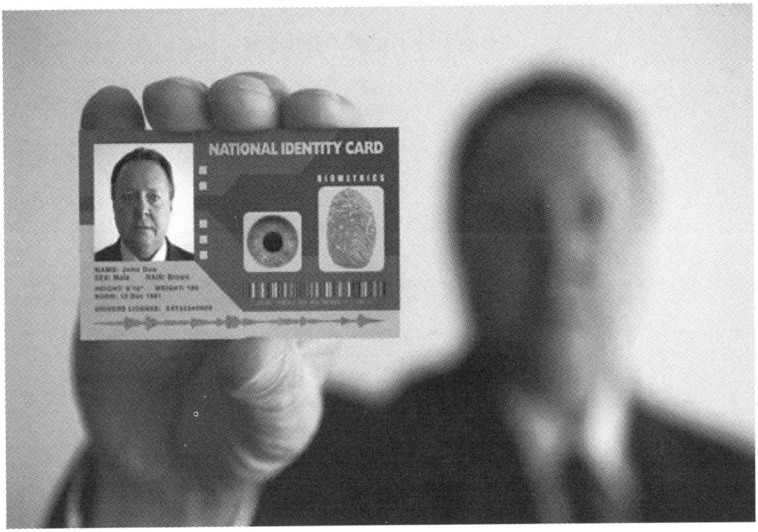

图21 各种类型的身份证件在全世界广泛使用，但是普通法法域极少使用它们。国际恐怖主义的兴起，促使一些国家想要引入身份证件。但是身份证件能够从无数来源拼凑出个人信息，从而构成了对个人隐私的威胁。

在数个国家，老大哥看起来已经颇为成功。比如，英国就夸口说有400余万只闭路电视摄像头安装在公共场合：大约每14位居民就有一只摄像头。它同样拥有全球最大的DNA数据库，约含360万份DNA样本。安装闭路电视摄像头的诱惑，对于公私部门来说都难以抗拒。表面上看，数据保护法控制着数据的使用，但并不能证明这样的管制是卓有成效的。在丹麦，一个根本的解决方法是拒绝使用摄像头，除非是在例外的情况下——比如加油站。瑞典、法国和荷兰的法律比英国的更加严格。这些国家采取了特许制度，而且法律要求必须在受到监控的区域的外围张贴警告标志。德国法中也有类似的要求。

生物识别技术的阴暗面

在许多监视技术中，生物识别技术是对个人和社会自由威胁最为严重的技术之一。

未来可能是这样一种情况：在相对较为自由的国度里，生物识别技术将会声名狼藉。但是威权国家会把生物识别技术成功地强加给国民，后果是自由进一步减少。生物识别技术的提供者把他们的技术出售给高压政府，因此大发横财；同时，他们还会在相对自由的国家里寻找软弱的目标以获得据点。有些时候从动物开始，有些时候从较为弱势的群体开始，例如脆弱的老人、囚犯、雇员、保险消费者和福利救济者。所有相对自由的国家都会变得更具压迫性。公众对于公司和政府的信心会呈现螺旋式的下降。这一景象日益远离自由，并向个人服从于强有力的组织的方向靠拢。

> 另一种选择是，社会认识到了这些威胁的严重性，并对这些技术及其运用加以重大限制。这需要公众的承诺和民选代表的勇气，他们必须受得住来自大型公司、国家安全以及执法工具的压力。正是这些压力激发了对压迫式技术的使用，并以恐怖主义、非法移民、国内法律与秩序等骇人的理由为合理解释。这一远景象征着一种境界，即个人需要和社会整体需要之间的平衡。
>
> 罗杰·克拉克，《生物识别技术与隐私》，
>
> http://www.anu.edu.au/people/Roger.Clarke/DV/Biometrics.html

为了抵御恐怖主义的威胁，毫无疑问，未来的岁月将会见证生物识别技术应用的推广。生物识别技术特别包括对一系列人类自然属性进行测量，比如指纹、虹膜和耳垂的外观特征以及DNA。澳大利亚的隐私权拥护者罗杰·克拉克，指出了以下这些作为生物识别技术基础的生物特征：一个人的外貌（由静态照片证明），比如护照所使用的描述，像身高、体重、肤色、头发和眼睛的颜色、可见的身体标志、性别、种族、面部毛发、是否戴眼镜等等；自然特性，比如头骨尺寸、牙齿和骨骼损伤、拇指指纹、全套指纹、掌纹、视网膜扫描、耳垂的毛细血管模式、掌形几何特征、DNA模型；生物动力学特征，比如个人签名的方式、经过数据分析的声音特征、敲击键盘的力度，特别是输入身份账号和密码的方式；社交行为（由录像证明），比如惯常的身体信号、通常的声音特征、讲话方式、可见的身体缺陷等；后天的身体特征，比如身份识别牌、项圈、手镯、脚环、条形码、其他类型的标牌、植入性的微芯片与收发机等等。法律将需要对这一危险趋势作出回应。

新的错与对

可以预见的是，新的烦恼将会伴随着技术的进步。今天它是“非法下载数据”（如下所述）；明天它将是另外一种邪恶，由我们眼下栖身的数字世界所推动。在我们对抗这些新式掠夺时，法律不一定是我们手头最有效的工具，也不一定是最合适的工具。技术本身常常会提供更好的解决方法。以互联网为例，有一系列在线保护个人数据的措施，它们包括对个人信息的加密、简化和消除。

尽管新型的恶行会一直出现，但其中有些仅仅是旧酒装进了数字化的新瓶。有些更加明显的新威胁，正在考验着法律应对新型犯罪的能力。其中包括很多复杂问题，主要原因是现在可以轻易地复制数据、软件或音乐。知识产权法赖以建立的基础已经有所动摇。这种动摇涉及专利法（如下所述）和商标法，在域名领域的相关问题里更加突出。缺陷软件导致了潜在的违约及侵权索赔。在手机和其他设备上存储的信息，则无情地考验着法律保护无辜人士免遭信息“盗窃”的能力。几乎每天都有新的威胁出现。雇主受到警告说，他们的工作人员可能会以较为轻松的“快速盗窃”的方法非法占有数据。这个简单的操作是指未经授权将信息从计算机下载到小型设备，比如iPod, MP3或者闪盘。

互联网的邪恶

恶意网站每天都在大量增加。5月，Google的一项调查显示，450万个网页样本中，就有45万个陷阱网页。另外还有70万个看起来很可能具有危险的网页。绝大多数网页在利用微软IE浏览器的弱点……这样的网站越来越普遍：盗窃私人信息或者将你的电脑变成傀儡——别人可以对它进行远程控制。傀儡软件可以用于获取电子邮件地址、发送垃圾邮件以及攻击公司网页。然后是"拒绝服务"（DoS）型攻击，它使用"傀儡软件"，或者说"僵尸软件"，通过大量虚假的需求信息冲垮公司的网站。这些词语像是从《活死人之夜》中召唤出了形象，而现实世界是电影的互联网版本；成千上万的"僵尸"攻击一个网站，直到它断线——就像吞噬活人的血肉一样。这会让网站瘫痪数日之久，给公司造成财产损失。通常情况下，这种攻击与索要钱财同步进行。赌博网站和色情网站首当其冲：它们不愿意寻求警方的帮助，往往会支付赎金——经常是汇到在俄罗斯或者东欧开立的账户……当然，有对付这些黑客的防御手段，如果你不在自己的电脑上装上杀毒软件、防木马软件和反垃圾邮件软件的话，你简直是个疯子……未来看起来更加可怕。威瑞信公司的西蒙·彻奇认为，罪犯们利用在线拍卖网站出售用户信息只是个开始。他预测，现在的网页新宠"聚合应用"式站点——它们将不同的数据库集中在一起——可能会被非法利用。"想象一位黑客将他从旅游公司数据库得到的信息和谷歌地图集合在一起。他可以把驾驶指南提供给精通科技的窃贼，在你踏上度假之路的那一刻，这份指南就可以指引他们到达你人去楼空的房子。"我不知道你会怎么办，但是这足以让我指望信鸽和现金了。

埃迪·G.拉什，《网络犯罪如何成为一个数亿英镑的产业》，《观察家》，2007年6月16日

罪犯们在利用法律的弱点时从来不会手脚迟缓。网络犯罪对国际和国内层面上的刑事司法、刑法与执法都提出了新的挑战。富

有创新精神的网络罪犯们让警察、检察官和法院头痛不已。这一新的领域融合了人身型网络犯罪（比如网络跟踪和网络色情）、财产型网络犯罪（比如黑客、病毒、对数据造成的危害）、网络欺诈、身份窃取以及网络恐怖主义。网络空间为有组织犯罪提供了更为成熟的，甚至可能更为安全的方式，支撑和发展着一系列犯罪活动网络，包括毒品和武器交易、洗钱以及走私。

软件保护

复杂的法律问题一直围绕着软件的专利保护（在美国则是宪法问题）[①]。专利是指对利用或者开发一项发明授予的独占性权利。在各种形式的计算机程序与其他类型的软件开始出现之后，法律将不断地努力应对极具挑战性的、有时候还是相当复杂的问题，比如软件是否具备符合专利标准的足够的新颖性。通常来说，法律的态度是，除非计算机程序构成适于工业应用的真正发明，否则不能作为专利被保护[②]。

另外，对于软件、网页甚至电子邮件信息的版权保护日益就

① 此处应是指美国宪法第一条第八款第八项之规定，即国会有权“保障作者与发明人对其著作与发明在有限期间内的专有权利，以促进科学与工艺之进步”。

② 此处应是指软件的可专利性（patentability）或专利适格性（patent eligibility），即软件是否能够作为专利权的客体（通常专利法会规定一系列不能作为专利保护的事物，如我国现行专利法第十五条规定的科学发现、智力活动的规则和方法等）。只有具备可专利性，才能申请专利；而申请专利能否成功，则取决于该技术或产品是否符合专利的新颖性、创造性、实用性等标准，具体由专利审查机构决定。对patent eligibility感兴趣的读者可阅读Bilski v Kappos, Mayo Collaborative Services v Prometheus Laboratories等案例。

位。顾名思义，它们的所有者们享有对上述材料进行复制的权利，并且可以阻止他人进行复制。软件盗版已经成为主要软件生产者（比如微软）的重大威胁，但是这一问题极富争议。因为有人认为，这些公司（比如微软）声称蒙受的巨额损失（高达120亿美元）是虚假的，因为很多购买盗版软件的人负担不起正版软件，尽管事实很清楚，有些国家（如越南）参与了批量复制软件的过程。而且，反对对计算机软件进行版权保护的人（比如自由软件基金会）认为，“软件自由”是自由问题，而不是价格问题。为了理解这一概念，你应当将这种“自由”视为“言论自由”的自由，而不是“免费啤酒”的免费[①]。软件自由是指使用者运行、复制、发行、学习、修改以及改进软件的自由。

但是，正如上文提及的那样，有些恶行只是借由数字形式重生。比如诽谤侵权就在网络空间找到了新的栖身之地。在大多数法域中，法律通过名誉侵权或者类似的法律来保护人们的名誉。我们还记得，尽管普通法系的各个法域中存在着一些区别，但整体来说，普通法系法律认定责任的基础是：被告基于故意或者过失发布了虚假的、未受特权保护的、对事实[②]的陈述，且这一陈述损害了原告的名誉。大陆法系制度则未将诽谤作为一项独立的主要侵权事项，而是通过人格权来保护名誉。但是在网络空间里，国境线趋于瓦解，这种区别也因此失去了重要性。

电子邮件、聊天室、电子公告牌系统、新闻群组以及博客为诽谤言论提供了肥沃的土壤。因为法律要求的“发布”是指向除了受害人之外的其他任何一个人发布，所以一封电子邮件或者一个新

① 原文均为free。

② 此处的“事实”是在与“观点”相对的意义上使用的，并不必然具有“真实发生的事情”的含义。

闻群组的帖子就足以让发布人承担责任。但是可能需要承担责任的人，并不仅限于诽谤性言论的作者。

在一项重要的但不太明晰的判决中，纽约的一家法院认定，互联网服务提供商Prodigy需要对在其电子公告牌系统上出现的诽谤言论负责。这一判决的依据是，Prodigy是一个"出版者"——主要理由在于，Prodigy对其电子公告牌系统上的内容加以编辑、控制。为达到这一目的，Prodigy为其电子公告牌系统的使用者贴出了"内容指南"，并利用了屏蔽程序软件，来对发帖中的污言秽语进行屏蔽。之前，一项纽约法院的判决认定，另一家互联网服务提供商CompuServe不需要为其在线论坛上出现的诽谤言论承担责任。这一判决依据的事实是，被告仅仅是发行者，而非实际上的出版者。它的功能相当于出借图书的图书馆。在这种情况下，言论自由的价值应当处于优先地位。在一起双方在完整的庭审进行之前就已经和解的案件中，英国法院驳回了互联网服务提供商作出的认为自己仅仅是无过错的信息提供者的辩称。[①]

明日的法院和律师

受到信息技术发展的深刻影响的，不仅是法律的未来，而且包括法律机构和法律执业者的未来。电脑代替法官似乎不太可能（尽管这一前景也有其支持者），但在很多发达社会中，司法管理早已经历了重大变化，而且将来还会如此。不少法域的法院已经受惠于

---

① 这起案件可能是指Godfrey v Demon Internet Service [1999] 4 All ER 342, [2001] QB 201 一案，审理该案的莫兰法官（Morland, J.）在中间判决中作出了这一认定。原被告双方于最终的有陪审团出席的庭审之前，以被告支付给原告一笔赔偿费用（包括法律支出费用）的和解形式解决了这一纠纷。

获取法律资料的便捷程度，而在此之前，这一过程可能花费大量的研究时间。配备成熟搜索工具的虚拟法律图书馆，使得法官、律师、法学家以及社会大众可以迅捷地获取法规、案例以及其他法律渊源。法律渊源不那么丰富的国家，更加能够从中获益。越来越多的法院判决一经签发，就立即被发布在互联网上。也有不少优秀的在线法律数据库，比如findlaw.com以及austlii.com。

审判程序的电子记录、案件管理及电子卷宗的标准化将会提高司法程序的效率，减少那些臭名昭著的延宕。法官不辞劳苦地手写记录的景象已经消失，声音辨识技术将会终结所有类型的记录工作。以电子形式提取证据和寻找法律渊源毫不费力。另一项重大的发展可能是虚拟法院的建立，在这种法院里，当事人不必身临其境也可以从事诉讼行为，并由此减少费用与延宕。

上述进步（还将会有其他的进步）中的很多事项，都可能会为普通人诉诸司法提供重要的便利。当法律信息和法律服务更容易获得的时候，我们应当能够更加有效地实现法律与法律制度的宏伟目标。以理查德·苏斯金德的话来说，律师的作用与司法管理：

> 在未来的法律模式里，将不再被印刷品和纸张所统治。相反，在必将越来越强大的信息技术的重要影响下，信息社会的法律制度将会飞速进化。我们将不再为纷繁复杂的法律资料所累。将会有合适的机制对每一个人提出公正的警示，告诉他们新法的存在与旧法的变更。法律风险在问题发生之前就将会得到处理。纠纷预防而非纠纷解决，将成为日常秩序。因此，法律将会和我们的家庭生活、社会生活与商业生活更加紧密地结合在一起。

谁会不欢迎这一乐观的预言呢?

版权之死?

简单来说，音乐行业与软件行业发生的无政府主义革命并不相同，但是同样的是——任何一个收藏着一堆未签约艺术家自行出版的MP3的青少年都能告诉你——理论被事实摧毁了。无论你是米克·贾格尔，是想寻求全球观众的、来自第三世界的著名国民艺术家，还是想重新定义音乐的阁楼艺术家，唱片产业能够提供给你的，你都能不花一分钱得到。而且免费发行的音乐听起来并不会更糟。如果愿意的话，你可以直接给艺术家付钱，如果不愿意，你也可以什么都不付。把它给你的朋友们吧，他们可能喜欢它。

埃本·摩格伦，《无政府主义的胜利：免费软件以及版权之死》，载于《法律、信息与信息技术》（艾利·莱德曼及罗恩·夏皮拉主编，海牙：克鲁维尔法律国际出版社，《法律与电子商务系列》，2001年），第145页，第170页—171页

法律在一个充满变数的世界中所起到的作用

如今看来，21世纪没有什么可供欢庆的理由。我们的世界依旧受到战争、种族灭绝、贫穷、疾病、腐败、偏执与贪婪的摧残。六分之一的居民——十亿多人——靠每天不足一美元过活。超过八亿人每晚饿着肚子上床，这些人占全世界人口的14%。联合国估计，每天

现今的法律模式	将来的法律模式[①]
法律服务	**法律服务**
一对一	一对多
被动式服务	主动式服务
计时收费	商品定价
限制性	授权性
防御性	现实性
以法律为中心	以商务为中心
法律程序	**法律程序**
法律问题解决	法律风险管理
纠纷解决	纠纷预防
出版法律	普及法律
专门的法律职业	法律专家与信息工程师
以印刷品为基础	以信息技术为基础

约有2.5万人死于饥饿。贫困与疾病之间的关系并不模糊。以艾滋病为例，95%的病例发生在发展中国家。4000万艾滋病病毒感染者中，有三分之二居住在撒哈拉沙漠以南的非洲。

在这些灰暗的数据中，偶有数束光芒，让我们不要放弃乐观的心态。世界上很多地方至少在消灭某些折磨着个人和群体的不平等和不公正方面，取得了一定的进步。而且，这也是法律所取得的重要成果。这个进步并不小。人们很容易人云亦云地瞧不起法律，尤其是瞧不起律师，认为他们忽视，甚至进一步恶化了世上的惨事。然而，鉴于法律在确认与保护人权方面的进步，这种犬儒主义

---

① 这一预测已有部分成为现实。国内外均产生了一些提供专业法律服务的网站，甚至是专为特定产业、特定客户群（如互联网创业者）提供法律服务的网站，其服务特点即与该预测存在类似之处。

的观点尽管还仍然存在，但是已经越来越失去根基。

在大屠杀压抑的阴影的笼罩之下，联合国于1948年通过了《世界人权宣言》，后来通过了《公民及政治权利国际公约》，《经济、社会、文化权利国际公约》也于1976年生效。即使对于最具怀疑精神的观察者来说，这也意味着国际社会对于人权的普适理念及人权保护的承诺。如上所述，尽管这种“国际人权法案”不可避免地具有较大弹性，且带有包罗万象的理想主义特点，但它反映了不同的国家之间也能达成跨文化的共识，而且这种共识的一致程度非同凡响。

人权的理念经历了三个阶段。第一阶段的人权理念大多由“消极性的”公民权利与政治权利构成。消极性的权利是指人们有权免受特定的禁止性措施的干涉，例如我的言论自由权。积极性的权利则是指它表达了对于某些权利的诉求，例如教育权、健康权或者获得法律代理的权利。第二阶段的权利聚集在经济、社会以及文化权利的保护伞之下。第三阶段的权利主要包括集体性权利，这些权利为《世界人权宣言》第二十八条所预见，它宣称“人人有权要求一种社会的和国际的秩序，在这种秩序中，本宣言所载的权利和自由能获得充分实现”。这些“团结一致”的权利包括社会与经济发展权，分享地球、太空、科技信息资源并从中获益的权利（对于第三世界来说尤为重要），获得健康的环境及和平与减轻人道主义灾难的权利。

有时人们认为，我们毫无根据地给予积极性的权利优先地位，并以牺牲消极性的权利为代价。有人认为，后者才是“真正的”人权，因为没有食物、水与居所，前者只是奢望。然而现实是，两种类型的权利同样重要。尊重言论自由的民主政府更加有可能解决穷人的需要。此外，在经济和社会权利得到保护的社会里，民主更有可能取得成功，因为人民用不着经常为他们的下一顿饭操心。

围绕着人权概念的疑虑并不新鲜。有些理论家一直拒绝承认法律可以成为保障自由与合法性的中立的规则体系。简单来说，他们蔑视、摒弃法治理念。其他具有类似思想倾向的人则不喜欢人权概念中暗含的个人主义。有人认为日益扩张的人权范围会削弱"反恐战争"，并表达了他们的不安。其他人则发现，这些宣言中表述的很多权利前后并不一致，用语含糊抽象，并且被不可避免的排除与例外条款所削弱，因此，这些条文看起来就像是用一只手给人东西，又用另一只手拿走它们。较为贫困的国家则对现代的人权概念心存疑虑，时常视之为"西方的"或者"以欧洲为中心的"，认为它们并不能解决正在折磨众多民众的饥饿、贫穷、痛苦等问题。事实上，它们认为，这些概念只会加强目前占据主导地位的财富和权力分配。

不能轻易忽视上面这些关于人权发展的疑虑，以及其他许多类似的疑虑。我们也不应有任何错觉，认为这些国际、国内的宣言及其实施机构的作用已经足够。它们只是为人权保护的进步提供了大致的策略框架。为数众多的非政府组织（NGOs）、独立人权委员会、压力团体以及勇敢的个人所起到的作用，才是至关重要的。这一领域中逐渐发展壮大的法律体系，使得我们可以对人类未来的福祉抱有更加乐观的态度。考虑到我们这个星球面临的生态恶化，甚至是潜在的核威胁，我们有必要将这些权利视作武器，以保护所有生物的利益免受伤害，并改善环境以使生物能够繁荣发展。这即使不是至关重要的，也是非常必要的。

如果要保障我们的世界和这个世界上的居民获得可持续发展的未来，那么唯一的方法也许是让我们的社会经济制度和结构发生一次根本性的转变。对于人权的普遍确认，似乎是这一过程中必

> **法律与国家**
>
> 现代法律的力量，在于它是政府的技术工具和权力媒介。法律理念是一个基于对社会生活特点的理解而形成的框架，它是在众多的社会互动情景与互动过程中形成的——法庭上的对抗、律师办公室里的谈判、对邻里纠纷的管理与控制、管制机构的集体谈判、警察文化的精细化等等。虽然如此，法律作为体制化的原则的这一特点，主要还是受到了国家强制力的影响。国家强制力出现在所有依法行事或不可避免地涉及国家法律的场合中，时而站在阴影里，时而现身人前。
>
> 罗杰·科特瑞尔，《法律社会学导论》，
> 第二版（牛津大学出版社，1992年），第132页

不可少的元素。马克思主义历史学者E.P.汤普森曾以有力的、华丽的词句为法治进行辩护。在人权的普适性层面上，他的话依然适用：

> 在这个危险的世纪里，权力掌握的资源和骄妄程度日益滋长，因此拒绝承认或者蔑视（法治的）优点，是个错得让人绝望的智识论断。更加重要的是，这是个自我实现的错误。它鼓励我们放弃对于恶法和对于与阶级紧密联系的法律程序的斗争，让我们在权力面前解除自己的武装。这相当于抛弃我们围绕着法律和在法律框架内进行斗争的全部遗产。一旦这种斗争的延续性受到破坏，民众就不可能不立即处于危险的境地……

这段话写于上个世纪。在我们现在这个饱受困扰的世纪里，可以确定无疑的是，这些危险正在日益激化。

毫无疑问，法律在未来所面临的挑战，不仅仅会考验它控制国内安全威胁的能力，也会考验它形成应对国际恐怖活动的理性方法的能力。在涉及战争与和平问题时，国际公法与联合国宪章将会一直为我们提供最好的标准，帮我们判断什么才是“可以忍受的行为”。近年内，“人道主义干涉”已经成为国际舞台上的重要特征。无论是在种族清洗中（在卢旺达），还是在政权的崩溃中（在索马里和撒哈拉沙漠以南的数个国家），阻止或避免这些令人毛骨悚然的事件的行动，已经获得了越来越多的支持。而且，在这个世界里，法律必须面对来自内部的、心怀恶意的敌人，国际法的基础也正在经受严峻的考验。这场战争并非国家之间的战争，而是由具有罪恶野心的国际恐怖主义的秘密网络所发动的。

夸大法律的重要性很容易，尤其是对于律师而言。不过历史教导我们，法律是推动人类进步的重要力量。这进步并非微不足道。如果没有法律，就将如同托马斯·霍布斯所宣称的那样：

> 在这种状况下，产业是无法存在的，因为其成果不稳定。这样一来，举凡土地的栽培、航海、外洋进口商品的运用、舒适的建筑、移动与卸除须费巨大力量的物体的工具、地貌的知识、时间的记载、文艺、文学、社会等等都将不存在。最糟糕的是人们不断处于暴力死亡的恐惧和危险中，人的生活孤独、贫困、卑污、残忍而短寿。[①]

① 译文引自《利维坦》，霍布斯著，黎思复、黎廷弼译，杨昌裕校，商务印书馆，1985年9月第1版，第94页—95页。

如果我们想要从那些正在等候我们的灾害中生存下来，如果文明社会的价值观念与公正仍然想要盛行持久，那么法律必然不可或缺。

法律渊源：非常简短的介绍

在参考法学杂志中的一篇论文或者法院判决的时候，我会采用公认通行的引用方式。这是标准做法；而且，尽管我已经将引用缩减到最小限度，但我使用它们，是因为我仍然抱着希望——希望你可能会想去完整地精读某些原文。

引用法律杂志或者法律评论的方式比较简单明了，不需要在此多加说明。但引用案例的部分则较为庞杂，得用整整一章才能讲清楚。不管怎样，与我那个时代的律师和法学专业的学生不同的是（他们不得不翻遍书架，在落满灰尘的书卷中寻找某个难懂的法律报告），现在只要输入当事人的姓名，搜索引擎就可以让你在瞬间获得案件信息。此外，各种各样的数据库可以提供案件、立法和法律评论论文的全部文档。最为人所知的（很可能也是最全面的）的数据库是LexisNexis和Westlaw。这两个数据库都包含着精心挑选的、内容广泛的法律文件。包括www.bailii.org, www.lawreports.co.uk, www.europa.eu, www.echr.coe.int, www.worldlii.org, www.findlaw.com在内的不少网站，都可以免费使用。

詹姆斯·A.郝兰德与朱利安·S.韦伯的《学习法律规则：法律方法和法律推理的学生手册》第六版（牛津大学出版社，2006年）第二章，对如何查询法律进行了完美说明。

下列说明应该足够让你看懂本书所作的引注了。以本书第45页至46页提及的多诺诉史蒂文森一案——Donoghue v Stevenson [1932] A.C. 562 (H.L.)——为例，案件的名称通常以当事人的名字命名：多诺夫人诉史蒂文森先生。方括号里的日期意味着该年份是引注中的关键部分。圆括号意味着年份并不重要，标注出来只是理所当然。“A.C.”是“上诉案件”的缩写，即含有该判决的官方报告的名称。后面的数字是官方报告上出现该案件的页码。“(H.L.)”则是对案件作出判决的上议院司法委员会的缩写。

美国法院的情况则略有不同。例如，在本书第128页至129页讨论的布朗诉教育委员会一案中——Brown v Board of Education, 347 U.S. 483 (1954)，布朗是原告，教育委员会是被告。347是记载该案件的报告的卷册序号。“U.S.”是《美国最高法院报告》的缩写。483是指报告上该案件开始的页码，1954是指该判决作出的年份。

欧洲和其他一些国家所采用的制度、普通法系主要引注规则的细则，以及其他法院（比如欧洲人权法院）的引注方式，在http://en.wikipedia.org/wiki/Case_citation这一维基百科页面上有着精彩的说明。

索引

（条目后的数字为原文页码）

D

E

F

G

H

I

J

L

M

N

O

P

R

S

T

U

W

Raymond Wacks

LAW

A Very Short Introduction

Contents

Preface

Seldom do the words 'law' and 'brevity' occur in the same sentence. The notorious prolixity and obscurity of the law may suggest that any attempt to condense even its rudiments is an undertaking of Utopian, if not quixotic, proportions. But this is the improbable task I have undertaken in these pages: to distil the essentials of the complex phenomenon of law: its roots, its branches, its purpose, practice, institutions, and its future. My objective is to introduce the lay reader – including the prospective or novice student of law, politics, or other social sciences – to the fundamentals of law and legal systems, avoiding as much technical jargon as possible. I hope that this little volume will encourage curiosity about the intriguing nature of law, and promote further reflection upon and exploration into the central role it plays in our lives. Those in search of a deeper understanding of the numerous facets of the law will want to turn to some of the works listed in the 'further reading' section. There is also, of course, an abundance of excellent online legal resources; some of the leading websites are provided in Chapter 6.

It is important to stress that, though the emphasis of the book is on the Western secular legal tradition (the common law and the civil law), I include brief discussions of other legal systems, such as Islamic law, customary law, and certain mixed systems, since my principal purpose is to offer an introduction to 'law' in its most general sense. I confess, however, my predisposition towards the common law. This prejudice, if it is to be so described, might be defended by pointing to what I see as a perceptible shift towards the globalization of various features of the common law. But that is too glib a rationalization. The explanation is less oblique. English is the language in which this book is written by one who has spent most of his working life in common law jurisdictions. My limited proficiency in foreign languages dictated that all the sources, including those related to non-common law systems, were in English. Despite this encumbrance, I have attempted to curtail any gratuitous assumptions about the law that may spring from my own experience which, as it happens, is unusually diverse. I studied and taught law in a mixed legal system (South Africa) as well as in two common law jurisdictions (England and Hong Kong region), and I now live in a civil law country (Italy). My nomadic existence could I suppose be tendered as evidence in mitigation of any partiality I may be guilty of exhibiting in these pages.

Fortuitously, two of these jurisdictions are especially instructive; both underwent seismic transformations during the 1990s, entailing fundamental legal change. In 1992 the legal edifice of apartheid was demolished; two years later Nelson Mandela was elected President of the 'new' South Africa – with its democratic constitution, bill of rights, and constitutional court. And in 1997 Hong Kong region was 'returned' to China; its metamorphosis from British colony to Chinese Special Administrative Region was, above all, a matter of law. The form and structure of this improbable creature – a capitalist enclave within a socialist state – is preserved by Hong Kong region's new constitution, the Basic Law, which guarantees the continuation of the existing common law.

If there is a lesson to be learned from these two dramatic episodes, it is the perhaps rather prosaic truth that the law is an imperfect yet indispensable vehicle by which both to conserve and transform society. It would be rash to undervalue the certainty, generality, and predictability that an effective legal system can provide. Few societies achieve genuine harmony and accord; yet in the absence of law a descent into chaos and conflict would surely be an inevitable consequence for our increasingly polarized planet.

To abridge – without oversimplification – the central characteristics of the law entailed countless cold-blooded judgments. Numerous chunks were reluctantly dispatched to my swelling recycle bin. I can only hope that in charting the central terrain of contemporary law, the frontiers I have drawn are neither excessively narrow nor unreasonably wide. I have endeavoured to plot the most prominent features of the topography of the ever-shifting landscape of the law, acknowledging, of course, that much lies on its periphery.

It is important also to emphasize that law cannot properly be understood without an awareness of its social, political, moral, and economic dimensions. Legal theory or jurisprudence seeks to uncover many of these deeper philosophical elements that explain the complex phenomenon of law and its operation in legal systems. Chapter 3 attempts to illustrate the controversial tension between law and the moral practices adopted by society. I have resisted further excursions through the frequently impenetrable thicket of legal philosophy, both because it lies beyond the modest objectives of this work, and in the hope that readers in pursuit of an introduction to this stimulating discipline may wish to turn to my *Philosophy of Law: A Very Short Introduction* (Oxford University Press, 2006), which might be regarded as a companion volume to the one in your hands.

In hatching and executing this plot, those at Oxford University Press have, as before, been agreeable co-conspirators. Special thanks to Andrea Keegan, James Thompson, Alice Jacobs,

Helen Oaks, Deborah Protheroe, Zoe Spilberg, Winnie Tam, and the anonymous reader of my manuscript.

Without the enduring love, encouragement, and support of my wife, Penelope (felicitously, a barrister), little would be possible. Over this loyal subject, her sovereignty is unbounded; her word law.

Raymond Wacks

List of illustrations

The publisher and the author apologize for any errors or omissions in the above list. If contacted they will be pleased to rectify these at the earliest opportunity.

Chapter 1
Law's roots

Step on a bus. The law is there. You have almost certainly entered into a contract to pay the fare to your destination. Alight before you have paid and the long arm of the criminal law may be expected to pursue you. The bus is involved in an accident. The law is ready to determine who is responsible for the injury you sustained. Your job, your home, your relationships, your very life – and your death, all – and more – are managed, controlled, and directed by the law. The legal system lies at the heart of any society, protecting rights, imposing duties, and establishing a framework for the conduct of almost every social, political, and economic activity. Punishing offenders, compensating the injured, and enforcing agreements are merely some of the tasks of a modern legal system. In addition, it endeavours to achieve justice, promote freedom, uphold the rule of law, and protect security.

To the layman, however, the law often seems a highly technical, bewildering mystery, with its antiquated and sometimes impenetrable jargon, obsolete procedures, and interminable stream of Byzantine statutes, subordinate legislation, and judgments of the courts. Lawyers tend to look backwards. The doctrine of precedent, hallmark of the common law, dictates that what has gone before is what now should be, thereby affording a measure of certainty and predictability in a precarious world.

But the law does not stand still. Globalization, rapid advances in technology, and the growth of administrative regulation place increasing strain on the law. Domestic legal systems are expected to respond to, and even anticipate, these changes, while many look to international law to settle disputes between states, punish malevolent dictators, and create a better world. These are among the numerous challenges to which contemporary legal systems are meant to rise.

The law is rarely uncontroversial. While lawyers and politicians habitually venerate its merits, reformers bewail its inadequacies, and sceptics refute the law's often self-righteous espousal of justice, liberty, and the rule of law. Few, however, would deny that, in most societies, law has become a significant instrument for progress and improvement in our social, political, moral, and economic life. Think of the transformation that legal rules have wrought in respect of numerous aspects of our lives that were once considered personal: the promotion of sexual and racial equality, safety at work and play, healthier food, candour in commerce, and a host of other admirable aspirations. Laws to protect human rights, the environment, and our personal security have mushroomed. Nothing seems beyond the reach of the long arm of the law. This boom in the law-making business renders it impractical both for citizens to become acquainted with its myriad rules, and for the authorities to enforce them.

The law is news. Murders, mergers, marriages, misfortunes, and mendacity are daily media fodder, especially when the misbehaviour is played out in court. Sensationalist trials concerning celebrities are, alas, only the small tip of a large iceberg. Lawsuits are a negligible part of the law, as will become evident in the following chapters.

But what is law? In very broad terms, two principal answers have been given to this deceptively simple question. On the one hand is the view that law consists of a set of universal moral principles in accordance with nature. This view (adopted by so-called natural lawyers) has a long history dating back to ancient Greece. For so-called legal positivists, on the other hand, law is nothing more than a collection of valid rules, commands, or norms that may lack any moral content. Others perceive the law as fundamentally a vehicle for the protection of individual rights, the attainment of justice, or economic, political, and sexual equality. Few believe that the law can be divorced from its social context. The social, political, moral, and economic dimensions of the law are essential to a proper understanding of its workaday operation. This is especially true in times of change. It is important to recognize the fragility of formalism; we skate on dangerously thin ice when we neglect the contingent nature of the law and its values. Reflection upon the nature of law may sometimes seem disconcertingly abstruse. More than occasionally, however, it reveals important insights into who we are and what we do. The nature and consequences of these different positions should become apparent before long.

The genesis of law

Despite the importance of law in society, its manifestation in the form of general codes first appears only around 3000 BC. Prior to the advent of writing, laws exist only in the form of custom. And the absence of written law retards the capacity of these rules to provide lasting or extensive application.

Among the first written codes is that of Hammurabi, king and creator of the Babylonian empire. It appeared in about 1760 BC, and is one of the earliest instances of a ruler proclaiming a systematic corpus of law to his people so that they are able to know their rights and duties. Engraved on a black stone slab (that may be seen in the Louvre in Paris), the code contains some 300 sections with rules relating to a broad array of activities ranging from the punishment that is to be inflicted on a false witness (death) to that to be meted out to a builder whose house collapses

1. The Code of Hammurabi, created by the King of Babylon in about 1760 BC, is among the earliest extant collection of laws. It is a well-preserved diorite stele setting out 282 laws, providing a fascinating insight into social life under his rule

killing the owner (death). The code is almost entirely devoid of defences or excuses, a very early example of strict liability!

The king was, in fact, acknowledging the existence of even earlier laws (of which we have only the barest of evidence), which his code implies. In truth, therefore, the code echoes customs that preceded the reign of this ancient monarch.

A more striking example of early law-making may be found in the laws of the Athenian statesman Solon in the 6th century BC. Regarded by the ancient Greeks as one of the Seven Wise Men, he was granted the authority to legislate to assist Athens in overcoming its social and economic crisis. His laws were extensive, including significant reforms to the economy, politics, marriage, and crime and punishment. He divided Athenian society into five classes based on financial standing. One's obligations (including tax liability) depended on one's class. He cancelled debts for which the peasants had pledged their land or their bodies, thereby terminating the institution of serfdom.

To resolve disputes between higher- and lower-ranked citizens, the Romans, in about 450 BC, issued, in tablet form, a compilation of laws known as the Twelve Tables. A commission of ten men (*Decemviri*) was appointed in about 455 BC to draft a code of law binding on all Romans (the privileged class – the patricians – and the common people – the plebeians) which the magistrates (two consuls) were required to enforce. The result was a compilation of numerous statutes, most derived from prevailing custom, that filled ten bronze tablets. The plebeians were unimpressed with the result, and a second commission of ten was appointed in 450 BC. It added another two tablets.

During the period of the so-called classical jurists, between the 1st century BC and the middle of the 3rd century AD, Roman law achieved a condition of considerable sophistication. Indeed, so prolific were these jurists (Gauis, Ulpian, Papinian, Paul, and

2. The Byzantine Roman Emperor Justinian, depicted here in one of the striking mosaics in the Basilica of San Vitale in Ravenna, oversaw the revision and codification of Roman law into the *Corpus Juris Civilis*, consisting of the Digest (or Pandects), the Institutes, the Codex, and the Novellae

several others) that their enormous output became hopelessly unwieldy. Between 529 and 534 AD, therefore, the Eastern emperor, Justinian, ordered that these manifold texts be reduced to a systematic, comprehensive codification. The three resulting books, the *Corpus Juris Civilis* (comprising the Digest, Codex, and Institutes), were to be treated as definitive: a conclusive statement of the law that required no interpretation. But this illusion of unconditional certainty soon became evident: the codification was both excessively lengthy (close to a million words) and too detailed to admit of easy application.

Its meticulous detail proved, however, to be its huge strength. More than 600 years after the fall of the Western Roman Empire, Europe witnessed a revival in the study of Roman law. And Justinian's codification, which had remained in force in parts of Western Europe, was the perfect specimen upon which European lawyers could conduct their experiments. With the establishment

3. The University of Bologna is arguably the first in the Western world. It was established around 1088, at which time masters of grammar, rhetoric, and logic began to turn their attention to the law. The University continues to boast a distinguished faculty of law

in about AD 1088 in Bologna of the first university in Western Europe, and the burgeoning of universities throughout Europe in the succeeding four centuries, students of law were taught Justinian's law alongside canon law. Moreover, the contradictions and complexity of the codes turned out to be an advantage, since the rules were, despite the emperor's fantasy of finality, susceptible to interpretation and adaptation in order to suit the requirements of the time. In this way, Roman civil law spread throughout most of Europe – in the face of its detractors during the Renaissance and the Reformation.

By the 18th century, however, it was recognized that more concise codes were called for. Justinian's codification was replaced by several codes that sought brevity, accessibility, and comprehensiveness. The Napoleonic code of 1804 came close to fulfilling these lofty aspirations. It was exported by colonization to large tracts of Western and Southern Europe and thence to Latin America, and it exerted an enormous influence throughout Europe. A more technical, abstract code was enacted in Germany in 1900. What it lacks in user-friendliness, it makes up for in its astonishing comprehensiveness. Known as the BGB, its influence

The appeal of codification

[A] man need but open the book in order to inform himself what the aspect borne by the law bears to every imaginable act that can come within the possible sphere of human agency: what acts it is his duty to perform for the sake of himself, his neighbour or the public: what acts he has a right to do, what other acts he has a right to have others perform for his advantage. ... In this one repository the whole system of the obligations which either he or any one else is subject to are recorded and displayed to view.

Jeremy Bentham, *Of Laws in General*, chapter 19, para 10; quoted in Gerald J. Postema, *Bentham and the Common Law Tradition* (OUP, 1986), p. 148

has also been considerable: it afforded a model for the civil codes of China, Japan, Greece, and the Baltic states.

The Western legal tradition

The Western legal tradition has a number of distinctive features, in particular:

- A fairly clear demarcation between legal institutions (including adjudication, legislation, and the rules they spawn), on the one hand, and other types of institutions, on the other; legal authority in the former exerting supremacy over political institutions.
- The nature of legal doctrine which comprises the principal source of the law and the basis of legal training, knowledge, and institutional practice.
- The concept of law as a coherent, organic body of rules and principles with its own internal logic.
- The existence and specialized training of lawyers and other legal personnel.

While some of these characteristics may occur in other legal traditions, they differ in respect of both the importance they accord to, and their attitude towards, the precise role of law in society. Law, especially the rule of law, in Western Europe is a fundamental element in the formation and significance of society itself. This veneration of law and the legal process shapes also the exercise of government, domestically and internationally, by contemporary Western democracies.

The ideal of the rule of law is most closely associated with the English constitutional scholar Albert Venn Dicey, who in his celebrated work *An Introduction to the Study of the Law of the Constitution*, published in 1885, expounded the fundamental precepts of the (unwritten) British constitution, and especially the concept of the rule of law which, in his view, consisted of the following three principles:

- The absolute supremacy or predominance of regular law as opposed to the influence of arbitrary power.
- Equality before the law or the equal subjection of all classes to the ordinary law of the land administered by the ordinary courts.
- The law of the constitution is a consequence of the rights of individuals as defined and enforced by the courts.

The antique charm of the common law

[W]hat the Continental lawyer sees as being a single problem and solves with a single institution is seen by the common lawyer as being a bundle of more specific problems which he solves with a plurality of legal institutions, most of them of ancient pedigree ... One should be frank enough to say, however, that though the English system has a certain antiquarian charm about it, it is so extremely complex and difficult to understand that no one else would dream of adopting it.

K. Zweigert and H. Kötz,
***An Introduction to Comparative Law*, 3rd edn (OUP, 1998), p. 37**

Civil law and common law

The system of codified law that obtains in most of Europe, South America, and elsewhere is known as civil law, in contrast to the common law system that applies in England, former British colonies, the United States, and most of Canada. Civil law is frequently divided into four groups. First, is French civil law, which obtains also in Belgium and Luxembourg, the Canadian province of Quebec, Italy, Spain, and their former colonies, including those in Africa and South America. Second, German civil law, which is, in large part, applied in Austria, Switzerland, Portugal, Greece, Turkey, Japan and South Korea. Third, Scandinavian civil law exists in Sweden, Denmark, Norway, and Iceland. Finally, Chinese law combines elements of civil law and socialist law. This is by no means an airtight classification. For example, Italian, Portuguese, and Brazilian law have, over the last century, moved closer to German law as their civil codes increasingly adopted key elements of the German civil code. The Russian civil code is partly a translation of the Dutch code.

Though the two traditions – common law and civil law – have, over the last century, grown closer, there are at least five significant differences between the two systems. First, the common law is essentially unwritten, non-textual law that was fashioned by medieval lawyers and the judges of the royal courts before whom they submitted their arguments. Indeed, it may be that this entrenched oral tradition, supported by a strong monarchy, developed by experts before the revival in the study of Roman law, explains why that system was never 'received' in England.

Codification has been resisted by generations of common lawyers, though this hostility has been weaker in the United States, where since its establishment in 1923, the American Law Institute (a group of lawyers, judges, and legal scholars) has published a number of 'restatements of the law' (including those on contract, property, agency, torts, and trusts) to 'address uncertainty in the law through a restatement of basic legal subjects that would tell judges and lawyers what the law was'. They seek to clarify rather than codify the law. Their standing as secondary authority is demonstrated by their widespread (though not always consistent) acceptance by American courts. More significant is the Uniform Commercial Code (UCC) which establishes consistent rules in respect of a number of key commercial transactions that apply across the country. With 50 states with different laws, uniformity in respect of commercial transactions is obviously vital. Imagine the confusion in the absence of such standardization: you live in New York and buy a car in New Jersey that is made in Michigan, warehoused in Maine, and delivered to your home.

Second, the common law is casuistic: the building blocks are cases rather than, as in the civil law system, texts. Ask any American, Australian, or Antiguan law student how most of his or her study-time is spent. The answer will almost certainly be 'reading cases'. Question their counterparts from Argentina, Austria, or Algeria, and they will allude to the civil and penal codes they persistently peruse. The consequence of the common lawyer's preoccupation with what the judges say – rather than what the codes declare – is a more pragmatic, less theoretical approach to legal problem-solving.

Third, in view of the centrality of court decisions, the common law elevates the doctrine of precedent to a supreme position in the legal system. This doctrine means both that previous decisions of courts that involve substantially similar facts ought to govern present cases and that the judgments of higher courts are binding on those lower in the judicial hierarchy. The justification for the idea is that it engenders constancy, predictability, and objectivity, while allowing for judges to 'distinguish' apparently binding precedents on the ground that the case before them differs from them in some material respect.

A fourth generalization is that while the common law proceeds from the premise 'where there is a remedy, there is a right', the civil law tradition generally adopts the opposite position: 'where there is a right, there is a remedy'. If the common law is essentially remedial, rather than rights-based, in its outlook, this is plainly a result of the so-called writ system under which, from the 12th century in England, litigation could not commence without a writ issued on the authority of the king. Every claim had its own formal writ. So, for example, the writ of debt was a prerequisite to any action to recover money owing, and the writ of right existed to recover land. In the 17th century, the writ of *habeas corpus* (literally 'you must produce the body') was a vital check on arbitrary power, for it required the production of a person detained without trial to be brought before a court. In the absence of a legal justification for his imprisonment, the judge could order the individual to be liberated. It took a century for civil law jurisdictions to accept this fundamental attribute of a free society.

Finally, in the 13th century, the common law introduced trial by jury for both criminal and civil cases. The jury decides on the facts of the case; the judge determines the law. Trial by jury has remained a fundamental feature of the common law. This separation between facts and law was never adopted by civil law systems. It illustrates also the importance of the oral tradition of common law as against the essential role of written argument employed by the civil law.

The common law, chaos, and codification

[L]ife might be much simpler if the common law consisted of a code of rules, identifiable by reference to source rules, but the reality of the matter is that it is all much more chaotic than that, and the only way to make the common law conform to the ideal would be to codify the system, which would then cease to be common law at all. The myth, for that is what it is, owes its attractiveness to another ideal, that of the rule of law, not men.... It consequently distorts the nature of the system to conceive of the common law as a set of rules, an essentially precise notion, as if one could in principle both state the rules of the common law and count them like so many sheep, or engrave them on tablets of stone.

A. W. B. Simpson, 'The Common Law and Legal Theory', in William Twining (ed.), *Legal Theory and Common Law* (Blackwell, 1986), pp. 15–16

There are also certain jurisdictions, such as Scotland, that, though their legal systems are not codified, preserve varying degrees of Roman influence. On the other hand, some jurisdictions have avoided the impact of Roman law, but because of the prominence of legislation, these systems resemble the civil law tradition. They include Scandinavian countries, which inhabit an unusual place in the 'Romano-Germanic' family.

Other legal traditions

Religious law

No legal system can be properly understood without investigating its religious roots. These roots are often both deep and durable. Indeed, the Roman Catholic Church has the longest, continuously operating legal system in the Western world. The influence of religion is palpable in the case of Western legal systems:

> [B]asic institutions, concepts, and values ... have their sources in religious rituals, liturgies, and doctrines of the eleventh and twelfth centuries, reflecting new attitudes toward death, sin, punishment, forgiveness, and salvation, as well as new assumptions concerning the relationship of the divine to the human and of faith to reason.

In Europe in the 12th century, ecclesiastical law played an important role in a number of fields. Ecclesiastical courts claimed jurisdiction over a wide range of matters, including heresy, fornication, homosexuality, adultery, defamation, and perjury. Canon law still governs several churches, especially the Roman Catholic Church, the Eastern Orthodox Church, and the Anglican Communion of Churches.

The rise of secularism has not completely extinguished the impact of religious law. The jurisdiction of Western legislatures and courts over exclusively religious matters is frequently curtailed, and many legal systems incorporate religious law or delegate to

Talmudic law

[The Talmud] represents a brilliant intellectual concept, a book of law which contains endless differences of opinion from all ages and dealing with all that had gone on before, while seen as never definitely finished and thus leaving room for still more opinion, as each age engages with it. There is no equivalent to it in any legal tradition.

H. Patrick Glenn, *On Common Laws* (OUP, 2005), p. 131

religious institutions matters of a domestic nature. Nevertheless, one of the hallmarks of Western legality is the separation between church and state.

While a number of prominent religious legal traditions co-exist with state systems of law, some have actually been adopted as state law. The most significant are Talmudic, Islamic, and Hindu law. All three derive their authority from a divine source: the exposition of religious doctrine as revealed in the Talmud, Koran, and Vedas respectively.

Hindu law

Hindu law recognizes the possibility of change, both of law and the world, but ... [i]t just tolerates it, without in any way encouraging it, as something that's going to happen, but which shouldn't disturb the basic harmony of the world. If it does, it's bad karma, and this too will be dealt with. Thus, for a written tradition, Hindu tradition is incredibly roomy. Toleration is not at the perimeter of it, but at the centre. And toleration turns out to have its own kind of discipline.

H. Patrick Glenn, *Legal Traditions of the World*, 2nd edn (OUP, 2004), p. 287

All have influenced secular law in a variety of ways. For example, Talmudic law had a significant impact on Western commercial, civil, and criminal law. In addition to common and civil law systems, it is possible to identify four other significant legal traditions.

Islamic law (or the *Sharia*) is based largely on the teachings of the Koran. It extends to all aspects of life, not merely those that pertain to the state or society. It is observed by more than one-fifth of the population of the world, some 1.3 billion people.

At its core, Hinduism postulates the notion of *Kharma*: goodness and evil on earth determine the nature of one's next existence. Hindu law, especially in relation to family law and succession, applies to around 900 million individuals, mostly in living in India.

Islamic law

Islamic law ... seeks constancy with common-sense assumptions about humanity, not through the refinement of categories of its own creation. [It] is a system of adjudication, of ethics and of logic that finds its touchstone not in the perfecting of doctrine, but in the standards of everyday life, and measured in this way it is enormously developed, integrated, logical and successful. Man's duty is to conform to God's moral limits, not to try to invent them. But within these limits established by God one can create relationships and traffic in the knowledge of their existence, intricacies and repercussions.

Lawrence Rosen, *The Anthropology of Justice: Law as Culture in Islamic Society* (CUP, 1989), p. 56; quoted in Malise Ruthven, *Islam: A Very Short Introduction* (OUP, 1997), p. 89

Customary law

To constitute custom, the practices involved require something beyond mere usage or habit. They need to have a degree of legality. This is not always easy to discern, though customary law continues to play an important role, especially in jurisdictions with mixed legal systems such as occur in several African countries. The tenacity of custom is evident also in India and China. Indeed, in respect of the latter, the Basic Law of the Special Administrative Region of Hong Kong provides that customary law, as part of the laws previously in force in Hong Kong region (prior to 1 July 1997), shall be maintained.

Mixed legal systems

In some jurisdictions two or more systems interact. In South Africa, for example, the existence of Roman-Dutch law is a consequence of the influence of Dutch jurists who drew on Roman law in their writing. This tradition was exported to the Cape Colony in the 17th and 18th centuries. The hybrid nature of South Africa's legal system is especially vivid, since, following the arrival of English common law in the 19th century, the two systems co-existed in a remarkable exercise of legal harmony. And they continue to do so:

> Like a jewel in a brooch, the Roman-Dutch law in South Africa today glitters in a setting that was made in England. Even if it were true (which it is not) that the whole of South African private law and criminal law had remained pure Roman-Dutch law, the South African legal system as a whole would still be a hybrid one, in which civil- and common-law elements jostle with each other.

The mixture is no longer nearly as effective in Sri Lanka or Guyana, to where Roman-Dutch law was exported in 1799 and 1803 respectively, but where the common law now predominates.

Chinese law

Traditional Chinese society, in common with other Confucian civilizations, did not develop a system of law founded by the ideas that underlie Western legal systems. Confucianism adopted the concept of '*li*': an intense opposition to any system of fixed rules that applied universally and equally. Though Chinese 'legalists' sought to undermine the political authority of this Confucian philosophy of persuasion by championing 'rule by law' ('*fa*') in place of the organic order of the Confucian '*li*', the latter continues to dominate China.

The spectacular modernization of China has generated a need for laws that facilitate its economic and financial development. The role of law in modern China remains decidedly instrumental

The future of the law in China

I would venture to suggest that as economic and social changes sweep through China as a result of the current economic reforms, the social context for the closed elements of traditional legal culture will, in the course of time, be replaced by a nother context. They will thus find their place in a rejuvenated Chinese culture, which can and will continue to be informed and inspired by the open elements of the Chinese tradition, such as Confucian benevolence, moral self-cultivation, and the quiet but unending spiritual quest for harmony of 'heaven, earth, hum'anity and the myriad things'.

Albert H. Y. Chen, 'Confucian Legal Culture and its Modern Fate', in Raymond Wacks (ed.), *The New Legal Order in Hong Kong region* (Hong Kong University Press, 1999), pp. 532–3 and pragmatic. Its system is essentially civilian and hence largely codified.

The allure of the law

Individuals aggrieved by iniquity often complain, 'There ought to be a law against that!' There is an understandable tendency to look to the law to resolve our problems. And the law's failure to provide a remedy may provoke a sense of frustration and anger. Yet legal regulation of antisocial behaviour is not as simple as it may appear, as should become clear when the challenges to the law of technology are considered in Chapter 6. Before we reach for the law – or a lawyer – it is worth recalling the words of the great American judge Learned Hand, who prescribed this antidote to an excessive faith in the law:

> I often wonder whether we do not rest our hopes too much upon constitutions, upon laws and upon courts. These are false hopes; believe me, these are false hopes. Liberty lies in the hearts of men and women; when it dies there, no constitution, no law, no court can even do much to help it. While it lies there it needs no constitution, no law, no court to save it.

The validity or otherwise of this assertion should become evident in the course of these pages.

The functions of law

Order

Football, chess, bridge are unthinkable without rules. A casual poker club could not function without an agreed set of rules by which its members are expected abide. It is not surprising therefore that when they are formed into larger social groups, humans have always required laws. Without law, society is barely conceivable. We tend, unfortunately, towards egoism. The restraint that law imposes on our liberty is the price we pay for living in a community. 'We are slaves of the law' wrote the great Roman lawyer Cicero, 'so that we may be free'. And the law has provided the security and self-determination that has, in large part, facilitated social and political advancement.

The cliché 'law and order' is perhaps more accurately rendered 'law *for* order'. Without law, it is widely assumed, order would be unattainable. And order – or what is now popularly called 'security' – is the central aim of most governments. It is an essential prerequisite of a society that aspires to safeguard the well-being of its members.

Thomas Hobbes famously declared that in his natural state – prior to the social contract – the condition of man was 'solitary, poor, nasty, brutish and short', though more than one student has rendered this maxim as '... nasty, *British* and short'. Law and government are required, Hobbes argues, if we are to preserve order and security. We therefore need, by the social contract, to surrender our natural freedom in order to create an orderly society. His philosophy is nowadays regarded as somewhat authoritarian, placing order above justice. In particular, his theory – indeed, his self-confessed purpose – is to undermine the legitimacy of revolutions against even malevolent governments.

He recognizes that we are fundamentally equal, mentally and physically: even the weakest has the strength to kill the strongest. This equality, he suggests, engenders discord. We tend to quarrel, he argues, for three main reasons: competition (for limited supplies of material possessions), distrust, and glory (we remain hostile in order to preserve our powerful reputations). As a consequence of our inclination towards conflict, Hobbes concludes that we are in a natural state of continuous war of all against all, where no morals exist, and all live in perpetual fear. Until this state of war ceases, all have a right to everything, including another person's life. Order is, of course, only one part of the functions of law story.

Justice

Though the law unquestionably protects order, it has another vital purpose. In the words of the 20th-century English judge Lord Denning:

> The law as I see it has two great objects: to preserve order and to do justice; and the two do not always coincide. Those whose training lies towards order, put certainty before justice; whereas those whose training lies toward the redress of grievances, put justice before certainty. The right solution lies in keeping the proper balance between the two.

The pursuit of justice must lie at the heart of any legal system. The virtual equation of law with justice has a long history. It is to be found in the writing of the Greek philosophers, in the Bible, and in the Roman Emperor Justinian's codification of the law. The quest for clarity in the analysis of the concept of justice has, however, not been unproblematic. Both Plato and Aristotle sought to illuminate its principal features. Indeed, Aristotle's approach remains the launching pad for most discussions of justice. He argues that justice consists in treating equals equally and 'unequals' unequally, in proportion to their inequality. Acknowledging that the equality implied in justice could be either arithmetical (based on the identity of the persons concerned) or geometrical (based on maintaining the same proportion), Aristotle distinguishes between corrective or commutative justice, on the one hand, and distributive justice, on the other. The former is the justice of the courts which is applied in the redress of crimes or civil wrongs. It requires that all men are to be treated equally. The latter (distributive justice), he argues, concerns giving each according to his desert or merit. This, in Aristotle's view, is principally the concern of the legislator.

In his celebrated book, *The Concept of Law*, H. L. A. Hart maintains that the idea of justice:

> ... consists of two parts: a uniform or constant feature, summarised in the precept 'Treat like cases alike' and a shifting or varying criterion used in determining when, for any given purpose, cases are alike or different.

He contends that in the modern world the principle that human beings are entitled to be treated alike has become so well established that racial discrimination is usually defended on the ground that those discriminated against are not 'fully human'.

An especially influential theory of justice is utilitarianism, which is always associated with the famous English philosopher and law reformer Jeremy Bentham. In his characteristically animated language:

> Nature has placed mankind under the governance of two sovereign masters, *pain* and *pleasure*. It is for them alone to point out what we ought to do, as well as to determine what we shall do. On the one hand the standard of right and wrong, on the other the chain of causes and effects, are fastened to their throne. ... The *principle of utility* recognizes this subjection, and assumes it for the foundation of that system, the object of which is to rear the fabric of felicity by the hands of reason and of law. Systems which attempt to question it, deal in sounds instead of sense, in caprice instead of reason, in darkness instead of light.

To this end, Bentham formulated a 'felicific calculus' by which to assess the 'happiness factor' of any action.

There are numerous competing approaches to the meaning of justice, including those that echo Hobbes' social contract. A modern version is to be found in the important writings of John Rawls who, in rejecting utilitarianism, advances the idea of justice as fairness which seeks to arrive at objective principles of justice that would hypothetically be agreed upon by individuals who, under a veil of ignorance, do not know to which sex, class, religion, or social position they belong. Each person represents a social class, but they have no idea whether they are clever or dim, strong or weak. Nor do they know in which country or in what period they are living. They possess only certain elementary knowledge about the laws of science and psychology. In this state of blissful ignorance, they must unanimously decide upon a contract the general principles of which will define the terms under which they will live as a society. And, in doing so, they are moved by rational self-interest: each individual seeks those principles which will give him or her the best chance of attaining his chosen conception of the good life, whatever that happens to be.

Realism about law

The life of the law has not been logic; it has been experience. The felt necessities of the time, the prevalent moral and political theories, intuitions of public policy, avowed or unconscious, even the prejudices which judges share with their fellow-men, have a good deal more to do than the syllogism in determining the rules by which men should be governed. The law embodies the story of a nation's development through many centuries, and it cannot be dealt with as if it contained only the axioms and corollaries of a book of mathematics.

Justice Oliver Wendell Holmes, *The Common Law*, 1

Justice is unlikely to be attained by a legal system unless its rules are, as far as possible, reasonable, general, equal, predictable, and certain. None of these objectives can be achieved in absolute terms; they are ideals. So, for example, the law can never be utterly certain. Occasionally the facts of a case are obscure and difficult to discover. Similarly, the law itself may not be easy to establish – especially for the non-lawyer faced with a profusion of statutes, decisions of the courts, by-laws, and so on. The Internet has rendered the task of finding the law slightly easier, but, in the face of an escalating spate of legal sources, it remains a formidable challenge. The maxim 'hard cases make bad law' expresses the important principle that is better that the law be certain than that it be bent to accommodate an unusual case.

Justice requires more than just laws; the process whereby justice is attained must be a fair one. This entails, first, an impartial, independent judicial system (discussed in Chapter 5). Second, there must be a competent and independent legal profession (also discussed in Chapter 5). Third, procedural justice is a vital ingredient of a just legal system. This necessitates, amongst other things, access to legal advice, assistance, and representation, and the guarantee of a fair trial (discussed in Chapter 4).

In a just or nearly just society, few obstacles beset the path of the judge who, in a general sense, seeks to advance the cause of justice. Heroism is rarely required. Where injustice pervades the legal system, however, the role of judge assumes a considerably more intractable form. How could a decent, moral, fair-minded person in a society such as Nazi Germany or apartheid South Africa square his conscience with his calling? This moral quandary is perhaps encountered also by ordinary individuals who inhabit an unjust society. Should the fact that the judge is a public official distinguish him from others who participate in the legal system or who simply derive benefit from its injustice? Are there compelling reasons for morally differentiating judges from others, particularly lawyers? The honourable judge attempts to do justice when he can, admitting that his autonomy is curtailed in several major areas of the law. But is a conscientious lawyer not in the same boat? He strives to do good, often at great personal cost, within the strictures of the legal system. He too lends legitimacy to the system. Is the moral dilemma not the same?

There are no simple answers to this sort of predicament. Institutionally, judges differ from lawyers: they are officers appointed or elected to implement the law. Their legal duty is plain. Lawyers, on the other hand, are not state officials. They owe a strong duty to their clients. They must, of course, work within the system, but their responsibility is to utilize the law, not to dispense justice. They may find the law morally repugnant, but their role within an unjust legal system is easier to justify than that of the judge. So, for example, lawyers in apartheid South Africa themselves recognized this distinction, and several prominent senior lawyers declared that on grounds of conscience they would decline appointment to the bench. Yet they continued as lawyers. And, though the temptation to withdraw from the system was often powerful, many lawyers played a courageous, sometimes heroic, part in the struggle for justice.

A lawyer may, however, decide that his or her participation in the legal system serves to legitimate it. This is a perfectly proper moral response. But it does not follow that the dilemma is therefore the same as for the state official. This is because of the important functional differences between the two. In particular, lawyers, unlike judges, are not concerned exclusively with the forensic process. Indeed, lawyers do some of their most worthwhile work when they advise clients of their rights, whether or not litigation is intended or anticipated (see Chapter 5). Thus, while appearance before the court may be regarded as a more palpable acceptance of its legitimacy, advising clients may not.

The law lays down certain ground rules. Murder is wrong. So is theft. Legal rules against these and other forms of antisocial behaviour are the most obvious, and the most conspicuous, instances of legal regulation. Modern governments seek to persuade us to behave well by means other than compulsion. Often the carrot replaces the stick. Advertising campaigns, official websites, and other forms of public relations exercises exhort us to do X or avoid Y. But by setting standards of conduct, the law remains the most powerful tool in the hands of the state.

Further, the law establishes a framework within which unavoidable disputes may be resolved. Courts are the principal forum for the resolution of conflict. Almost every legal system includes courts or court-like bodies with the power to adjudicate impartially upon a dispute and, following a recognized procedure, to issue an authoritative judgment based on the law.

The law facilitates, often even encourages, certain social and economic arrangements. It provides the rules to enable parties to enter into the contract of marriage or employment or purchase and sale. Company law, inheritance law, property law all furnish the means by which we are able to pursue the countless activities that constitute social life.

Another major function of the law is the protection of property. Rules identify who owns what, and this, in turn, determines who has the strongest right or claim to things. Not only does the law thereby secure the independence of individuals, it also encourages them to be more productive and creative (generating new ideas that may be transformed into intellectual property, protected by patents and copyright).

The law seeks also to protect the general well-being of the community. Instead of individuals being compelled to fend for themselves, the law oversees or coordinates public services that would be beyond the capacity of citizens or the private sector to achieve, such as defence or national security.

Another dimension of the law that has assumed enormous proportions in recent years is the protection of individual rights. For example, the law of many countries includes a bill of rights as a means of seeking to protect individuals against the violation of an inventory of rights that are considered fundamental. In some cases a bill of rights is constitutionally entrenched. Entrenchment is a device which protects the bill of rights, placing it beyond the reach of simple legislative amendment. In other jurisdictions, rights are less secure when they are safeguarded by ordinary statutes that may be repealed like any other law. Almost every Western country (with the conspicuous exception of Australia) boasts a constitutional or legislative bill of rights.

The sources of law

Unlike manna, the law does not fall from the sky. It springs from recognized 'sources'. This reflects the idea that in the absence of some authoritative source, a rule that purports to be a law will not be accepted as a law. Lawyers therefore speak of 'authority'. 'What', a judge may ask a lawyer, 'is your authority for that proposition?' In reply, the common lawyer is likely to cite either a previous decision of a court or a statute. A civil lawyer will refer the court to an article of, say, the civil code. In either case, the existence of an acknowledged source will be decisive in the formulation of a legal argument.

In addition to these two conventional sources of law, it is not uncommon for the writings of legal academics to be recognized as authoritative sources of law. There are also certain sources that are, strictly speaking, non-legal, including (though it may be hard to believe) common sense and moral values.

Legislation

The stereotypical source of law in contemporary legal systems is the statute enacted by a legislative body that seeks to introduce new rules, or to amend old ones – generally in the name of reform, progress, or the alleged improvement of our lives. Legislation is, however, of quite recent origin. The 20th century witnessed an eruption of legislative energy by law-makers who frequently owe their election to a manifesto of promises that presumes the existence of an unrelenting statutory assembly line. In most advanced societies, it is not easy to think of any sphere of life untouched by the dedication of legislators to manage what we may or may not do.

Statutes are rarely a panacea; indeed, they not infrequently achieve the precise opposite of what their draftsmen intended. Moreover, language is seldom adequately lucid or precise not to require interpretation. The words of a statute are rarely conclusive; they are susceptible of different construction – especially where lawyers are concerned. Inevitably, therefore, it falls to judges to construe the meaning of statutes. And when they do so, they normally create precedents that provide guidance for courts that may be faced with the interpretation of the legislation in the future.

A number of technical 'rules' have developed to assist judges to decode the intention of law-makers. A classic example that demonstrates the various approaches to the legislative interpretation is a hypothetical statute that prohibits 'vehicles' from entering the park. This plainly includes a motor car, but what about a bicycle? Or a skateboard? One solution is to adopt the so-called 'literal' or 'textual' approach which accords the text in question its ordinary everyday meaning. Thus the definition of a 'vehicle' would not extend beyond an automobile, a truck, or a bus; bicycles and skateboards are not, in any ordinary sense, vehicles. Where, however, the plain meaning gives rise to an absurd result, its proponents concede that the approach runs into trouble, and the words or phrases in issue will need to be interpreted in a manner that avoids obvious illogicality.

A second approach seeks to discover the *purpose* of the legislation. In our example, we may conclude that the purpose of the provision is to secure the peace and quiet of the park. If so, we are likely to find it easier to decide what is the real intention of the legislation, and hence to distinguish between a car (noisy) and a bicycle (quiet). This approach also permits judges to consider the wider purposes of the legal system. Where either the narrow or broader purpose suggests an interpretation different from the literal meaning of the language, the purposive approach would prefer a liberal to a literal interpretation.

It is an approach that holds sway in several jurisdictions. Courts in the United States routinely scrutinize the legislative history of statutes in order to resolve ambiguity or confirm their plain meaning. A similar approach is evident in Canada and Australia. And under the European Communities Act of 1972, a court is required to adopt a purposive approach in construing legislation that implements European Community (EC) law. Indeed, since EC legislation tends to be drafted along civil law lines – expressed in fewer words than common law statutes, but with a high degree of abstraction – a purposive approach is unavoidable, and broad social and economic objectives are frequently considered by the courts. The European Court of Justice also tends to favour a purposive approach.

It is, I think, fair to say, that there is no single ideal approach to unlock the door to an ideal construction of a statute. Indeed, there is considerable doubt as to whether the 'rules' are, or can be, uniformly applied. No less a distinguished author on statutory interpretation than Professor Sir Rupert Cross shared the doubts expressed by his Oxford pupils:

> Each and every pupil told me there were three rules – the literal rule, the golden rule and the mischief rule, and that the courts invoke whichever of them is believed to do justice in the particular case. I had, and still have, my doubts, but what was most disconcerting was the fact that whatever question I put to pupils or examinees elicited the same reply. Even if the question was What is meant by 'the intention of Parliament?' or What are the principal extrinsic aids to interpretation? Back came the answer as of yore: 'There are three rules of interpretation – the literal rule ...'

Common law rules of statutory interpretation

The literal rule

If the language of a statute be plain, admitting of only one meaning, the Legislature must be taken to have meant and intended what it has plainly expressed, and whatever it has in clear terms enacted must be enforced though it should lead to absurd or mischievous results.

Lord Atkinson in *Vacher v London Society of Compositors* [1913] A.C. 107, 1211

The golden (or purposive) rule

[The] golden rule ... is that we are to take the whole statute together, and construe it all together, giving the words their ordinary signification, unless when so applied they produce an inconsistency, or an absurdity or inconvenience so great as to convince the Court that the intention could not have been to use them in their ordinary signification, and to justify the Court in putting on them some other signification, which though less proper, is one which the Court thinks the words will bear.

Lord Blackburn in *River Wear Commissioners v Adamson* (1877) 2 App Cas 743, 764–5

The mischief rule (or the rule in Heydon's Case)

In applying the mischief rule, the court is required to ask four questions: (1) What was the common law before the statute was passed? (2) What was the defect or mischief for which the common law did not provide? (3) What remedy did the legislature intend to provide? (4) What was the true reason for that remedy?

Heydon's Case (1584) 3 Co Rep 7a, 7b

Moreover, there are those who cynically contend that the rules simply justify solutions reached on wholly different grounds.

Another difficulty intrinsic to the legislative process is that law-makers cannot be expected to predict the future. Legislation designed to achieve a specific objective may fail when a new situation arises. This is especially true when innovative technology materializes to confound the law. Some of the awkward challenges to the legislation on copyright or pornography posed by the rise of digital technology and the Internet are discussed in Chapter 6.

Common law

One normally associates the phrase 'common law' with *English* common law. But common laws, in the sense of laws other than those particular to a specific jurisdiction, largely in the form of legislation, are not peculiar to England and English-speaking former colonies. Numerous forms of common law have existed, and endure, in several European legal systems, including France, Italy, Germany, and Spain. They developed from Roman roots and achieved their commonality by indigenous reception instead of imposition. In England, however, the judge-driven common law tended to be defined in jurisdictional and remedial terms. But though the common laws of Europe (Germany, France) seem to have transmogrified into national laws, they are not dead. Despite the advent of codification and the doctrine of precedent these – non-English – common laws, though battered and bruised, still survive. And they circulate tirelessly through the veins of various legal systems.

In respect of the common law of England – and those many countries to which it has been exported – previous decisions of courts (judicial precedents) are a fundamental source of law. The doctrine of precedent stipulates that the reasoning deployed by courts in earlier cases is normally binding on courts who subsequently hear similar cases. The idea is based on the principle '*stare decisis*' ('let the decision stand'). It is, of course, designed to promote the stability and predictability of the law, as well as ensuring that like cases are, as far as possible, treated alike.

Every common law jurisdiction has its distinctive hierarchy of courts, and the doctrine of precedent requires courts to follow the decisions of courts higher up the totem pole. In doing so, however, the lower court need follow only the *reasoning* employed by the higher tribunal in reaching its decision – the so-called *ratio decidendi*. Any other statements made by the judges are not binding: they are 'things said by the way' (*obiter dicta*). For example, a judge may give his opinion on the case, which is not relevant to the material facts. Or she may pontificate on the social context in which the case arose. In neither case need a subsequent judge regard these utterances as anything more than persuasive.

Discerning the *ratio decidendi* of a case is not infrequently an arduous journey through an impenetrable thicket. Judgments may be long and convoluted. Where the court consists of several judges, each may adduce different reasons to arrive at the same conclusion. Though judges and academics have supplied various road maps, there is no easy route. No simple formula is available to uncover the binding chunk of the judgment. As with much in life, it requires practice and experience.

The notion that previous decisions (often ancient) should determine the outcome of contemporary cases is occasionally ridiculed. Most famously, Jeremy Bentham stigmatized the doctrine of precedent as 'dog law':

> Whenever your dog does anything you want to break him of, you wait till he does it, and then beat him for it. This is the way you make laws for your dog: and this is the way the judges make law for you and me.... [T]he more antique the precedent – that is to say, the more barbarous, inexperienced, and prejudice-led the race of men,

> by and among whom the precedent was set – the more unlike that the same *past* state of things ... is the *present* state of things.

It is frequently assumed that continental systems of law do not employ an equivalent doctrine of precedent under which judges are bound to follow decisions of a higher court. This is mistaken. In practice, a judgment of the French *Cour de Cassation* or the German *Bundesgerichtshof* will be followed by lower courts no less than the judgment of a common law court of appeal.

Other sources

In a perfect world the law would be clear, certain, and comprehensible. The reality is some way from this Utopian vision. Law in all jurisdictions is a dynamic organism subject to the vicissitudes of social, political, and moral values. One influential foundation of moral ideas has already been mentioned: natural law, the ancient philosophy that continues to shape the teachings of the Roman Catholic Church. As we saw, it proceeds from the assumption that there are principles that exist in the natural world that we, as rational beings, are capable of discovering by the exercise of reason. For instance, abortion is regarded as immoral on the ground that it offends natural law's respect for life.

In spite of the caricature of law, lawyers, and courts existing in an artificial, hermetically sealed bubble, judges do reach out into the real world and take account of public opinion. Indeed, on occasion courts respond with unseemly alacrity, such as when the media laments the alleged leniency of judges in a certain case or in respect of a particularly egregious offence. Judges may react rashly (dare one say injudiciously?) by flexing their sentencing muscles apparently to placate perceived public opinion.

More prudently, perhaps, courts, much to the gratification of academic lawyers, increasingly cite their scholarly colleagues' views as expressed in textbooks and learned journals. To be quoted in a judgment is recognition, not only that one's works are actually read, but also that they carry some weight.

In the absence of direct authority on a point of law, courts may even permit lawyers to refer to 'common sense' to support an argument. This might include widely accepted notions of right and wrong, generalizations about social practices, fairness, perceptions of the law, and other common conceptions that cynics occasionally represent as foreign to the legal process.

Chapter 2
Law's branches

The abundant branches of the law perpetually proliferate. As social life is transformed, the law is rarely far behind – to invent and define new concepts and rules, and to resolve the disputes that inevitably arise. Thus our brave new legal world continues to usher in novel subjects: space law, sports law, sex law. At the core of most legal systems, however, are the fundamental disciplines that hark back to the roots of law: the law of contract, tort, criminal law, and the law of property. To that nucleus must be added a horde of disciplines, including constitutional and administrative law, family law, public and private international law, environmental law, company law, commercial law, the law of evidence, succession, insurance law, labour law, intellectual property law, tax law, securities law, banking law, maritime law, welfare law, human rights law. To facilitate criminal and civil trials and other practical matters (such as the conveyance of land, the drafting of wills), complex rules of procedure have developed, spawning their own subcategories.

Public and private law

The distinction between public and private law is fundamental, especially to the civil law systems of Continental Europe and its former colonies. Though there is no general agreement as to precisely how or where the line should be drawn, it is fair to say that public law governs the relationship between citizen and state, while private law concerns that between individuals or groups in society. Thus, constitutional and administrative law is the archetypal example of public law, while the law of contract is one of many limbs of private law. Criminal law, since it largely involves prosecutions by the state against offenders, belongs also under the umbrella of public law. (All three branches are described below.) As the state intrudes more and more into our lives, however, the boundary between public and private law grows ever fuzzier.

Contract

Agreements are an indispensable element of social life. When you agree to meet me for a drink, borrow a book, or give me a lift to work, we have entered into an agreement. But the law will not compel you to turn up at the bar, return my book, or pick me up in your car. These social arrangements, while their breach may cause considerable inconvenience, distress, and even expense, fall short of a contract as understood by most legal systems.

One of the hallmarks of a free society is the autonomy it affords its members to strike the bargains of their choice, provided they do not harm others. Freedom of contract may be defended also on utilitarian grounds: by enforcing contracts in accordance with the value placed on things by the market, resources – goods and services – may be bought by those who place the highest value upon them. It is sometimes claimed that this yields a just distribution of scarce resources.

Those who champion the free market consider individuals to be the best judges of their welfare. In the 19th century – especially in England – the law of contract, as the facilitator of the optimum relations of exchange, was developed to a high degree of sophistication (some would say mystification) in pursuit of this cardinal value of commercial and industrial life. It is certainly true that business is unimaginable without rules of contract, but there is an inevitable inequality of bargaining power in any society. In theory, my contract with the electricity company that supplies power to my home regards both parties as being on an equal footing. But this is simply not the case. I am hardly in a position to haggle over the terms of the agreement which is inexorably a standard form contract. A featherweight is engaged in a contest with a squad of heavyweights. The law therefore tempers the hardship of so-called 'unfair' terms by consumer legislation and other institutional means that attempt to redress the balance by, for instance, empowering courts to disallow unconscionable clauses and permitting them to enforce only 'reasonable' terms.

In order to constitute a *binding* contract, the law normally requires that the parties to the agreement actually *intend* to create legal relations. Breaking a promise is almost always regarded as immoral, yet it results in legal consequences only where certain requirements are satisfied, though in certain civil law countries (such as France, Germany, and Holland) a person may be held liable – even before his offer is accepted – for failing to negotiate in good faith.

The common law notionally dissects agreement into an offer by one party and an acceptance of that offer by the other. By making an offer the 'offeror' expresses – by word, speech, fax, email, or even by conduct – his readiness to be bound in contract when it is accepted by the person to whom the offer is addressed, the 'offeree'. Thus Adam advertises his car for sale for $1,000. Eve offers him $600. Adam replies that he will accept $700. This is a counter-offer, which Eve is obviously free to accept or reject. Should she accept, there is agreement and, provided the other legal requirements are satisfied, a binding contract. This analysis is a helpful method by which to determine whether agreement has actually taken place, but it is rather artificial; it is often difficult to say who the offeror is and who the offeree is. For example, final agreement may be preceded by protracted negotiations involving numerous proposals and counter-proposals by the parties. To describe the process as constituting offer and acceptance is something of a fiction.

Hundreds of cases have grappled with factual situations that do not fit neatly into an offer-and-acceptance paradigm. There is also the recurring difficulty of the extent to which, if at all, an offeror should be bound by his offer. The common law stipulates that until you accept my offer I am at liberty to withdraw it. German, Swiss, Greek, Austrian, and Portuguese law, on the other hand, provide that I am bound by my offer; I cannot simply revoke it with impunity. A purported withdrawal has no legal effect. French and Italian law adopts an intermediate position. The Italian Civil Code provides that an offer may not be revoked before the expiry of a specified period. If no period is specified in the offer, it may be withdrawn until acceptance. But if the offeree has relied on the offer in good faith, he may claim damages for his loss in preparing to perform his side of the bargain.

The common law requires evidence not only of a serious intention to be legally bound, but also what is known as 'consideration', a concept absent from civil law systems. Consideration is the bargain element of the agreement: each party stands to gain something from the agreement – otherwise they would not have entered into it. These elements are illustrated by the classic case of *Carlill v Carbolic Smoke Ball Company* in 1892. The Carbolic Smoke Ball Company advertised its product – a smoke ball that it claimed would protect the user from contracting influenza. It undertook to pay £100 to anyone who, after using the apparatus, caught the 'flu. The advertisement included the following statement:

> £100 reward will be paid by the Carbolic Smoke Ball Company to any person who contracts the increasing epidemic influenza, colds or any disease caused by taking cold, after having used the ball three times daily for two weeks according to the printed directions

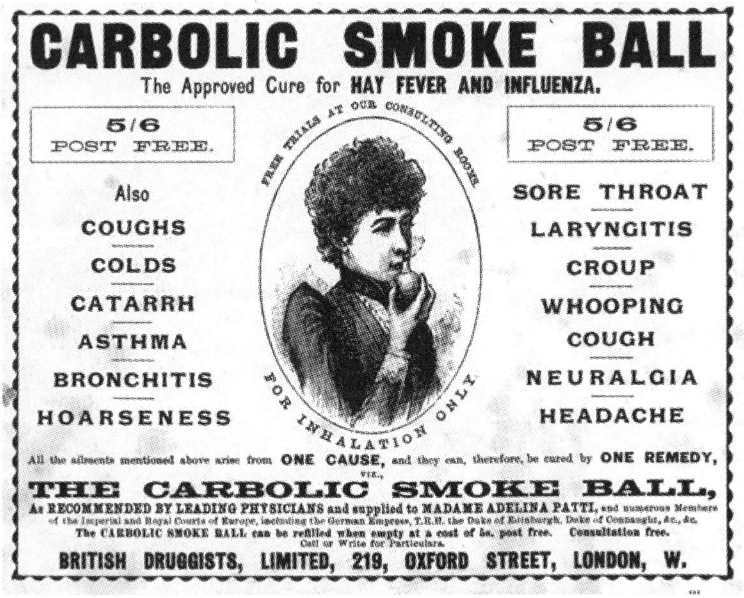

4. Despite the promises made by the company, Mrs Carlill, having bought and used the company's smoke ball according to the instructions, nevertheless contracted influenza. This legendary 19th-century English case established some of the fundamental conditions for the formation of a valid contract

> supplied with each ball. £1000 is deposited with the Alliance Bank, Regent Street, shewing our sincerity in the matter.

Mrs Carlill, relying on this promise, purchased a ball and used it according to the instructions. She nevertheless contracted influenza. The company claimed that there was no enforceable contract between it and Mrs Carlill since their offer had not been accepted – she had not informed the company that she had accepted its offer. Nor, they argued, was there any consideration because the company had not received any benefit from a purchaser's use of the smoke ball once it had been sold. Both arguments were rejected by the court. It held that the advertisement constituted an offer of a *unilateral* contract between the company and anyone who, having seen the advertisement, acted on it. (Normally, contracts are *bilateral*: they involve an exchange of promises between two parties.) In this case, however, since Mrs Carlill had satisfied the conditions, she was entitled to enforcement of the contract. Informing the company that she had used the ball formed part of the acceptance. Moreover, by depositing £1000 in the bank to 'show their sincerity in the matter' the company was plainly making a serious offer. In respect of consideration, the court ruled that Mrs Carlill's conduct constituted consideration for the promise to pay her the £100 reward.

Thus I agree to sell you my car; I stand to gain the purchase price and you, the ownership of the vehicle. If I ignore my agreement with you and sell my car to someone else, you may invoke the law to obtain a remedy – because you relied on my keeping my promise. This is known as breach of contract, which is discussed below.

In their general approach to contracts, there is unquestionably a divergence between the major systems of law. The common law is normally regarded as pragmatic and business-oriented, while the civil law tends to be more moralistic. It is nevertheless possible to postulate a number of general principles that are accepted, to a greater or lesser extent, by both legal systems.

It is usually the case that social agreements are not binding. As described above, our agreement to meet for a drink lacks the necessary intention to be bound in law. Nor will a court allow me to recover the expenses I incurred travelling to the bar where you promised you would be waiting for me. The common law, as we saw, requires also that, in return for a promise, the promisee must give 'consideration'. This may lead to absurd or unjust consequences. For example, in a famous English case, two sailors jumped ship. The captain was unable to replace them so he promised the rest of the crew more money, but reneged on his undertaking. The sailors lost their claim for the extra wages because they were already bound by their contract to assume extra duties on board. They had given no new consideration in return for the captain's promise to increase their pay. Various technical means have been devised by courts, especially in the United States, to avoid this sort of injustice.

The parties must have the capacity to enter into a contract. Though they differ in detail, all legal systems control the extent to which their members have the competence to enter into contractual relations. In particular, the young (minors) or those afflicted by mental or other impairments of their rational faculties are generally regarded as incapable of binding themselves contractually.

Contrary to the popular myth, a contract does not generally need to be in writing. Apart from certain contracts (the sale of land is the most conspicuous example), no formality is required to bind the parties. An oral agreement is generally no less binding than a written one, though, as we have seen, the common law requires evidence of consideration in return for a promise. Increasing government paternalism – in the name of consumer protection – has, however, generated a rise in the number of formalities, including written, or more usually, printed contracts required by legislation.

Certain 'contracts' are void because they offend 'public policy'. The concept of freedom of contract notwithstanding, the law will not countenance agreements that seek to use the law to achieve immoral or unlawful objectives. They are likely to be struck down by courts as void. But social mores rarely stand still; what was considered immoral a century ago appears tame in today's permissive circumstances. For example, German courts would once routinely negate a lease of premises for use as a brothel.

Mistake, misrepresentation, or duress may render a contract voidable. This is because there is, in effect, no genuine agreement.

Under certain circumstances, therefore, the law may allow me to void the contract where there has been a mistake, misrepresentation, duress, or undue influence. For example, if I am mistaken as to the subject of the contract (I thought I was buying a Ferrari, you were, in fact, selling a Ford), or you have misrepresented the Ford as a Ferrari, or you forced me into the sale, I have defences to your claim that I should perform my side of the agreement, and if I can show that there has been, say, fraudulent misrepresentation, the contract may be vitiated.

A court may award damages for breach of contract. Should I fail to perform my obligations under a contract, you may sue me to recover compensation or, in a limited number of cases, compel me to carry out my side of the bargain. If, however, I can show that circumstances have rendered performance impossible or that the purpose of the contract has been frustrated, I may escape liability for breach of contract. Suppose I agree to rent you my villa for a week. You arrive at the door and I refuse to allow you to enter. I appear to have breached our contract and you may want to obtain compensation. But how much? Should the law attempt to place you in the position you were in before you entered into the contract with me? Or should it seek to restore you to the position you would have been in if the contract had been carried out? Or should I simply be required to return the deposit I took from you in order to secure your booking? What if I refused you access to the villa because a storm had rendered the electricity supply unsafe? Would it make a difference if the storm occurred a month ago or only yesterday?

These thorny questions have spawned a plethora of intricate judicial analysis in all the major legal systems. The solutions differ, occasionally significantly, but typically where a party's breach is completely outside of his control – natural disasters offer the best example – he may be released from his contractual obligations.

Tort

Torts (or delicts, as they are called in Continental legal systems) are civil wrongs; they include injuries to my person, property, reputation, privacy, even my peace of mind. Like the law of contract, the law of tort provides victims (or 'plaintiffs') with the right to obtain compensation for their loss. Unlike contract, however, which has as its principal goal the keeping of promises, tort law protects a wide range of interests. The law provides remedies, pre-emptive and compensatory, for conduct that causes harm either intentionally or negligently. The latter have become the principal focus of modern tort law. Accidents will happen, but where they are the consequence of your negligence, I may be able to recover damages to recompense my loss. So, for example, should you run me over in your car, and I can prove that you were driving negligently, I may be awarded damages to cover the cost of my hospital treatment, the money I lost through being away from work, and my pain and suffering.

To succeed, the plaintiff normally has to prove that the wrong was done intentionally or negligently. Most torts are actionable only when they have caused actual injury or damage, though certain torts whose principal purpose is to protect rights rather than to compensate for damage (such as trespass) are actionable without proof of damage. The defendant (known also as the tortfeasor in common law systems) is normally the person who is primarily liable, though according to the rules of vicarious liability, one person (e.g., an employer) may be held liable for a tort committed by another person (e.g., an employee).

Torts are sometimes also breaches of contract. For example, the negligent driver of a bus who causes injury to his passengers has committed both the tort of negligence and a breach of the contract to carry the passengers safely to their destinations. They may recover damages either in tort or for breach of contract, or both.

The bus driver may also have committed a crime (e.g., dangerous driving).

While the protection of the interests in property and bodily security are reasonably straightforward, the courts of many jurisdictions have encountered difficulties when it comes to compensating victims whose loss is not physical, but either purely economic or emotional. Suppose, as occurred in an English case, the defendants negligently damage an electrical cable while carrying out construction work near the plaintiff's factory. As a result, the production is severely harmed and the plaintiff suffers financial loss. The physical loss (the damage to the materials) was clearly recoverable, but since the cable was not the plaintiff's property the loss was 'purely economic'. Can he recoup it? The common law, after some twists and turns by English courts, answers in the negative. The fear seems to be that allowing recovery will open the floodgates of litigation, a frequent concern expressed by judges, especially in England. In France, on the other hand, no distinction is drawn between physical and economic loss.

Comparable judicial trepidation attends the question of emotional distress. Where the injury consists of psychiatric illness as a result of physical harm, the courts look for some degree of 'proximity' between the plaintiff and the victim. The complexity of this calculation is tragically illustrated by a House of Lords decision in 1992. A crush in a sports stadium resulted in the death of 95 football fans, and more than 400 were injured. The police acknowledged their negligence in allowing too many spectators into an already overcrowded ground. The match was to have been televised live. In the event, vivid images of the disaster were broadcast. The disturbing pictures were seen by some of the plaintiffs who knew that their friends or family were present in the stadium. Two of the plaintiffs were spectators in the ground, but not in the stands where the disaster occurred; the other plaintiffs learned of the disaster through radio or television broadcasts. All the plaintiffs lost, or feared they might have lost, a relative or friend in the calamity. They failed in their claim for compensation for emotional distress because they did not satisfy one or other of the control mechanisms used by the law when damages for psychiatric injury are claimed by plaintiffs who were not directly threatened by the accident but learned of it through sight or hearing. These limiting factors are:

> 1. There must be a close tie of love and affection between the plaintiff and the victim. 2. The plaintiff must have been present at the accident or its immediate aftermath. 3. The psychiatric injury must have been caused by direct perception of the accident or its immediate aftermath and not by hearing about it from somebody else.

This requirement of 'proximity', as well as the other tests, have attracted considerable criticism, and calls for reform of the law in some jurisdictions. Problems also arise in circumstances where the injury falls short of a recognized mental affliction, and consists of the grief and distress that normally attends the loss of or injury to a loved one.

The law of tort not only attempts to recompense victims, it seeks also to deter persons from engaging in conduct that may injure others. Furthermore, it is said to 'shift' or 'distribute' the losses incurred in the case of negligent injury. To put the matter simply, where you are at fault in causing my injury, the law shifts the loss to you. Why should I have to bear the loss that you have negligently caused? You will see at once that this apparently facile question conceals a host of difficult issues about the nature of negligence: what is 'fault', what constitutes a 'cause', and so on. In the modern world dominated by insurance, the issue tends to alter from blame to burden: instead of asking 'who is at fault?' the question becomes 'who can best bear the cost?' And the answer is often the insurance company, with whom there is normally a compulsory liability insurance policy.

The common law of torts is a veritable cornucopia of wrongs, including trespass to land, trespass to person (which includes assault and battery), nuisance, defamation, breach of statutory duty, and strict liability. But, as mentioned, in practice they are eclipsed by the tort of negligence, which is based on the fault principle. The plaintiff must prove that the defendant owed him a *duty of care* which was breached by his failure to live up to the standard of '*the reasonable man*', thereby *causing* the plaintiff injury or damage.

Each of these three elements requires brief elaboration. The duty of care was vividly encapsulated in one of the most celebrated judicial pronouncements in all of the common law. In the landmark case of *Donoghue v Stevenson*, Mrs Donoghue complained of finding a snail in a ginger beer bottle, but the judgment was considerably more portentous. The precise facts of the case have never been clearly established, but it appears that Mrs Donoghue accompanied her friend to a café in the Scottish town of Paisley. Her friend ordered drinks. The café owner poured some of the contents of a bottle of ginger beer into a glass containing ice cream. Mrs Donoghue drank some of the contents and her friend lifted the bottle to pour the remainder of the ginger beer into the glass. Allegedly, a decomposed snail floated out of the bottle into the glass. Mrs Donoghue subsequently complained of stomach pain, and her doctor diagnosed her as having gastro-enteritis. She also claimed to have suffered emotional distress as a result of the incident. The law of tort did not then permit her to sue the café owner. Nevertheless, the House of Lords held that a plaintiff in the position of Mrs Donoghue was owed a duty of care by a manufacturer like Stevenson who had made the ginger beer. Drawing on the biblical injunction that one has a duty to love one's neighbour, Lord Atkin famously declared:

> The rule that you are to love your neighbour becomes in law you must not injure your neighbour; and the lawyer's question: Who is my neighbour? receives a restricted reply. You must take reasonable

care to avoid acts or omissions which you can reasonably foresee would be likely to injure your neighbour. Who, then, in law, is my neighbour? The answer seems to be – persons who are so closely and directly affected by my act that I ought reasonably to have them in contemplation as being so affected when I am directing my mind to the acts or omissions that are called in question.

In other words, you owe a duty to persons whom it is foreseeable are likely to be harmed by your conduct.

The standard of care is therefore an *objective* one: you are judged by reference to the reasonable man. Thus, for example, an English court held that the standard of care expected of a learner driver was the same as any other driver of a motor vehicle. Finally, as a matter of fact the defendant must cause the plaintiff's loss. The question of causation has exercised the mind of many a common law judge; concepts such as 'remoteness of damage' and 'proximate cause' seem frequently to obscure what is ultimately a policy decision by the court as to what it considers to be fair or in the best interests of society.

The reasonable man – the hypothetical person against whom a defendant's conduct is measured – is often described as 'the man

The reasonable man

[He is] devoid of any human weakness, with not one single saving vice, *sans* prejudice, procrastination, ill-nature, avarice, and absence of mind, as careful for his own safety as he is for that of others, this excellent but odious character stands like a monument in our courts of justice, vainly appealing to his fellow citizens to order their lives after his own example.

A. P. Herbert, *Uncommon Law* (Methuen, 1969), p. 4

on the Clapham omnibus', though in an examination, one of my students preferred 'the man on the clapped-out omnibus'.

A similar approach is evident in the equally legendary American case of *MacPherson v Buick Motor Co.* in which Justice Cardozo held that where a manufacturer negligently produces a defective car that injures the person who purchased it from the dealer, the manufacturer is liable to that person despite the absence of a contract between them and the person injured.

The plaintiff in a negligence action is required to prove that the defendant's conduct actually *caused* his injury or damage. It is often the case, however, that the relationship between cause and effect is too remote. This question has proved remarkably complex and has generated a vast body of case law, especially in England. It is not always clear whether in order to be held liable

The Learned Hand negligence formula

In 1947, Judge Learned Hand of the US Court of Appeals expounded the following algebraic solution to the question of how far a defendant needs to go to avoid an accident:

$$B < p \times L$$

B = the burden of precautions required to avoid the accident.

p = the probability that the accident will occur unless the precautions are taken.

L = the magnitude of the loss that will result if the accident occurs.

There is negligence when the actor's burden (B) is less than the probability (p) of harm, multiplied by the degree of loss (L). In other words, if the cost of the precautions is lower than the cost of the accident, the defendant is negligent.

the defendant must reasonably foresee the precise type of damage that results from his negligence. Nor is it certain that he will be held responsible for damage that is more extensive or that occurs in an atypical manner. The courts tend, on the whole, to decide these intractable cases on policy grounds.

To the plaintiff's claim that the defendant negligently caused his loss, the defendant may raise a number of defences, including that the plaintiff voluntarily accepted the risk by, say, accepting a lift from a seriously drunk driver. Or the defendant might argue that the plaintiff was himself negligent and therefore contributed to his injury by failing to notice that the driver was dangerously inebriated.

Certain special circumstances may, however, dictate that a defendant be held responsible regardless of whether he or she is at fault. This is known as 'strict liability'. The protection of public health or safety militates against the fault principle, especially where the defendant is engaged in an inherently dangerous activity such as the use of explosives. Liability is often perceived as the price to be paid in return for the profits made by large corporations that indulge in potentially harmful activities.

The French Civil Code is fairly sweeping in this respect. It imposes strict liability for the things 'which one has under one's control'. A 'thing' includes any corporeal object whether it consists of a gas, a fluid, electric cables, or radioactive materials. Motor vehicles are things. Italian law renders the driver of a vehicle strictly liable, unless he did everything possible to avoid the accident. The German law imposes strict liability on the driver of a vehicle who causes bodily injury or property damage, as well as on railway, gas, and electricity companies. The Anglo-American law finds the concept of strict liability less congenial, though under the so-called 'rule in *Rylands v Fletcher*' a defendant who brings onto his land a source of danger is strictly liable should it 'escape' and cause damage. The rule has been applied, amongst other hazards, to fire, gas, water, chemicals, fumes, electricity, and explosions. Strict liability may also arise under statute for harm caused by animals. An employer may also be held strictly liable for the acts of an employee in the course of his employment ('vicarious liability').

The difficulty of proving negligence by manufacturers has led to the considerable growth, especially in the United States, of a form of strict liability known as 'products liability'. The consumer is rarely able to check whether the car he buys is free of defects. The law therefore provides that if a product is defective at the time the defendant put it into circulation, the plaintiff need not prove negligence.

Product liabilty: the 'McDonald's Coffee Case'

This decision is frequently derided as an example of frivolous litigation that demeans the law of negligence. The facts may suggest otherwise.

A 79-year-old woman, Stella Liebeck, ordered a cup of coffee from a 'drive-through' McDonald's restaurant. She was in the passenger's seat. Her grandson parked the car in order that she could add cream and sugar to her coffee. She placed the coffee cup between her knees and pulled the far side of the lid towards her to remove it. In the process, she spilled the entire cup of coffee on her lap, causing her third-degree burns that required a skin graft and two years of follow-up treatment.

She sued McDonald's for gross negligence, claiming that they had sold coffee that was 'unreasonably dangerous' and 'defectively manufactured'. She adduced evidence that McDonald's required its restaurants to serve coffee at 82–88 degrees Celsius (which would cause a third-degree burn in 2 to 7 seconds), and argued that that the maximum temperature at which coffee should be served is 60 degrees

Celsius. McDonald's very hot coffee, it was claimed, could cause third-degree burns requiring a skin graft, in 12 to 15 seconds. McDonald's argued that it dispensed very hot coffee from its drive-through windows, because customers normally wanted to drive away with the coffee; the high temperature would ensure it stayed hot.

The evidence demonstrated that between 1982 and 1992 the company had received more than 700 complaints of customers being burned by hot coffee. It had settled claims arising from scalding injuries for more than $500,000, or one complaint per 24 million cups of coffee bought.

The jury found McDonald's 80% liable for the incident and Mrs Liebeck, 20% liable. The coffee cup contained a warning, but the jury decided that it was inadequate. It awarded her damages of US$200,000, which was subsequently reduced by 20% to $160,000. In addition, the jury awarded her $2.7 million in punitive damages (to punish McDonald's). This latter sum was reduced by the judge to $480,000. She thus received a total of $640,000. The decision was appealed by both parties, but the case was eventually settled out of court for an undisclosed amount under $600,000.

Another recent, predominantly American, development is the emergence of so-called 'mass torts'. These are lawsuits launched by a large number of plaintiffs ('class actions') associated with a single product. They include product liability claims against, for example, tobacco companies, for lung cancer caused by smoking, injuries caused by breast implants, and large-scale, 'man-made' disasters, such as aeroplane crashes and explosions at chemical plants.

The cost, delays, and injustices of the fault principle have generated deep dissatisfaction with the tort system of compensating accident victims. This has become so widespread and pervasive that cynicism greets the attempts by the rapidly declining number of fault-based stalwarts who attempt to defend its continuation. The only members of society who profit from the system, it is charged, are the lawyers. Some jurisdictions (notably New Zealand and Quebec) have introduced comprehensive systems of no-fault insurance under which the law of tort is abolished for personal injury caused by accident. Victims of accidents are compensated from special funds created for this purpose. Detractors question the consequence of this munificence on the deterrent effect of a fault-based system, though it is widely acknowledged that, especially in the case of traffic accidents, compulsory insurance policies are the death knell of tort law.

In addition to wrongs committed negligently, the law recognizes a number of intentional torts or delicts. Among them is the civil wrong of defamation. The classic (rather technical) definition of the common law tort of defamation is that the wrong consists in publishing a false statement about the plaintiff which tends to lower him or her in the estimation of right-thinking members of the community generally, or which tends to cause him or her to be shunned or avoided, or which bring him or her into hatred, ridicule, or contempt, or which tend to discredit him or her in his or her trade or profession.

The test is an objective one; the fact that the defendant did not intend to defame the plaintiff is not a relevant consideration. Nor does it matter that he was unaware of the circumstances which rendered an apparently innocuous statement defamatory, or that the statement is not believed to be true by anyone who reads it. The defendant may be held liable for the repetition of defamatory statements where he authorizes or intends such repetition, but, as a general rule, he is not liable for unauthorized repetition unless the person to whom it was published was under a duty to repeat it. Therefore in the case of a book, several publications normally occur: the author to the publisher; the author and publisher jointly to the printer; by the author, publisher, and printer jointly to the distributor; and so on. Each repetition is a new publication which gives rise to a new course of action. The law does, however, distinguish between those who are mere distributors, on the one hand, and those who take an active part in the production of the work, on the other. Similar questions may arise in respect of the publishing of a libel on the Internet.

There are four main defences to an action for defamation. First is the defence of justification (or 'truth'). Acknowledging the significance of free speech, the law provides that it is a complete answer to an action for defamation for the defendant to prove that the statement he published is substantially true. Second, the defence of absolute privilege protects defamatory statements when made in the course of legislative, judicial, and other official proceedings. Third, the defence of qualified privilege obtains in circumstances where the defendant has a duty (legal, social, or moral) to make a statement to a person who has a corresponding interest or duty to receive it, i.e., where the publisher and those to whom the publication is made have a common interest in the data concerned. The defence extends to fair and accurate reports of legislative and judicial proceedings. Fourth, there is the defence of fair comment which, in practice, tends to be the most important. This defence protects honest expressions of opinion on matters of public interest and is particularly relevant to the protection of free speech – a fact recognized by the courts. The comment must be on a matter of public interest. Matters of public interest have been held to include the public conduct of persons who hold or seek a public office or position of public trust, the administration of justice, political and state matters, the management of public institutions, works of art, public performances, and anything that invites comment or challenges public attention. But the statement must be one of opinion not fact. This is a distinction that is easier to draw in theory than in practice. It must be 'fair', that is, it must be based on facts, and supported by those facts; there must be a basis of fact sufficient to warrant the comment made. The facts upon which the comment is based must be true. If they are true and the defendant is honestly expressing his genuine opinion on a subject of public interest, then it does not matter whether a reasonable person would hold such an opinion.

The plaintiff may defeat the defence by proving that the defendant was actuated by malice. It is for the plaintiff to prove malice. Malice defeats also the defence of qualified privilege. In respect of fair comment, malice denotes any improper motive which may have caused the defendant to make his comment. In this sense, then, his comment is not an honest expression of his view. As a general rule, the test is 'Did the defendant believe the statement to be true?'

Rather than recognizing a separate tort of defamation, civil law systems protect reputation under the wing of personality rights. In several respects, the approach in Germany, France, and other European countries is more stringent than the common law. For example, the defences such as fair comment and justification are often not available. The free speech provisions of the European Convention on Human Rights, however, have tempered the harshness of the law. Most European countries protect the plaintiff also against 'insults', a potentially unlimited area of liability that has been criticized by the European Court of Human Rights. On the other hand, while awards of damages tend in common law courts to be high (sometimes exceptionally so), the fines imposed by European courts are relatively trifling.

Criminal law

Crime is irresistible – and not only to criminals. It is the stuff of popular culture. Think of the numerous – mostly American – movies such as *The Godfather*, *Taxi Driver*, *Pulp Fiction*, *Scarface*, *Reservoir Dogs*, and countless others, or the many popular television series portraying various aspects of crime and its detection, including *Law and Order*, *NYPD Blue*, *Hill Street Blues*, *The Sopranos*, to name only a few. We seem to revel in observing the criminal process unfold.

Typically the criminal law punishes serious forms of antisocial behaviour: murder, theft, rape, blackmail, robbery, assault, and battery. Yet governments deploy the law to criminalize a host of minor forms of misbehaviour relating, in particular, to health and safety. These 'regulatory offences' occupy a sizeable proportion of modern criminal law. As with the law of tort, the concept of fault is central to the criminal law. Broadly speaking, most countries proscribe conduct that generates insecurity, causes offence, and harms the efficient operation of the government, the economy, or society in general.

Virtually every system of criminal law requires evidence of fault – intention or negligence – to convict a person of an offence. So, for example, the American Model Penal Code defines a crime as 'conduct that unjustifiably and inexcusably inflicts or threatens substantial harm to individual or public interests'. Criminal liability thus has three basic components: conduct, without justification and without excuse. To amount to a crime, 'conduct' must inflict or threaten substantial harm to individual or public interests. In sum, therefore, criminal liability requires a person to engage in conduct that inflicts or threatens substantial harm to individual or public interests without justification and without excuse.

The criterion of 'harm' will differ according to the social and political values of each society, but all agree that conduct that impairs the security of the community or hurts the physical well-being or welfare of its members constitutes 'harm'.

Criminal responsibility normally entails the presence of a guilty act (the '*actus reus*') as well as a guilty mind ('*mens rea*'). But these prerequisites will not ineluctably condemn the accused, for he may have one of several defences to excuse his otherwise criminal behaviour. Suppose I am attacked by a knife-wielding robber, and in the affray that ensues I slay my assailant. Provided I use 'reasonable force' to defend myself, I am entitled to a complete acquittal. The defence is, however, unlikely to excuse me killing to defend my property. Other defences include duress (where, for example, I am forced at the point of a gun to commit a crime), mistake (I genuinely believed the umbrella I took was mine), incapacity (the defendant is a child, too young to form the requisite *mens rea*), provocation, and insanity.

The traditional offences mentioned above are everywhere crimes, albeit they are met with varying degrees of severity or form of punishment. In addition, society cannot tolerate attacks upon its own survival; treason, terrorism, and public disorder are therefore generally criminalized. Nor is the criminal law confined to these extreme assaults on the community; conduct that offends may attract the attention of the law where the affront or nuisance is sufficient: public nudity, excessive noise or odours, and prostitution are examples of conduct that may cross the threshold. And there is a tendency for criminal law to be utilized in pursuit of paternalistic ends. Think, for example, of laws requiring the wearing of seat belts or crash helmets, or the legislation of most countries prohibiting the possession of drugs. The ostensible purpose of these laws is to protect individuals against their own folly or fragility.

The common law requires that in order to convict the defendant his guilt must be proved 'beyond reasonable doubt'. Civil cases (such as an action for breach of contract or a tortious action for damages) relax the burden to one of 'a balance of probabilities'. The situation in respect of criminal trials in civilian legal systems is broadly the same, though the so-called 'inquisitorial' system obtaining in Continental Europe and other civil jurisdictions is often misunderstood, and the differences exaggerated.

As in tort, liability in the criminal law is occasionally strict, i.e., there are offences that can be committed without *mens rea*. Similarly, the rationale for this abandonment of fault is the protection of public welfare, for example, where a factory is held responsible for industrial pollution – despite the absence of negligence.

The prosecution must, of course, prove that the defendant did actually commit the offence with which he has been charged. Suppose we have a fight and I hit you on the head with a blunt instrument. You are rushed to hospital, where you are administered a drug that kills you. Am I guilty of your murder? Did I *cause* your death? Were it not for the wound I inflicted, you would not have been in the hospital that negligently administered the incorrect medication. But it is doubtful that any legal system would hold me responsible for your death.

Murder in most countries requires proof of the intention to kill ('malice aforethought' in the common law). Legal systems attempt, in a variety of ways, to classify homicide on the basis of the mental element involved. So, for example, the United States and Canada tend to distinguish between different types of killing that constitute murder. Thus, according to the Canadian Criminal Code, first-degree murder is the intentional, premeditated killing of another person or in the furtherance of another serious criminal offence such as robbery. Second-degree murder is the intentional killing of another person without premeditation (i.e. killing in the heat of the moment). Thirdly, there is manslaughter, which is the killing of another person when there is no intent to kill. Fourth is infanticide – the killing of an infant while the mother is still recovering from the birth.

While liability for intentional killing is relatively uncontroversial, death caused by negligence is less straightforward, and the laws of various jurisdictions adopt different solutions to what is generally regarded as something of a quandary. Some require that the defendant *must have known* – subjectively – that his act may kill someone and that he nevertheless proceeds recklessly despite the risk. For example, I have been admonished never to point a loaded weapon at anyone. I ignore the warning, and the rifle I point towards you fires and you are killed. Other jurisdictions lack this prerequisite of knowledge and impose liability for negligent killing where the defendant acts with gross negligence. Still others require only ordinary negligence.

One of the primary functions of the criminal law is to authorize the punishment of convicted offenders. This may be justified on any of a number of (often competing) grounds. First, punishment is thought, sometimes correctly, to act as a deterrent both to the convict and to others. Few criminals, however, imagine they will be apprehended; the effectiveness of deterrence is thus questionable. Second, there are those who believe that through punishment, especially imprisonment, the offender will come to see the error of his ways and emerge a reformed individual. Unhappily, the evidence in support of this benevolent attitude is meagre. It is argued, third, that the real purpose of punishment is retribution or desert: making the wrongdoer suffer for his crime: 'an eye for an eye ...'. An example is Islamic *Sharia* law, under which, according to most interpretations, the punishment for serious theft is the amputation of hands or feet (though for first offenders only one hand is cut off).

The state, by assuming responsibility for chastising the criminal, reduces the risk of victims of crime 'taking the law into their own hands'. Fourth, by locking up an offender, he is removed from society, thereby protecting the rest of us. Finally, especially in the case of minor offences, the criminal may be required to make amends through 'community service'. This form of punishment is then justified as a form of 'restorative justice'.

Property

Ownership is at the epicentre of social organization. The manner in which the law defines and protects this exclusive right is an important marker of the nature of society. And the law always has something to say on this subject, whether it is to confer absolute rights of private property, recognize collective rights, or adopt a position in between. Specifically, the law of property determines, first, what counts as 'property'; second, when a person acquires an exclusive right to a thing; and, third, the manner in which it protects this right.

To the first question there is general agreement that property includes land, buildings, and goods. The common law distinguishes between real property (land as distinct from personal or movable possessions) and personal property. Civil law systems distinguish between movable and immovable property. The former corresponds roughly to personal property, while immovable property corresponds to real property. But property is what the law declares it to be: a ten dollar bill is a piece of paper with no intrinsic value; the law imparts value to it. In a similar fashion, the law may create property, as it does in the case of intellectual property (which includes copyright). As the owner of the copyright in this book, I have a monopoly of various rights over its copying and reproduction.

The second issue, who is the owner, is generally determined by discovering who has the strongest long-term right to control the thing in question. And this right will normally include the right to transfer ownership to another. In the case of land, however, I may not know whether the seller is the legal owner. Most legal systems therefore have some form of public land registration which enables prospective buyers to establish who the genuine owner is.

Third, the law may be called upon to settle a contest between the owner and the possessor of a thing. The former is, as we have seen, the person with the strongest long-term claim to the possession of a thing. But suppose I rent my villa to you for a year. You currently possess the property, and while I have an ultimate right to possess it, some legal systems favour the right of the tenant (at least for the duration of the lease) over the owner; others prefer the owner.

A significant branch of property law is the law of trusts, which developed out of the division in England between common law and equity. In the 14th century, dissatisfaction with the rigidity, corruption, and formalism of the common law led losing parties to petition the king to compel the other party to observe moral – rather than strictly legal – principles. The king conveyed these petitions to the chancellor, the chief administrative official, who, in time, came to adopt judicial powers, and the idea of equity was born. The inexorable conflict between the strict application of the law, on the one hand, and the principles of justice and morality, was well understood by Shakespeare who, in Act IV Scene 1 of *The Merchant of Venice*, has Portia declare:

> The quality of mercy is not strained
> It droppeth as the gentle rain from heaven
> Upon the place beneath. It is twice blest;
> It blesseth him that gives and him that takes.
> 'Tis mightiest in the mightiest; it becomes
> The thronèd monarch better than his crown.

Among the concepts to emerge from this equitable jurisdiction was the convenient institution of the trust, which is an arrangement by which a 'settlor' transfers property to one or more trustees who hold it for the benefit of one or more beneficiaries who have the right to enforce the trust in court.

Equity, rooted in conscience, spawned also a number of important remedies, including the injunction. This enables a person to prevent in advance the commission of a legal wrong. For example, if I learn that you are about to publish an article defamatory of

5. Disguised as a young doctor of law, Shakespeare's Portia in *The Merchant of Venice* successfully persuaded the court that, while Shylock was indeed entitled to his pound of Antonio's flesh, he was legally required to remove it without shedding any blood! This nice legal technicality saved Antonio's life

> **The Dickensian Court of Chancery**
>
> **This is the Court of Chancery, which has its decaying houses and its blighted lands in every shire, which has its worn-out lunatic in every madhouse and its dead in every churchyard, which has its ruined suitor with his slipshod heels and threadbare dress borrowing and begging through the round of every man's acquaintance, which gives to monied might the means abundantly of wearying out the right, which so exhausts finances, patience, courage, hope, so overthrows the brain and breaks the heart, that there is not an honourable man among its practitioners who would not give – who does not often give – the warning, 'Suffer any wrong that can be done you rather than come here!'**
>
> **Charles Dickens, *Bleak House*, Chapter I**

me, I may, in several jurisdictions, obtain an urgent injunction to stop you from doing so. Another equitable remedy is 'specific performance'. The common law allowed only the award of damages for breach of contract, but often the plaintiff seeks the performance of the contract rather than compensation. Since the 19th century, equity is applied in the same courts as the common law, and though the division between the two bodies of law lingers, equity has lost its mission as the 'compassionate female' in contrast to the common law's position as the 'inflexible male'.

Constitutional and administrative law

Whether or not it is in written form, every country has a constitution that specifies the composition and functions of the organs of government, and regulates the relationship between individuals and the state. Constitutional law analyses the extent to which the functions of government are distributed between the legislative, executive, and judicial branches of government: the 'separation of powers'. Many constitutions incorporate a bill of rights that constrains the exercise of the power of government by conferring individual rights and freedoms on citizens. Such rights typically include freedom of speech, conscience, religion, the right of peaceful assembly, freedom of association, the right of privacy, equality before and equal protection of law, the right to life, the right to marry and found a family, freedom of movement, and the rights of persons charged with or convicted of a criminal offence.

Administrative law governs the exercise of the powers and duties by public officials. In particular, it concerns the control of such powers by the courts who, in many jurisdictions, increasingly engage in reviewing the exercise of legislation and administrative action. This has occurred largely as a consequence of the dramatic expansion over the last 50 years in the number of government agencies that regulate vast tracts of our social and economic lives. It concerns also the review of decisions made by so-called 'quasi-judicial' bodies, like professional disciplinary committees that affect the legal rights of their members. Their rulings are susceptible to 'judicial review' to determine whether they have acted reasonably.

The precise standard of reasonableness to be applied by the court differs in various common law jurisdictions. In the United States, for example, the court asks whether the body's decision was 'arbitrary or capricious' before deciding whether to strike it down. The Canadian test is one of 'patent unreasonableness', while the Supreme Court of India deploys criteria of proportionality and legitimate expectation. English law adopts the standard known as '*Wednesbury* unreasonableness' (after a case of this name, in which it was held that a decision would be set aside if it 'is so unreasonable that no reasonable authority could ever have come to it').

In France, the *Conseil Constitutionel* exercises exclusive judicial oversight, including in respect of legislation that fails to attract sufficient parliamentary support. It has the – unappealable – power to nullify the contested bill. The supreme courts (*Conseil d'état* and *Cour de Cassation*) seek to interpret the law in a manner consistent with the Constitution. French administrative law recognizes certain '*principes à valeur constitutionnelle*' (principles of constitutional value), including human dignity, with which the executive must comply, even in the absence of specific legislative provisions to that effect. The German constitution (the Basic Law) guarantees judicial review as a check on the tyranny of the majority.

Several civil law countries have special administrative courts. Difficulties tend to arise in respect of determining whether a matter is one for these courts or belongs more properly in the ordinary courts. In France, for example, a special Tribunal of Conflicts decides where the matter should be heard, while in Germany the court in which the case is first pleaded determines whether it has jurisdiction and may transfer cases over which it denies jurisdiction. In Italy, the Court of Cassation is the ultimate authority when such conflicts arise.

Other branches

Family law relates to marriage (and its contemporary equivalents), divorce, children, child support, adoption, custody, guardianship, surrogacy, and domestic violence.

Public international law seeks to regulate the relations between sovereign states. These norms are generated by treaties and international agreements (such as the Geneva Conventions), the United Nations, and other international organizations, including the International Labour Organization, UNESCO, the World Trade Organization, and the International Monetary Fund. The International Court of Justice (sometimes called the World Court), based in The Hague, was established in 1945 under the UN Charter in order to settle legal disputes between states and to issue advisory opinions on legal matters. The International Criminal Court was established in 2002 and also sits at The Hague. It hears prosecutions of alleged perpetrators of genocide, crimes against humanity, war crimes, and the crime of aggression. More than 100 states are members of the court, but neither China nor the United States are among them; the latter expressing reservations about the ability of the court to respect the constitutional rights of American defendants (including trial by jury) and the prospect of the politicization of the court – fears that seem tenuous, and have not troubled the numerous nations that have recognized the court's jurisdiction.

Environmental law is a patchwork of common law rules, legislation, and international agreements and conventions whose chief concern is to protect the natural environment against the depredations of humans, such as carbon emissions that cause pollution and probably global warming. It seeks also to promote 'sustainable development'.

Company law deals with the 'floating' of corporations and other business organizations. The concept of 'corporate personality' (under which a company has a distinct identity independent of its members) is of vital importance in the business world. It means that a company is a legal person with the capacity to enter into contracts, sue and be sued. Company law stipulates also the rights and duties of directors and shareholders, and is increasingly concerned with rules of corporate governance, mergers, and acquisitions.

Chapter 3
Law and morality

Is homosexuality sinful? What's wrong with abortion? Why is racism bad? Moral questions of this kind arise inexorably in almost any legal system. And confronting them is among the fundamental characteristics of a free society. Moreover, the language of morals is increasingly employed on the international stage. When an American president described an 'axis of evil' existing between certain nations, he was (probably unconsciously) presuming a normative yardstick by which to measure the conduct of states, that, since the formation of the United Nations, is partly embodied in an expanding anthology of international declarations and conventions.

Although we cannot easily evade moral question marks, the identification, or even the acknowledgement, of moral values by which to live, is always contentious. Being or doing good is not necessarily synonymous with obeying the law, even though the law, its ideas and its institutions, are often informed by moral values. It would be strange if it were otherwise.

The relationship between the law and the moral practices (or 'positive morality') adopted by society may be represented by two partially intersecting circles. Where they overlap we find a correspondence between the law and moral values (for example, murder is both morally and legally prohibited in all societies).

Outside the overlapping zone, reside, on the one hand, acts which are legally wrong, but not necessarily immoral (for example, exceeding your time on a parking meter) and, on the other, conduct which is immoral, but not necessarily unlawful (such as adultery). The greater the intersection, the more likely the law is to be accepted and respected by members of that society.

In some cases, of course, there will be a conflict between the law and the moral code of certain individuals or groups. So, for example, a pacifist who is required to serve in the military may be compelled to become a conscientious objector and face imprisonment as a consequence of his violation of the law. Similarly, journalists in many countries claim a right not to disclose their sources. This will not, however, assist them when they are required to reveal this information as a witness in a trial.

More extreme is the situation in which the law actually conflicts with the majority's moral values. In apartheid South Africa, for instance, the law was used to pursue *immoral* aims. As the creation of a white minority, the political system disenfranchised every black person, and the law discriminated against them in several important aspects of social and economic life. In such cases, we may beg to ask whether unjust legislation of this kind qualifies as 'law'. Must law be moral? Can anything count as law?

A celebrated, if somewhat inconclusive, debate between two leading legal philosophers sought to establish the grounds, if any, upon which immoral laws may nevertheless be regarded as 'law'. At its heart was a decision of a post-war West German court. In 1944, during Nazi rule, a woman who wished to dispose of her husband denounced him to the Gestapo for insulting remarks he had made about Hitler's conduct of the war. The husband was tried and sentenced to death, though his sentence was converted to service as a soldier on the Russian front. After the war the wife was prosecuted for procuring her husband's loss of liberty. Her defence was that he had committed an offence under a Nazi statute of 1934. The court nevertheless convicted her on the ground that the statute under which the husband had been punished offended the 'sound conscience and sense of justice of all decent human beings'.

Professor H. L. A. Hart, Professor of Jurisprudence at Oxford, contended that the decision of the court, and similar cases pursuant to it, was wrong, because the Nazi law of 1934 was a formally valid law. Professor Lon Fuller of Harvard Law School, on the other hand, argued that, since Nazi 'law' deviated so significantly from morality, it failed to qualify as law. He therefore defended the court's decision, though both jurists express their preference for the enactment of retroactive legislation under which the woman could have been prosecuted.

For Fuller, law has an 'internal morality'. In his view, a legal system is the purposive human 'enterprise of subjecting human conduct to the guidance and control of general rules'. A legal system must conform to certain procedural standards, or what may appear to be a legal system is simply the bare exercise of state coercion. This 'inner morality of law' consists of eight essential principles, failure to comply with any one of them, or substantial failure in respect of several, suggests that 'law' does not exist in that society. He relates the sad tale of a king, Rex, who, to his cost, neglects these eight principles. He fails to make rules at all, deciding questions ad hoc. He fails also to publicize the rules. He enacts rules which are retroactive, difficult to understand, contradictory, and which require conduct beyond the powers of the affected party. Moreover, his rules change so frequently that the subject cannot adjust his action by them. Finally, there is no correspondence between the rules as announced and their actual administration.

These failures are, Fuller explains, mirrored by eight forms of 'legal excellence' towards which a system of rules may aspire, and which are embodied in the 'inner morality of law'. They are generality, promulgation, non-retroactivity, clarity, non-contradiction, possibility of compliance, constancy, congruence between declared rule and official action.

Where a system does not conform to any one of these principles, or fails substantially in respect of several, it could not be said that 'law' existed in that community. Thus, instead of adopting a substantive natural law approach, Fuller espouses a procedural natural law approach. The 'internal morality of law' is essentially a 'morality of aspiration'. Nor does it claim to accomplish any substantive ends, apart from the excellence of the law itself.

Not the law's business?

Professor Hart engaged in another important debate on the relationship between law and morality. This time his adversary was the English judge Lord Devlin. The so-called Hart/Devlin debate illuminates certain fundamental aspects of the role of the law in seeking to enforce morality. It is a classic confrontation that remains the starting point for any serious discussion of this subject, not only in Britain but throughout the world.

The catalyst for the debate was a report in 1957 by a British committee, under the chairmanship of Sir John Wolfenden, appointed to examine the question of homosexual offences and prostitution. It concluded that the function of the criminal law was to preserve public order and decency, to protect citizens from what is offensive and injurious, and from exploitation and corruption of others, especially those who are especially vulnerable: the young, the inexperienced, and the frail. But:

> Unless a deliberate attempt is to be made by society, acting through the agency of the law, to equate the sphere of crime with that of sin, there must remain a realm of private morality and immorality which is, in brief and crude terms, not the law's business.

6. A child prodigy (he read Latin and Greek at the age of 8), John Stuart Mill's *On Liberty* is a classic exposition of the concept of freedom, especially in regard to the limits of state power over the individual. His 'harm principle' continues to animate debates on the proper reaches of the criminal law in a free society

In arriving at this conclusion (and recommending that both consensual homosexual acts between adults in private, and prostitution, should be decriminalized), the Wolfenden Committee was strongly influenced by the views of the 19th-century liberal utilitarian John Stuart Mill, who, in 1859, argued that:

> [T]he sole end for which mankind are warranted, individually or collectively, in interfering with the liberty of action of any of their number, is self-protection. The only purpose for which power can be rightfully exercised over any member of a civilized community, against his will, is to prevent harm to others. His own good, either physical or moral, is not a sufficient warrant.

At first blush, this 'harm principle' as the touchstone by which to fix the boundaries of the criminal law seems uncomplicated and attractive. But two immediate difficulties arise. First, is the criminal law not justified in punishing what another Victorian utilitarian, Sir James Fitzjames Stephen (uncle of the novelist Virginia Woolf), called 'the grosser forms of vice'? And, second, who is to say what constitutes 'harm'?

This pair of problems is the nucleus of the disagreement between Hart and Devlin. In a series of lectures in 1959, Lord Devlin took issue with the Wolfenden Committee's position, arguing that society has every right to punish conduct that, in the view of the ordinary member of society ('the man in the jury box'), is grossly immoral. Harm, he contended, is irrelevant; the fabric of society is maintained by a shared morality. This social cohesion is undermined when immoral acts are committed – even in private, and even if they harm no one. Societies disintegrate from within, he contended, more often than they are destroyed by external forces:

> There is disintegration when no common morality is observed and history shows that the loosening of moral bonds is often the

> first stage of disintegration, so that society is justified in taking the same steps to preserve its moral code as it does to preserve its government ... [T]he suppression of vice is as much the law's business as the suppression of subversive activities.

But, though Lord Devlin concedes that only those acts that cause 'intolerance, indignation and disgust' warrant punishment, Professor Hart challenges the very foundation of his 'social cohesion' argument. Surely, Hart insists, a society does not require a shared morality; pluralistic, multicultural societies may contain a variety of moral views. Nor, even if there is a shared morality, is it obvious that its protection is essential to the survival of society. In respect of the first assertion, it does seem far-fetched to claim that a society's foundation is unable to withstand the challenge of a competing ideology or morality. Is a Western society gravely wounded by the Islamic prohibition of alcohol espoused by a significant proportion of its inhabitants? Equally, is an Islamic society unable to withstand the morality of a minority in its midst?

Hart does not, however, shrink from supporting a paternalistic role for the law. Differing with Mill, he acknowledges that there may be circumstances in which the law ought to protect individuals from physically harming themselves. The criminal law may therefore justifiably withhold the defence of consent to homicide and assault. Requiring seat belts in vehicles or crash helmets to be used by motorcyclists is a legitimate exercise of legal control.

A key distinction is also drawn by Hart between harm that is caused by public spectacle, on the one hand, and offence caused merely through knowledge, on the other. Hence bigamy may justifiably be punished since, as a public act, it may cause offence to religious sensitivities, whereas private consensual sexual acts by adults may cause offence – but only through knowledge, and thus do not justify punishment. Such acts are best dealt with by legislation. In the words of the distinguished English judge Lord Atkin:

> Notoriously there are wide differences of opinion today as to how far the law ought to punish immoral acts which are not done in the face of the public. Some think that the law already goes too far, some that it does not go far enough. Parliament is the proper place, and I am firmly of opinion the only proper place, to settle that. When there is sufficient support from public opinion, Parliament does not hesitate to intervene. Where Parliament fears to tread it is not for the courts to rush in.

A similar approach may be required in respect of the following matter.

A right to life?

Moral questions rarely admit of simple solutions. They frequently polarize society. The abortion debate in the United States is a compelling example. Christian groups condemn (occasionally violently) the practice of abortion, regarding it as murder of a foetus. Feminists, on the other hand, consider the matter as fundamental to a woman's right to control her own body. There is no apparent middle ground. Ronald Dworkin vividly portrays the ferocity of the struggle:

> The war between anti-abortion groups and their opponents is America's new version of the terrible seventeenth-century European civil wars of religion. Opposing armies march down streets or pack themselves into protests at abortion clinics, courthouses, and the White House, screaming at and spitting on and loathing one another. Abortion is tearing America apart.

At the core of the divisive subject of abortion is the decision of the United States Supreme Court in 1973 of *Roe v Wade* in which the court held, by a majority, that the abortion law of Texas was

7. The United States Supreme Court 1973 landmark decision in *Roe v Wade* continues to excite divisive, often acrimonious, debate. The court's ruling that laws against abortion violated the constitutional right to privacy is generally defended by feminist groups, and contested by pro-life advocates

unconstitutional as a violation of the right to privacy. Under that law abortion was criminalized, except when performed to save the pregnant woman's life. The court held that states may prohibit abortion to protect the life of the foetus only in the third trimester. The decision, which has been described as 'undoubtedly the best-known case the United States Supreme Court has ever decided' is simultaneously embraced by feminists, and denounced by many Christians. It is the – always vulnerable – slender thread by which the right of American women to a lawful abortion hangs.

In the abortion debate the sanctity of human life has somehow to be morally weighed against the right of a woman over her body. Most European countries have sought to strike this balance by legislation that permits abortion within specified periods under certain prescribed conditions. In Britain, for example, abortion is lawful if it is certified by two medical practitioners that to continue the pregnancy would involve risk to the life of, or injury to, the pregnant woman or her existing children, and that the risk is greater than if the pregnancy were terminated. It is lawful also if there is a substantial risk that if the child were born it would suffer serious physical or mental handicap. It is a criminal offence to terminate a pregnancy when the child is capable of being born alive. This is normally after 28 weeks. More recent legislation provides that a pregnancy that has not exceeded 24 weeks may be terminated where its continuation would involve risk, greater than if the pregnancy were terminated, of injury to the physical or mental health of the pregnant woman or any existing children of her family, but no time limit is imposed where termination may be necessary to prevent grave permanent injury to the physical or mental health of the pregnant woman, or risk to her life, or if there is a substantial risk that if the child were born it would suffer from such physical or mental abnormalities as to be seriously handicapped.

In its quest for a conscientious resolution to this complex issue, each society must appraise its own moral currency. If, as most humans tend to believe, life is sacred, does a foetus count as a person capable of suffering harm? If it does, how is ending its life to be distinguished from the humane killing of a living human? Should the welfare of the as yet unborn prevail over the distress suffered by a woman compelled to bear an unwanted pregnancy or endure the anxiety, cost, and difficulty of bringing up a handicapped child?

Comparable deliberation inevitably attends the equally daunting issue of euthanasia. Doctors, lawyers, and ultimately courts perennially wrestle with the contentious question of an individual's 'right to die'. A distinction is usually drawn (not always convincingly) between active and passive euthanasia. The former entails the acceleration of a person's life by a positive act, such as an injection of potassium chloride. Most legal systems treat this as murder. The latter involves the shortening of life by an omission

Moral inconsistencies?

Killing people outside war is the most seriously-regarded crime ordinarily committed. The only thing more strongly forbidden by our culture is eating people (even if they are already dead). We enjoy eating members of other species, however. Many of us shrink from judicial execution of even the most horrible human criminals, while we cheerfully countenance the shooting without trial of fairly mild animal pests. Indeed we kill members of other harmless species as a means of recreation and amusement. A human foetus, with no more human feeling than an amoeba, enjoys a reverence and legal protection far in excess of those granted to an adult chimpanzee. Yet the chimp feels and thinks ... and may even be capable of learning a form of human language. The foetus belongs to our own species, and is instantly accorded special privileges and rights because of it.

Richard Dawkins, *The Selfish Gene*, 30th anniversary edition (OUP, 2006), p. 10

to act: a withdrawal of treatment, which is increasingly accepted by both the law and the medical profession in many jurisdictions as humane. But courts have not always found it easy to determine the lawfulness of withdrawing life support from an incurably or terminally ill patient who is in a persistent vegetative state (PVS), unable to make an autonomous decision.

Nor are generalizations easy in respect of either the morality or lawfulness of ending the life of a patient. There is, for instance, an important distinction between a patient who is incurable, and one who is terminally ill. The latter spectrum may range between incapacity (a fully conscious patient who can breathe unaided), artificial support (a fully conscious patient attached to a ventilator), unconsciousness, to intensive care (where the patient is comatose and is attached to a ventilator). Different considerations arise in each of these situations.

The complexities provoked when the law encounters thorny moral questions of this kind suggest that they are not susceptible to resolution by slogans. 'The right to die', 'autonomy', 'self-determination', or 'the sanctity of life' are generously deployed in these debates, but the law must develop careful, reflective answers that best serve the public interest. Judges may not be the most appropriate arbiters, but is there an alternative? Two decisions of the courts (one English, one American) illustrate the perplexity involved.

The English case arose out of a crush that occurred at a football stadium in 1989 (see page 44). Anthony Bland sustained hypoxic brain damage which left him in a persistent vegetative state. Though his brain stem continued to function, his cerebral cortex (the seat of consciousness, communicative activity, and voluntary movement) was destroyed through lack of oxygen, but he was not 'legally dead'. The judge, Lord Justice Hoffmann (as he then was), described his wretched state as follows:

> He lies in ... hospital ... fed liquid food by a pump through a tube passing through his nose and down the back of his throat into his stomach. His bladder is emptied through a catheter inserted through his penis, which from time to time has caused infections requiring dressing and antibiotic treatment. His stiffened joints have caused his limbs to be rigidly contracted so that his arms are tightly flexed across his chest and his legs unnaturally contorted. Reflex movements in his throat cause him to vomit and dribble. Of all of this, and the presence of members of his family who take turns to visit him, Anthony Bland has no consciousness at all ... The darkness and oblivion ... will never depart.

There was no prospect of any improvement in Bland's condition that could endure for a substantial period. His doctors applied to the court for permission to withdraw his ventilation, antibiotics, and artificial feeding and hydration regime, while continuing otherwise to treat him so as to allow him to die with dignity and minimal pain and suffering. The Official Solicitor (who acts for those under a disability) argued that this would constitute a breach of the doctor's duty to his patient, and a criminal offence.

The House of Lords (the United Kingdom's court of final appeal) regarded the right of self-determination as more important than the right to life. The doctor should respect his patient's rights in that order. This is especially compelling where the patient has, in anticipation of his succumbing to a condition such as PVS, expressed his clear wish not to be given medical care, including artificial feeding, calculated to keep him alive. But, though all five Law Lords agreed that Bland's life should be allowed to end, there is no clear consensus in respect of precisely what the law was or should be. All recognized both the sanctity of life and the autonomy of the patient, but how were these values to be reconciled in the absence of an explicit expression of instructions by Bland? For Lord Goff, the answer lay in protecting the best interests of the patient. But what interests can an insensate patient have? Lord Goff thought they consisted partly in the anguish and stress to others. Lords Keith and Mustill were doubtful, the latter declaring:

> [I]t seems to me to be stretching the concept of personal rights beyond breaking point to say that Anthony Bland has an interest in ending these sources of others' distress. Unlike the conscious patient he does not know what is happening to his body ... The distressing truth which must not be shirked is that the proposed conduct is not in the best interests of Anthony Bland, for he has no best interests of any kind.

This approach seems to echo the stance adopted by several courts in the United States and Canada. In the celebrated decision of the United States Supreme Court of *Cruzan*, for instance (involving a

The law in the Netherlands sets out in fairly lucid terms the conditions that must be satisfied before a doctor is permitted to end a patient's life.

Doctors involved in voluntary euthanasia or suicide must:

a. be convinced that the patient's request was voluntary, well-considered and lasting
b. be convinced that the patient's suffering was unremitting and unbearable
c. have informed the patient of the situation and prospects
d. have reached the conclusion with the patient that there was no reasonable alternative
e. have consulted at least one other physician
f. have carried out the procedure in a medically appropriate fashion.

Section 293(2) of the Dutch Criminal Code

patient in a PVS whose parents sought to persuade the court that, though she had not expressed this in a 'living will', their daughter would not have wanted to continue living), it was held that the state had an interest in the sanctity, and hence the preservation, of life. Similarly the state's interest in preserving life looms large in the judgments.

In the event, the House of Lords ruled that the withdrawal of Bland's nutrition and hydration did not constitute a criminal offence because any hope of Bland recovering had been abandoned, and, though the termination of his life was not in his best interests, his best interests in being kept alive had also evaporated along with the justification for the non-consensual regime and the duty to maintain it. In the absence of this duty, the withdrawal of nutrition and hydration was not a criminal offence.

Courts around the world cannot circumvent these distressing dilemmas. Their burden would be considerably eased by the existence of a 'living will' in which an individual stipulates something along the lines of the following: 'If, as a result of physical or mental incapacity, I become unable to participate in decisions concerning my medical care and treatment, and subsequently develop any of the medical conditions described below (from which two independent physicians certify I have no reasonable prospect of recovering), I declare that my life should not be sustained by artificial means.'

Doing what comes naturally

Moral questions have, of course, absorbed philosophers since Aristotle. Theories of natural law have sought to resolve the conflict between what 'is' and what 'ought' to be. Its fundamental contention, in simple terms, is that what naturally *is*, *ought* to be. What occurs in nature is good; we should seek to pursue it. Reproduction is natural; therefore we ought to create offspring. As Cicero, the Roman lawyer, put it:

> True law is right reason in agreement with Nature; it is of universal application, unchanging and everlasting.... It is a sin to try to alter this law, nor is it allowable to attempt to repeal any part of it, and it is impossible to abolish it entirely.... [God] is the author of this law, its promulgator, and its enforcing judge.

Contemporary accounts of natural law owe much to the Catholic Church, especially the careful works of the Dominican, St Thomas Aquinas (1225–74), whose principal work *Summa Theologiae* contains the most comprehensive statement of Christian doctrine on the subject. In the 17th century in Europe, the exposition of complete divisions of the law purported to be based on natural law. Hugo de Groot (1583–1645), or Grotius as he is commonly called, is associated with the secularization of natural law. In his influential work *De Jure Belli ac Pacis*, he asserts that even if God did not exist, natural law would have the same content. This was a significant foundation for the emergent discipline of public international law.

The 18th century saw Sir William Blackstone in England proclaiming the significance of natural law in his *Commentaries on the Laws of England*. Blackstone (1723–80) begins his great work by espousing classical natural law doctrine – as if to consecrate English law by this appeal to God-given principles, an attitude that drew the fire of the Utilitarian philosopher and legal and social reformer Jeremy Bentham (1748–1832), who derided natural law as 'a mere work of the fancy'.

Despite his scorn, natural law has been exploited to justify revolutions – especially the American and the French – on the ground that the law infringed individuals' *natural* rights. The American Revolution against British colonial rule was founded on an appeal to the natural rights of all Americans, in the lofty words of the Declaration of Independence of 1776, to 'life, liberty and the pursuit of happiness'. As the Declaration puts it, 'We hold these truths to be self-evident, that all men are created equal, that they are endowed by their Creator with certain unalienable rights.' Equally rousing sentiments were included in the French *Declaration des droits de l'homme et du citoyen* of 26 August 1789, which refers to the 'natural rights' of mankind.

And natural law implicitly underpinned the Nuremberg war trials of Nazi officials which established the principle that certain acts constituted 'crimes against humanity' even if they did not violate particular provisions of the positive law. The judges in these trials did not appeal explicitly to natural law theory, but their judgments exemplify an essential acknowledgement of the idea that the law is not automatically the exclusive criterion of right and wrong.

Our epoch is one of growing public accountability. Or, more precisely, we now seek to prosecute the perpetrators of genocide and other crimes against humanity, and the impunity enjoyed by malevolent government officials, their collaborators, and military commanders is gradually being eroded. The recent establishment of the International Criminal Court (ICC) at The Hague is a remarkable recognition that evil dictators and their henchmen should not be allowed go scot-free. Although the current United States administration has set its face against the court (principally because of fears both that it would undermine US sovereignty over judicial matters relating to American subjects and because its troops might face prosecution), this may well change under a future president. The court's jurisdiction is confined to 'the most serious crimes of concern to the international community as a whole'. This includes crimes against humanity, genocide, war crimes, and crimes of aggression.

8. The trial and execution of Iraqi dictator Saddam Hussein, while it established the accountability of rulers who commit atrocities, attracted criticism on a number of grounds, including the excessive influence of the United States, the frequent replacement of judges, and the attacks on defence lawyers

The prosecution of Slobadon Miloševic, the former president of Yugoslavia, before the International War Crimes Tribunal ended abruptly in 2006 when the defendant died. He was charged with genocide in Bosnia-Herzogovina, crimes against humanity in Croatia, and offences relating to atrocities in Kosovo. The former prime minister of Rwanda was sentenced to life imprisonment for genocide and crimes against humanity. The trial in Iraq of Saddam Hussein resulted in his execution as well as the execution or imprisonment of several of his cronies.

No serious analysis of law and morals can be conducted without reference to the concept of individual rights. Moral claims are regularly transformed into moral rights: individuals assert their rights to a whole range of goods, including life, work, health, education, and housing. Peoples assert their right to self-determination, sovereignty, free trade. In the legal context, rights have acquired significance so profound that they are sometimes regarded as synonymous with law itself. Declarations of political rights are often perceived as the trademark of contemporary democratic statehood. And the inevitable clash between rival rights is among the distinctive features of a liberal society.

On the international front, a panoply of human rights conventions and declarations attest to the strength of rights talk. The United Nations Universal Declaration of Human Rights of 1948, and the International Covenants on Civil and Political Rights, and on Economic, Social and Cultural Rights in 1976, reveal, at least in theory, a dedication by the international community to the universal conception and protection of human rights. It demonstrates a remarkable degree of cross-cultural accord among nations.

Chapter 4
Courts

Judges are the very personification of the law. The judicial function embodies the dispassionate application of evenhandedness, integrity, and the rule of law. Judges resolve disputes, punish offenders, and, where there is no jury, determine guilt. In the more grandiloquent accounts of law and the legal system, judges are its custodians, guardians of its values: sentinels of justice and fair play.

But it is especially the judges' role in criminal trials that excites public interest. The drama of the law court is irresistible to novelists, playwrights, as well as film and television scriptwriters. In the English-speaking world, several come instantly to mind. Dickens' *Bleak House* is a splendid example. Albert Camus' *The Fall*, Kafka's *The Trial*, and the popular portrayal of the judicial process in Harper Lee's *To Kill a Mockingbird*, Scott Turow's *Presumed Innocent*, John Mortimer's *Rumpole of the Bailey* series, and bestseller John Grisham's novels are other striking examples. Shakespeare provides an unforgettable representation of the idea of justice and the forensic process in *The Merchant of Venice*. Courtroom dramas on film abound. Matinée idols are often cast as plucky advocates: Gregory Peck in the film version of *To Kill a Mockingbird*, Paul Newman in *The Verdict*. And courts and lawyers are the stuff of many a successful television series, of which *Ally McBeal*, *The Practic*e, and *LA Law* are merely recent instances.

It is easy to see why court proceedings fascinate and entertain. The theatre of a criminal trial is frequently absorbing. The clash of lawyers, the uncertain fate of the accused, the lurid evidence – all excite a voyeuristic curiosity in the presentation. And occasionally the fictional representation of the judicial process is no less spectacular than authentic trials which, particularly in the United States, are often televised live. Where a celebrity is on trial, cameras in court guarantee an enormous audience of viewers – the more gruesome the alleged crime, the better. Few trials, however, achieve this level of vivacity or glamour; they tend to be dreary and tedious.

While a criminal trial may be enlivened by engaging evidence, civil trials normally lack this spice. The court is engaged in the resolution of a dispute. The lawyers who represent the parties seek to persuade the court of the merits of their case. In a common law trial one side cites a previous judgment, arguing that the present case is sufficiently similar to the earlier one that it ought to be followed. The other side seeks to distinguish this precedent by identifying its subtle differences. This is the essence of legal reasoning. Should the losing party appeal, the arguments will be rehearsed before more senior judges.

Judges unquestionably exercise onerous responsibilities:

> It is an awesome thing to go forward before the judge and await the utterances of his decision ... He symbolizes the merger of conceptual justice with organized coercion, the rational human with the mass brute. In him have been remitted the ideals of his culture and the power to compel submission. When a citizen stands in court he feels the immediate impact of that power; it is all assembled and concentrated there on him.

A leading contemporary legal philosopher, Ronald Dworkin, has memorably remarked that 'courts are the capitals of law's empire, and judges are its princes'. Courts do play a central role in every legal system. But what precisely is that role? What of the political function of judges? What of their appointment, election, and accountability? Is the jury system a valuable element in the administration of criminal justice, especially in complex commercial criminal trials? Is the adversarial system of common law countries superior to the inquisitorial system of civil law jurisdictions?

The role of judges is fundamental to the common law; the centrifugal force of the judicial function drives the legal system both in theory and in practice. And though it may be less significant in the codified systems of Continental Europe, the influence of judges cannot be overstated.

The judge is the archetypal legal institution. In his robed and exalted independence, he represents the very apotheosis of justice. The 'social service' that he renders to the community is, in the words of the English judge Lord Devlin, 'the removal of a sense of injustice'. The neutrality that informs his judgments in the settlement of disputes is nothing short of an article of faith in a free and just society. The dispassionate judge is the quintessence of a democratic system of government. And the ostensible delineation between legislation and adjudication is among its most celebrated hallmarks.

Although this attractive and enduring perception of the judicial function is regarded by cynics as a myth, no amount of scepticism can easily dislodge the image of the judge as keeper of the law, protector and repository of justice. Nor is this to deny that judges are, like all of us, tainted by personal predilections and political prejudices. Yet occasionally it is contended that to acknowledge judicial frailty is, in some sense, subversive, 'as if judges', as the

9. A medieval court of law (c. 1450)

illustrious American judge Benjamin Cardozo put it, 'must lose respect and confidence by the reminder that they are subject to human limitations'.

What is the judicial function?

The judicial enterprise lies at the heart of the legal process. In seeking to unravel the mysteries of how judges decide cases, we are engaged in a quest for the meaning of law itself: a theory of what constitutes law is, of necessity, presupposed in the act of judging, as well as any account of it. The orthodox, so-called 'positivist' model perceives law as a system of rules; where there is no applicable rule or there is a degree of ambiguity or uncertainty, the judge has a discretion to fill in the gaps in the law.

This view has been persuasively challenged by Ronald Dworkin, who denies that law consists exclusively of rules. In addition to rules (which 'are applicable in an all-or-nothing fashion'), there are non-rule standards: 'principles' and 'policies', which, unlike rules, have 'the dimension of weight or importance'. A 'principle' is 'a standard that is to be observed, not because it will advance or secure an economic, political, or social situation ..., but because it is a requirement of justice or fairness or some other dimension of morality'. A 'policy', on the other hand, is 'that kind of standard that sets out a goal to be reached, generally an improvement in some economic, political, or social feature of the community'. When the judge can find no immediately applicable rule, or where no settled rule dictates a decision, the judge is called upon to weigh competing principles, which are no less part of the law for their not being rules. In such 'hard cases', since a judge is not expected to resort to his personal preference in arriving at a decision, he has, contrary to the positivist view, no real discretion. There is always one right answer, and it is the judge's task to find it (in 'hard cases') by weighing competing principles and determining the rights of the parties in the case before him.

This model of adjudication has an obvious appeal to democratic theory: judges do not legislate; they merely enforce those rights that have in the main already been enacted by a representative legislature. Indeed, Dworkin's thesis springs from a concern to 'define and defend a liberal theory of law' and, in contradistinction to the positivists, to 'take rights seriously'. It is principally an argument from democracy; Dworkin's concern to eliminate strong judicial discretion is premised on the offensiveness of judges, who are generally unelected officials unanswerable to the electorate, wielding legislative or quasi-legislative power.

Are courts the best forum for resolving disputes? Can judges be genuinely impartial or objective? What is the purpose of a criminal trial? Are certain courts – such as the United States Supreme Court – too political? Should judges be elected? Is the jury system effective and fair? This chapter will attempt to answer some of these questions.

What is a court?

The ubiquity of conflict among humans necessitates some forum in which they might be amicably resolved. Courts are a prerequisite of all legal systems. They have power, authority – or what lawyers called 'jurisdiction' – over specified criminal, civil, and other matters. This entails that their decisions (which are ultimately supported by force) are accepted as authoritative by the parties, who would be unlikely to do so if they did not trust in the independence and impartiality of the professional judges on the bench.

Courts err. Judges are not exempt from human frailty, and there is thus a need for their mistakes to be rectified. The obvious injustice of a wrongly convicted defendant is assuaged by granting him the right of appeal. Equally, the losing party in a civil case may have legitimate legal grounds upon which to argue that the trial court was mistaken in its interpretation of the law. Appealing to a higher court requires a hierarchy that distinguishes between courts 'of first instance' and appellate courts. Some trial courts operate with a judge and a jury: juries are responsible for making findings of fact under the direction of the judge, who decides the law. This combination constitutes the judgment of the court. In other trial courts, both fact and law are decided by the judge.

Appellate courts in common law jurisdictions review the decisions of trial courts or of lower appellate courts. Their task is generally restricted to considering questions of law: did the trial court, for example, apply and interpret the law correctly? Normally they do not hear evidence of factual issues, though should new evidence have emerged, an appeal court may evaluate it in order to determine whether the case should be remitted to a court of first instance to be retried.

Courts everywhere naturally follow procedures which, in some countries, have grown bulky and Byzantine. In criminal trials, these procedures are broadly differentiated on the basis of the role of the judge. The common law adopts an 'adversarial' system, while civil law countries adopt an 'inquisitorial' (or 'accusatorial') system. While this distinction is frequently exaggerated, the two approaches do differ in a fairly fundamental way. The common law judge acts as a disinterested umpire who rarely descends into the dust of the fray. Civil law judges, on the other hand, play a more active role in the trial.

The Continental *juge d'instruction* is directly involved in the decision whether to prosecute. The office originated in France, and exists in a number of other European countries, including Spain, Greece, Switzerland, the Netherlands, Belgium, and Portugal. He is often portrayed as a cross between a prosecutor and a judge, but this is not strictly accurate, for he does not decide whether to lay a charge; that is a matter for the public prosecutor, from whose office he is completely independent. His principal

10. A senior French judge and legal official in their finery

duty is, as the title implies, to investigate the evidence both for and against the suspect, whom he has the power to interrogate. He will also question victims and witnesses. He may visit the crime scene and attend any post-mortem. In the course of his investigation, he may authorize detention, grant bail, and order searches and seizures of evidence.

It is important to note that his job is not to determine the merits of the case, but to examine the evidence in order to decide whether the suspect should be charged. If he rules in the affirmative, the case is transmitted to a trial court with which he has no connection, and which is not bound to follow his decision. His function is thus not wholly unlike common law committal proceedings or the American grand jury, both of which are designed to screen the evidence to establish whether it crosses the threshold of chargeability. Though supervised by a judge, a grand jury is presided over by a prosecutor. It has the power to subpoena witnesses in pursuit of evidence against the suspect.

Both major systems have their virtues and shortcomings. It is generally asserted – especially by common lawyers – that the common law attaches greater significance and value to the presumption of innocence by placing a heavier burden on the prosecution to prove its case 'beyond reasonable doubt'. This is doubtful. A defendant in a French court is afforded essentially the same rights and protections as one in Florida. All democratic states recognize the presumption of innocence; indeed, it is a requirement of Article 6 of the European Convention on Human Rights which applies to the 46 Council of Europe member states.

Criticism of the adversarial system is not confined to civil lawyers. The occasionally grotesque conduct of criminal trials, especially in America, is an embarrassment to common lawyers. The process sometimes descends into burlesque in which lawyers abuse the adversarial process and appear to lose sight of the purpose of the institution. This is particularly evident in high-profile, televised

11. The acquittal on murder charges of former American football star O. J. Simpson prompted misgivings about the reliability of the jury system, especially when, in the view of many, DNA evidence established unequivocally the defendant's guilt

Right to a fair hearing

All persons shall be equal before the courts and tribunals. In the determination of any criminal charge against him, or of his rights and obligations in a suit at law, everyone shall be entitled to a fair and public hearing by a competent, independent and impartial tribunal established by law.

Article 14(1) International Covenant on Civil and Political Rights

celebrity trials with overpaid lawyers histrionically playing to the cameras and the jury. Many civil lawyers are also astonished by the way in which the common law criminal justice system appears to benefit affluent defendants who are able to afford large legal teams. The trials of O. J. Simpson and Michael Jackson are only the most conspicuous recent examples.

Common law prosecutions are generally pursued by way of a charge or indictment against the defendant in the name of the government, the state, or, in Britain, the Crown. This normally follows a preliminary hearing of some kind to determine whether the prosecution evidence is adequate. To discharge its burden of proof, the prosecution will call witnesses and present its evidence against the defendant. The defence may then argue that there is 'no case to answer'. If this fails (as it usually does), witnesses and evidence are presented by the defence. Witnesses are cross-examined by the opposing counsel, but the defendant himself has the 'right of silence': he need say nothing in his defence, but should he decide to give evidence, he is required to submit to cross-examination. In the United States this right is protected by the Fifth Amendment to the Constitution. Both sides then present their closing arguments. Where there is a jury, the judge gives them their instructions. Its members then deliberate in private. Some jurisdictions require the jury to return a unanimous verdict, in others a majority suffices.

Sentence

If convicted, the defendant is sentenced. This normally occurs after the court is apprized of his previous criminal record, if he has one, as well as other information about his character. Where he faces the prospect of a custodial sentence, reports may be submitted to the court concerning the defendant's background: his education, family, employment history, and so on. Psychological or medical reports may also be presented, along with evidence, including witnesses to testify to his unimpeachable integrity. This may be followed by a moving plea in mitigation of sentence in which his lawyer attempts to convince the court that the accused is a victim of the cruel vicissitudes and privations of life: poverty, manipulation by others, poor parenting, and other equally powerful forces that were beyond his control and are where the true responsibility for his crime lies.

Every jurisdiction will, of course, have a different range of sentences available to a trial court. These may include imprisonment, a fine, a probation order, a community service order, or a suspended sentence of imprisonment (the term of imprisonment is suspended for, say, two years; if he commits an offence during this period, it may trigger the original sentence).

It is always open to the convicted defendant to appeal to a higher court, which does not hear the case again, but peruses the record of the proceedings in search of any mistakes that could justify a retrial. In certain circumstances, the prosecution may appeal a sentence that it considers too lenient.

Civil trials

The disparity between the common and civil law approaches is less marked in civil trials. French law, however, has come close to eliminating civil trials: the extensive pre-trial preparation undertaken by the *juge de la mise en état* results in the pleadings and evidence being reduced to writing. The lawyers merely present brief summaries of what the court already has before it. Moreover, the standard of proof in French civil trials is no lower in civil cases than it is in criminal trials.

In civil law countries 'ordinary' judges preside over 'ordinary' courts. Their jurisdiction, broadly speaking, involves the application of the civil, commercial, and penal codes, and the legislation that complements the codes. In France, the highest court in the ordinary court structure is the *Cour de Cassation* (Supreme Court of Cassation) which comprises some 100 judges who sit in six rotating specialized panels (five civil and one criminal) and, in certain circumstances, in combined panels or plenary session. It has discretion to review only questions of statutory interpretation. Germany has a number of independent judicial systems, each with its own supreme court. Most civilian systems also incorporate a group of administrative courts with separate jurisdiction.

The adversarial system is adopted also in common law civil trials. Instead of the government or Crown proceeding against the defendant, an aggrieved plaintiff sues the defendant, usually for damages, i.e. monetary compensation (for a tort, breach of contract, or other civil wrong). Both sides are free to call witnesses, and the rules of evidence are broadly the same as in criminal trials. An important difference, however, is that whereas, as we saw, the burden of proof in a criminal trial is 'beyond reasonable doubt', the plaintiff in a civil case need only prove his case 'on a balance of probabilities'.

Who are the judges?

Common law judges are, with the conspicuous exception of the United States, appointed from the ranks of senior barristers, while European Continental judges are recruited in the style of the civil service. They are generally recruited directly from university through some form of public examination with no requirement of previous professional experience. Successful candidates are appointed at the bottom of the career ladder; professional training occurs within the judiciary, with promotions depending on merit. Public competition is considered the most effective method of maintaining the professional standing and the independence of the judiciary. It checks political partiality and nepotism, but the fear of prejudicing promotion may inhibit a true spirit of independence from the executive branch. There is also the likelihood that since private practice is normally significantly more lucrative than a career on the bench, the more gifted law graduate may be discouraged from entering the service.

The position in the United States is complex. The federal courts are divided into three tiers: the Supreme Court, the Circuit Court of Appeals, and the District Court. Under the US Constitution, the president has the power to nominate and, in conjunction with the Senate, appoint judges of all three courts. He nominates candidates to the Senate after receiving recommendations from the Department of Justice and White House staff. The Department of Justice screens prospective nominees, followed by an investigation of the candidate by the FBI. Views are sought on the nominee's suitability from the American Bar Association.

The White House Counsel's Office also plays a role; it works together with the Department of Justice and members of the Senate, and considers recommendations by members of the House of Representatives, state governors, bar associations, and other bodies. The Senate Judiciary Committee scrutinizes the credentials of candidates. Should it reject a nomination, it is returned to the president to produce another name. Nominations by the Senate Judiciary Committee are considered by the Senate in executive sessions. Non-controversial candidates tend to be unanimously confirmed. Of the 154 nominations to the US Supreme Court between 1789 and 2004, only 34 were not confirmed by the Senate. When a contentious nomination is made, however, a debate ensues. An adverse recommendation by the Senate Judiciary Committee inexorably results in rejection of the candidate by the Senate. A successful nominee is formally appointed by the president.

The protracted nature of the process, including filibustering by senators, as well as the predictable ideological dimension of the system, has attracted considerable criticism. Its detractors contend that it undermines the independence of the judiciary. Defenders of the method claim that the president and Senate exercise a vital and legitimate check on the composition and standing of the federal judiciary. At the non-federal level, judges are elected in 21 American states; this is a rarity, not encountered in any other common or civil law jurisdiction. Although it may appeal to the democrat, it inevitably transforms judges into politicians who, to keep their jobs, must appeal to popular sentiments and prejudices. While it may be true that an elective system is preferable to one of nomination under a corrupt government which appoints compliant judges regardless of their ability, few lawyers support what John Stuart Mill called 'one of the most dangerous errors ever yet committed by democracy'.

Dissatisfaction with the method of judicial appointment, based largely on the unrepresentative nature of appointees (few women or members of racial minorities), has led to the adoption of judicial appointments commissions which seek to bring to the process greater transparency and fairness. The commission is charged with responsibility for selection. They exist in some states of the United States, as well as in Canada, Scotland, South Africa, Israel, Ireland, and in a number of other European countries, including England and Wales, where since 2006 it functions as an independent non-departmental public body. Applicants for judicial office are required to submit a nine-page application form; short-listed candidates are interviewed. They are evaluated according to five criteria: intellectual capacity; personal qualities

12. In most common law jurisdictions, female judges are a rarity. In Britain, for example, the first woman was appointed to the House of Lords, the country's highest court, only in 2005. Women judges sit on the highest courts of South Africa, Canada, the United States, and New Zealand. The Supreme Court of Canada (pictured here) had its first female judge in 1982, and three of its nine judges are now women, including the Chief Justice

(integrity, independence, judgement, decisiveness, objectivity, ability, willingness to learn); ability to understand and deal fairly; authority and communication skills; and efficiency.

The politics of the judiciary

Though the US Constitution nowhere explicitly confers on the Supreme Court the power of judicial review, it has, since the seminal case of *Marbury v Madison* in 1803, asserted the right to strike down laws that it regards as in conflict with the provisions of the Constitution. This, the most muscular form of judicial review, entails a court of appointed judges (albeit with Senate approval) exercising control over democratically enacted laws. In doing so, the Court has effected major social and political transformations by declaring as unconstitutional a wide range of legislation by states on matters as diverse as abortion, contraception, racial and sexual discrimination, freedom of religion, speech, and assembly.

The Supreme Court of India has, with broad public support, exhibited a high degree of judicial activism in a number of areas of social, political, and economic life, including marriage, the environment, human rights, agrarian reforms, and the law governing elections. The judges have frequently described the constitution as more than a political document; it is considered an abiding declaration of 'social philosophy'. And this philosophy is steeped in egalitarian values that represent a commitment to reform a society to correspond to the principles of social justice that inspired the framers of the constitution. One striking feature of the court's jurisprudence is the concept of public interest litigation whereby the poor obtain access to the courts. The Court has held that legal redress for the deprived should not be encumbered by the restrictions of the adversarial system. Similarly, it has accorded a liberal interpretation of Article 21 of the Constitution which provides that 'No person shall be deprived of his life or personal liberty except according to procedure established by law.' This has engendered a substantial expansion in substantive individual rights.

Under its post-apartheid constitution, the South African Constitutional Court has the power to interpret the constitution and has handed down far-reaching decisions, including declaring capital punishment to be unlawful and upholding the right to housing, the state's constitutional duty to provide effective remedies against domestic violence, and the right to equality.

Strong judicial review is exemplified by the power of the United States Supreme Court, which may impose its judicial interpretations of the Constitution on other branches of government. Weaker forms of judicial review, on the other hand, permit the legislature and executive to reject such rulings, provided they do so publicly. They are increasingly incorporated in constitutions and legislation (such as Britain's Human Rights Act of 1998, the New Zealand Bill of Rights of 1990, and the Canadian Charter of Rights and Freedoms of 1992).

Critics of judicial review consider objectionable the power of judges over democratically elected legislators. But even if our legislative bodies were genuinely representative, the arguments in support of their being in a stronger position than courts to protect and preserve our rights are, at best, doubtful. Not only are the vicissitudes of government and party politics notoriously susceptible to sectional interest and compromise, to say nothing of corruption, but it is precisely because judges are not 'accountable' in this manner that they are often superior guardians of liberty. Moreover, the judicial temperament, training, experience, and the forensic forum in which rights-based arguments are tested and contested tend, I think, to tip the scales towards their adjudicative, rather than legislative, resolution. Indeed, it is hard to see how the latter would operate in practice. Since the rights in question are, by definition, in dispute, what role could elected parliamentarians play?

Unhappily, one's trust in law-makers is rarely vindicated. Though sometimes contentious, certain fundamental rights are best kept off-limits to legislators, or, at least, beyond the reach of normal party political machinations. Would the civil liberties of African Americans have been recognized sooner without the Supreme Court's historic *Brown* judgment, which held that separate educational facilities for black and white pupils was 'inherently unequal'? Is the South African Constitutional Court more likely to defend human rights than its new, democratic parliament? Have the judgments of the European Court of Human Rights (which, sitting in Strasbourg, considers complaints concerning alleged violations of the European Convention for the Protection of Human Rights and Fundamental Freedoms committed by States Parties) not enhanced civil liberties in, say, Britain? The Court has ruled against the British government on frequent occasions, requiring it to amend its domestic law on a variety of Convention-protected rights, including the right of privacy, the right against the use of corporal punishment, and the rights of mental health patients.

Prejudiced judges?

In recent years, there has been a rising crescendo of complaint over the legitimacy – sometimes even the honesty – of particular judicial conduct. From political conservatives have come charges that judges are overriding the will of the people as expressed in statutes and referenda relating to abortions, gay rights, affirmative action, religion, and other subjects. From political liberals come charges of bias against women, sexual misconduct, harshness toward the interests of minorities, and forced imposition of deeply conservative political views. From both sides ... come charges of overriding the people's views and protecting the professional politicians by striking down term limits. From all venues – even from high-priced corporate lawyers – come charges of frequent tyrannical and arbitrary conduct by trial court judges. Misuse of position and even bribery are known to have sometimes existed. Beyond these matters, my thirty-four years as a law professor or a litigator have persuaded me that there is yet another problem, one that is widespread. It is that judges too often are unwilling to listen to facts or reasons. Rather, they start with predilections heavily favoring one side – predilections which they, of course, deny – and then prove impervious to facts and resulting reasons contrary to their bias ... When judges act on the basis of their prior predilections, ignore facts, and

even make up supposed counter facts, they destroy a central tenet of the judicial system: decisions of cases based on facts rather than prejudice. They also ... destroy faith in the judicial system ... Prior judicial predilection and associated imperviousness to facts, judicial invention of purported counter facts and concomitant problems are among the most important problems of the judicial system today. It would be beneficial to the system, would prevent the law from being a hollow mockery of its promises, and would help maintain the faith of citizens, if judges were to stop ignoring facts in order to enforce their own predilections.

Professor Lawrence R. Valvel, 'A Rebuke of Modern Judicial Practices' (2005) *Judicial Accountability Initiative Law News Journal*

Trial by jury

In criminal proceedings, the notion of being tried by a jury of 'one's peers' is frequently regarded as an article of faith in the common law system. And certain civil law jurisdictions also employ juries to determine the guilt or innocence of the accused. In France, for example, the judges sit together with the jury, who are also involved in determining the sentence to be imposed.

Jurisdictions differ in respect of the availability of juries. Some restrict them to criminal, and not civil, trials (e.g., France); others prescribe juries for trials of serious crimes (e.g., Canada); while in some countries (e.g., England and Wales) they are used in criminal cases and limited to a few specific civil cases (e.g., defamation).

Most conspicuous are the jury trials in the United States, where juries are available for both civil and criminal proceedings. More than 60% of jury trials are criminal trials, the rest are civil and other trials such as family court proceedings.

"We find the defendant guilty. I mean, why else would he go out and hire the best lawyer in town?"

13. Juries may be influenced by factors other than the evidence

Among the much-vaunted virtues of the jury trial is the extent to which it operates as a curb on the power and influence of the judge. By involving (usually 12) ordinary citizens in the administration of justice, it is argued, the values of the community may be expressed. A group of randomly selected lay persons, it is claimed, is a more democratic arbiter of guilt than a judge, who is perceived, rightly or wrongly, as an agent of the government.

Critics of the jury, on the other hand, normally express unease about the fact that juries, unlike judges, are not required to give reasons for their decision, thereby opening the door to emotion and prejudice, especially when the race of the defendant may be a factor (as, for example, in the infamous Rodney King trial, which had disastrous consequences, see the box below). Doubt is also voiced in respect of the ability of the average juror to comprehend complex scientific or other technical evidence. Complex commercial trials, for example, generate an enormous quantity of highly specialized information. This has led to controversial proposals in Britain and elsewhere to abolish juries in these trials.

Alternative dispute resolution

Dissatisfaction with court-centred resolution of disputes has long been sounded by critics who regard it as, amongst other things, unfair, unduly formal, and exclusive. In the United

Race, Rodney King – and a prejudiced jury?

In 1991, in Los Angeles, several police cars chased Rodney G. King, a robbery parolee who was allegedly speeding. After a police chase during which he jumped a number of red lights, King was eventually forced to stop. Though the two passengers in the car complied with police requests to step out of the car and were subdued with negligible resistance, King apparently refused to comply with police instructions, and was physically assisted in doing so. He was struck up to 56 times by officers wielding metal batons, kicked at least six times, and shot with a Taser electronic stun gun. The beating was administered by three Los Angeles police officers, allegedly on the orders of a police sergeant. Twenty-three other law enforcement officers were also present and observed the assault, but apparently made no effort to stop

it. A number of bystanders also witnessed the beating, one of whom videotaped the incident. King suffered extensive injuries, including skull fractures and nerve damage to part of his face.

The jury (consisting of ten whites, a Hispanic, and an Asian) acquitted the defendants. Within hours of the jury's verdict, Los Angeles erupted in riots. When it was over, 54 people were dead, over 7,000 individuals had been arrested, and hundreds of millions of dollars' worth of property had been destroyed.

Though some of the officers were subsequently convicted by a federal court on charges of violating King's constitutional rights, and imprisoned, none of the prosecutions specifically alleged racial motivation. In fact, only at the federal trial did King, giving evidence for the first time, testify that he had been racially abused by the police officers, though he subsequently conceded that he was uncertain whether this was in fact the case.

States, a movement championed alternative dispute resolution (ADR) 'under an umbrella of humanism, communitarianism, and social welfare concerns ... objected to the depersonalization, objectification, and distance they associated with courtroom formality and its dependency on legal professionals'. They advocated more user-friendly, less adversarial procedures. This resulted in legislation facilitating greater use of non-judicial arbitration, especially for the resolution of commercial disputes with an international dimension.

The parties submit their dispute to one or more arbitrators by whose decision (called an 'award') they agree to be bound. Among the perceived advantages of ADR are its speed, lower cost,

Litigation: feisty Americans v sociable English

Although the United States *seems* more like England than like any other European country, the American national character is virtually the opposite of the English. Deference, fatalism, self-restraint, and non-aggressiveness are just about the last characteristics that one would ascribe to Americans. Litigation is a kind of fighting, and Americans are fighters; the modern English, outside of the soccer stadium, are not ... National character may be effect rather than cause, and the character of the legal system may be merely another effect of the same cause, or, more realistically, the same complex of causes. The high degree of physical and social mobility in the United States, the immigrant origins of its population, its racial and ethnic heterogeneity, and the wealth and leisure of its population may be responsible for the feisty and individualistic character of the people and *independently* for a heavy demand for judicial processes of dispute resolution. A more static, uniform, close-knit society may simply have fewer disputes – because people understand each other better, or because the greater likelihood of continued relations or future encounters with each other puts a premium on avoiding conflict – or better informal methods of resolving disputes ...

Richard A. Posner, *Law and Legal Theory in England and America* (Clarendon Press, 1996), pp. 109–10

flexibility, and the provision of specialist arbitrators in disputes of a highly technical nature. But delays are not infrequent, and the cost may be enhanced by the requirement that the parties pay for the arbitrators. In some jurisdictions enforcement of arbitral awards is problematic.

Chapter 5
Lawyers

Lawyers are an indispensable – if unloved – feature of every developed legal system. They are vilified, mocked, and disparaged. The humour of a multitude of lawyer jokes springs from their assault on lawyers' venality, dishonesty, and insensitivity. One jibe asks, 'How can you tell when a lawyer is lying?' The answer: 'His lips are moving'. Another sardonically laments, 'Isn't it a shame how 99 per cent of lawyers give the whole profession a bad name?' Mark Twain is reputed to have quipped, 'It is interesting to note that criminals have multiplied of late, and lawyers have also; but I repeat myself.'

It seems futile to attempt to explain this antipathy which rests on a combination of legitimate discontent with and misunderstanding of the legal profession in most countries. It is certainly true that, along with estate agents, lawyers attract little affection. An independent bar is, however, a vital component of the rule of law; without accessible lawyers to provide citizens with competent representation, the ideals of the legal system ring hollow. And this is acknowledged in most jurisdictions by the provision of legal aid in criminal cases. So, for example, legal aid is a right recognized by Article 6 of the European Convention on Human Rights. It requires that defendants be provided with counsel and, if they are unable to afford their own lawyer, one is made available without charge.

14. Atticus Finch: the lawyer-as-hero as depicted by Gregory Peck in the film of the novel *To Kill a Mockingbird*. Finch unsuccessfully defends a black defendant charged with raping a white woman. A number of American attorneys have claimed that the character inspired them to enter the profession

Hollywood's heroic depiction of the lawyer – replicated in endless television series – vigorously, eloquently pursuing the cause of justice for their client, is a far cry from the reality of real lawyers' lives. Advocacy in court represents a small, though important, part of the profession's work. Most lawyers, however, are preoccupied daily with drafting (contracts, trusts, wills, and other documents), advising clients, conducting negotiations, conveying property, and other rather less glamorous tasks. Yet even if the majority of lawyers never set foot in a court, the essence of lawyering is the battle waged on behalf of the client. In this campaign the skills of advocacy – whether in oral or written form – are paramount. Law is often war, and the lawyer is the warrior.

Common lawyers

To many, the English legal profession, adaptations of which exist in common law jurisdictions of the former British

Commonwealth, appears bizarre – grotesquely anachronistic with its wigs, gowns, and stilted forms of address. Though some of these quaint, archaic features have been eradicated in a few common law countries, they have shown a remarkable tenacity, especially in England. Polls of practitioners and public have proved inconclusive. Wigs on the heads of many barristers and judges seem firmly fixed for some time yet.

Big wigs

Sir: Of course the legal wig is an anachronism. But then so is the yarmulke, the mitre, the biretta, the bearskin, the mortarboard and all other forms of ceremonial headdress. I have already been published in the press on the merit of the wig in promoting anonymity and obscuring decrepitude. Its real importance is, however, a heritage issue. For a family lawyer such as myself, it evidences a golden thread of continuity that stretches back beyond the great statute of 1857, beyond Dr Lushington, and into the wonderful realm of 18th-century family law. It is a heritage recognised whether I appear before the Court of Appeal in London, or before the Court of Appeal of the Cayman Islands, or before the Court of Appeal of Hong Kong Region. So far as I am aware, no decision has been made to abolish wigs in civil appeals here and I protest against any proposal to do so.

Nicholas Mostyn QC,
Temple, London EC4. Letters, *The Spectator*, 23 June 2007

The origins of the common law profession are, of course, steeped in English history – and logic is thus not necessarily among its justifications. It is divided between two principal species of lawyer: barristers and solicitors. Barristers (often called 'counsel') constitute a small minority of the legal profession (roughly 10% in most jurisdictions) and, rightly or wrongly, are regarded – especially by themselves – as the superior branch of the profession. Recent years have witnessed a number of fairly sweeping changes, many of which have diminished the privileges of barristers (or 'the Bar'). These reforms have largely been animated by political unease concerning the soaring costs of legal services as a result of the restrictive practices of the Bar.

Barristers have minimal direct contact with their 'lay clients'. They are 'briefed' by solicitors, and it is normally a requirement that during meetings (or 'conferences') with clients the solicitor must be present. An exception is, however, made for certain professions, including accountants and surveyors, who may confer with a barrister without the presence of a solicitor. In most cases, however, dealings must be carried out through the solicitor who is responsible for paying the barrister's fees.

English barristers are 'called' to the Bar by one of the four Inns of Court, ancient institutions that since the 16th century have governed entry to this branch of the profession. Unlike the overwhelming majority of solicitors, barristers have full rights of audience, allowing them to appear before any court. Generally, solicitors have rights of audience only before the lower courts, though in recent years the position has changed and some solicitors, certified as 'solicitor advocates', may represent their clients as advocates in the higher courts. The traditional separation is gradually breaking down. Nevertheless, two major distinctions between the two categories of lawyer remain. First, barristers are invariably instructed by solicitors, rather than directly by the client, whereas clients go directly to solicitors. Second, unlike solicitors, barristers operate as sole practitioners, and are prohibited from forming partnerships. Instead, barristers generally form sets of chambers in which resources and expenses are shared. But it is now possible for barristers to be employed by firms of solicitors, companies, or other institutions as in-house lawyers.

15. Though their attire is often derided as eccentric and anachronistic, barristers in several common law jurisdictions adhere to the wigs and gowns that they have worn for centuries. The tenacity of this tradition is illustrated here by a Hong Kong senior counsel who has 'taken silk' and dons the ceremonial long-bottomed wig and silk gown

Other transformations have occurred. For example, barristers are now permitted to advertise their services and their fees – a hitherto unthinkable commercial contamination. Nor are they limited to practising from a set of chambers; after three years' call, they may work from home.

The split profession has been attacked from a number of quarters. Why, it is not unreasonably asked, should a client effectively pay for two lawyers when, as in the United States, for instance, one will do? The case for fusing the two branches (as has occurred, for instance, in Canada, with the exception of Quebec) has been met by a number of responses. In particular, it is argued by defenders of the status quo that an independent barrister offers a detached, expert evaluation of the client's case. Also, solicitors, especially those from small firms, who often lack a high degree of specialization, may draw on the expertise of a wide range of barristerial skills. This enables them to compete with larger firms who boast numerous specialists.

A fused profession operates in a number of common law jurisdictions. The United States draws no distinction; all are attorneys. Anyone who passes the state bar examination may appear in the courts of that state. Some state appeal courts require attorneys to have a certificate of admission to plead and practise in that court. To appear before a federal court, an attorney requires specific admission to that court's bar. Fusion exists also in the states of South Australia and Western Australia, as well as in New Zealand.

A fundamental tenet of counsel's duty in some common law countries (but not, surprisingly, in the United States) is the so-called 'cab-rank rule' under which 'no counsel is entitled to refuse to act in a sphere in which he practises, and on being tendered a proper fee, for any person however unpopular or offensive he or his opinions may be'. Like a taxi driver who is

Rich pickings

We have in the legal profession a prestigious and influential group of practitioners, supposedly there to ensure that the law's promises of justice for everyone are satisfied, but whose most lucrative work continues to be the handling of the problems of the rich rather than the trials of the poor ... But in the final analysis, the attraction of the legal profession of business and 'property' types of work is understandable, given the concentration by the legal profession in general on the management and protection of property. It is primarily the law, therefore, not the lawyers themselves, which highlights the problems of the middle- and upper-middle classes at the expense of the poor ...

Phil Harris, *Introduction to Law*, 7th edn (Cambridge University Press, 2007), p. 444

generally obliged to accept any passenger, a barrister is bound to accept any brief unless there are circumstances to justify a refusal, such as that the area of law lies outside of his expertise or experience, or where his professional commitments prevent him from devoting sufficient time to the case. In the absence of such a rule, advocates would be reluctant to appear on behalf of abhorrent, immoral, or malevolent clients charged, for example, with heinous crimes such as child molestation. Nevertheless, in practice, it is not difficult for a barrister to find a reason why the brief should not be accepted. Apart from the case involving an area of law beyond his or her capability, the human element is always present: time is more easily found for a lucrative brief than one which concerns an intractable or hopeless case. But it represents a sound statement of professional duty, emphasizing the role of lawyer as 'hired gun' who acts fearlessly for any client regardless of the merits of their case.

A striking feature of the training of common lawyers has been the role of some form of apprenticeship (see below). Indeed, it was only towards the end of the 19th century that English universities taught any law at all. And large-scale university legal education in the United States, Canada, Australia, and New Zealand had to await the 20th century, though some universities had established law schools earlier (notably Harvard in 1817).

Civil lawyers

Lawyers in the civil law world differ fundamentally from their common law colleagues. Indeed, the very concept of a legal profession in the major civil law jurisdictions of Europe, Latin America, Japan, and Scandinavia is problematic. In the words of a leading authority on the subject, 'The common law folk concept of "lawyer" has no counterpart in European languages...' Civil law jurisdictions recognize two categories of legal professionals: the jurist and the private practitioner. The former comprises law graduates, while the latter, unlike the position in common law countries, does not represent the nucleus of the legal profession. Instead, 'other subsets of law graduates take precedence – historically, numerically, and ideologically. These include the magistracy (judges and prosecutors)... civil servants, law professors, and lawyers employed in commerce and industry.'

Students in civil law countries typically decide on their future after graduation. And, as mobility within the profession is limited, in many jurisdictions this choice is likely to be conclusive. They may choose to pursue the career of a judge, a public prosecutor, a government lawyer, an advocate, or notary. *Private* practice is therefore generally divided between advocates and notaries. The former has direct contact with clients, and represents them in court. After graduating from law school, advocates normally serve an apprenticeship with experienced lawyers for a number of years, and then tend to practise as sole practitioners or in small firms.

To become a notary usually requires passing a state examination. Notaries draft legal documents such as wills and contracts, authenticate such documents in legal proceedings, and maintain records on, or provide copies of, authenticated documents. Government lawyers serve either as public prosecutors or as lawyers for government agencies. The public prosecutor performs a twin function. In criminal cases, he prepares the government's case; while in certain civil cases he represents the public interest.

In most civil law jurisdictions, the state plays a considerably more significant role in the training, entry, and employment of lawyers than is the case in the common law world. Unlike the traditional position in common law countries where lawyers qualify by serving an apprenticeship, the state controls the number of jurists it will employ, and the universities mediate entry into private practice.

There are important differences between the two systems in respect of the organization of legal education. Broadly speaking, in most common law jurisdictions (with the conspicuous exception of England – and Hong Kong region), law is a postgraduate degree or, as in Australia, New Zealand, and Canada, may be combined with an undergraduate degree in another discipline. In the civil law world, on the other hand, law is an undergraduate course. While the common law curriculum is strongly influenced by the legal profession, the state in civil law jurisdictions exercises a dominant function in this respect. The legal profession in most common law countries administers entry examinations, whereas, given the role of universities as gatekeepers, further examinations are generally redundant, and a law degree suffices.

The function of gatekeeping in common law countries tends to be discharged by apprenticeship with a private practitioner. So, for example, an aspiring barrister must pass the Bar examinations in order to be called to the Bar. In order to practise at the Bar, he is required to serve two six-month pupillages in chambers, attending conferences with solicitors conducted by his pupil master (a more senior barrister), and sitting in court, assisting in preparing cases, drafting opinions, and so on. Pupillage is usually unpaid, although they may now be funded so as to guarantee the pupil's earnings up to a fixed level. During the second six months of pupillage, the barrister may engage in limited practice and be instructed in his own right. With the exception of barristers, lawyers in private practice operate as members of a firm whose size may vary from a single lawyer to mega-firms of hundreds of lawyers.

Regulation of the profession

Bar Associations, Bar Councils, and Law Societies are among the numerous organizations that supervise the admission, licensing, education, and regulation of common lawyers. The civil law prefers the term 'advocates' (which more accurately describes their principal function, and their counterpart organizations are dubbed Chambers, Orders, Faculties, or Colleges of Advocates). Though their designations differ, they generally share a concern to limit the number of lawyers in practice, and defend their monopoly.

In certain jurisdictions (particularly small ones like Belgium and New Zealand), lawyers are admitted and regulated at the national level. Federal states (such as the United States, Canada, Australia, and Germany) inevitably exercise provincial or state regulation. Italian lawyers are admitted at the regional level.

While regulation in some countries is undertaken by the judiciary and, under its aegis, an independent legal profession, lawyers in other jurisdictions, especially in the civil law world, are subject to government control in the shape of the Ministry of Justice.

Lawyers in court

The lawyers have twisted it into such a state of bedevilment that the original merits of the case have long disappeared from the face of the earth. It's about a Will, and the trusts under a Will – or it was, once. It's about nothing but Costs, now. We are always appearing, and disappearing, and swearing, and interrogating, and filing, and cross-filing, and arguing, and sealing, and motioning, and referring, and reporting, and revolving about the Lord Chancellor and all his satellites, and equitably waltzing ourselves off to dusty death, about Costs. That's the great question. All the rest, by some extraordinary means, has melted away.

Charles Dickens, *Bleak House*, Chapter VIII

Legal aid

Many societies grant legal aid to persons incapable of paying for a lawyer. The right of access to justice rings hollow without the provision of free legal advice and assistance to the poor, especially in criminal cases. Even in respect of civil litigation, however, elementary norms of fairness would be undermined where an impecunious defendant is sued by an affluent plaintiff or the state. Any semblance of equality before the law is thereby shattered. The cost involved (to both the state and the individual seeking legal aid) generally results in preference being given to assisting those charged with criminal offences, though some jurisdictions supply free legal aid in civil cases. Certain systems of legal aid provide lawyers who are employed exclusively to act for eligible, impoverished clients. Others appoint private practitioners to represent such individuals.

16. Lawyers can only do so much for their clients

Gideon's right to representation

Gideon was charged in a Florida state court with having broken and entered a poolroom with intent to commit a misdemeanour. Appearing in court without funds and without a lawyer, he asked the court to appoint counsel for him. The following dialogue took place:

The Court: Mr Gideon, I am sorry, but I cannot appoint Counsel to represent you in this case. Under the laws of the State of Florida, the only time the Court can appoint Counsel to represent a Defendant is when that person is charged with a capital offense. I am sorry, but I will have to deny your request to appoint Counsel to defend you in this case.

Gideon: The United States Supreme Court says I am entitled to be represented by Counsel.

Gideon conducted his own defence, was convicted, and sentenced to five years' imprisonment. He then appealed on the ground that the trial court's refusal to appoint counsel for him denied him rights 'guaranteed by the Constitution and the Bill of Rights by the United States Government'. The State Supreme Court rejected his appeal. From his prison cell, Gideon appealed to the US Supreme Court on the ground that he had been denied counsel and therefore that his rights under the Fourteenth Amendment had been violated without due process of law. He was assigned a prominent lawyer, Abe Fortas (later appointed a Justice of the Supreme Court). The court held that the right to the assistance of counsel was a fundamental right, essential for a fair trial, thus emphasizing the procedural safeguards required for due process of law. The defendant's wealth or educational standing should be irrelevant to the question of legal representation. The case was remanded to the Supreme Court of Florida for 'further action not inconsistent with this decision'. Gideon was retried, this time with legal representation, and was acquitted.

Chapter 6
The future of the law

Law, like war, appears to be an inescapable fact of the human condition. But what is its future? The law is, of course, in a constant state of flux. This is nicely expressed by the illustrious American Supreme Court Justice Benjamin Cardozo:

> Existing rules and principles can give us our present location, our bearings, our latitude and longitude. The inn that shelters us for the night is not the journey's end. The law, like the traveller, must be ready for the morrow. It must have a principle of growth.

In a rapidly changing world, growth and adaptation are more pressing than ever if the law is to respond adequately to the new threats as well as novel challenges it faces. The character of law has unquestionably undergone profound transformations in the last 50 years, yet its future is contentious. Some argue that the law is in its death throes, while others postulate a contrary prognosis that discerns numerous signs of law's enduring strength. Which is it? Curiously, there is some truth in both standpoints.

On the one hand, though reports of the death of law have been exaggerated, there is ample evidence of the infirmity of many advanced legal systems. Symptoms include the privatization of law (settlement of cases, plea-bargaining, ADR, the spectacular rise of regulatory agencies with wide discretionary powers, and the decline of the rule of law in several countries). On the other hand, there has been a revolution in the role of law that suggests it is both resilient and robust. This transformation includes the extension of the law's tentacles into the private domain in pursuit of efficiency, social justice, or other political goals; the globalization of law and its internationalization through the United Nations, regional organizations, and the European Union; and the massive impact of technology on the law.

This chapter attempts to uncover some of the major shifts in contemporary society and the formidable challenges they pose to the law.

Law and change

Various attempts have been made to chart the course of legal development. Legal historians have sought to identify the central features in the evolution of law, and, hence, to situate different societies along this continuum. In the late 19th century, the eminent scholar Sir Henry Maine contended that law and society had previously progressed 'from status to contract'. In other words, in the ancient world individuals were closely bound by status to traditional groups, whereas in modern societies individuals are regarded as autonomous beings, they are free to enter into contracts and form associations with whomever they choose.

But some detect a reversal in this movement, and that in many instances freedom of contract is more apparent than real. For example, what choice does the consumer have when faced with a standard-form contract (or contract of adhesion) for telecommunications, electricity, or other utilities? And where is the employee who, when offered a job and presented with a standard-form contract by his multinational employee, would attempt to renegotiate the terms? It is true that many advanced legal systems seek to improve the bargaining position of the individual through various forms of consumer protection legislation. Yet when a lightweight steps into the ring with a heavyweight, the outcome is rarely in doubt. Has 'status' returned in the shape of consumer or employee?

The growth of legal systems also exercised the minds of social theorists. The ideas of Max Weber have exerted a powerful influence on thinking about law and its development. He developed a 'typology' of law based on the different categories of legal thought. At its heart is the idea of 'rationality'. He distinguishes between 'formal' systems and 'substantive' systems. The core of this distinction is the extent to which a system is 'internally self-sufficient', i.e., the rules and procedures required for decision-making are available within the system. Second, he draws a distinction between 'rational' and 'irrational' systems. This describes the manner in which the legal rules and procedures are applied. The highest stage of rationality is reached when all legal propositions constitute a logically clear, internally consistent system of rules under which every conceivable fact or situation is included.

Weber gives as an example of a formally legal irrational system the phenomenon of trial by ordeal where guilt is determined by an appeal to some supernatural force. An example of substantive legal irrationality is where a judge decides a case on the basis of his personal opinion without any reference to rules. A decision of a judge is substantively rational, according to Weber, when he refers not to rules but moral principles or concepts of justice. Finally, where a judge defers to a body of doctrine consisting of legal rules and principles, the system constitutes one of formal logical legal rationality. It is towards this ideal type that Weber's theory of legal evolution progresses.

In many societies, however, Weber's model of a rational, comprehensive, and coherent legal system is undermined by the rapid rise in administrative control. There has been a colossal expansion in the jurisdiction of administrative agencies. These bodies, normally creatures of statute, are vested with extensive discretionary powers. In some cases, their decisions are explicitly exempted from judicial oversight.

In several European countries, for example, the privatization of formerly nationalized industries (such as utilities and telecommunications) has spawned a host of regulatory agencies with powers to investigate, make rules, and impose penalties. The ordinary courts may be marginalized, and hence the role of law itself becomes distorted. This development represents a threat to the authority and openness of courts. Moreover, the enlargement of discretionary powers emasculates the rule of law's insistence on the observance of clear rules that specify individual rights and duties. Discretionary regulation resembles Weber's notion of substantive legal rationality, while the ideology of the rule of law represents formal legal rationality.

Among the more radical theories of legal development is the Marxist idea that law is ultimately doomed to disappear entirely. This prediction is grounded in the idea of historicism: social evolution is explained in terms of inexorable historical forces. Marx and Engels propounded the theory of 'dialectical materialism' which explains the unfolding of history in terms of the development of a thesis, its opposite (or antithesis) and, out of the ensuing conflict, its resolution in a synthesis. Marx argued that each period of economic development has a corresponding class system. During the period of hand-mill production, for instance, the feudal system of classes existed. When steam-mill production developed, capitalism replaced feudalism. Classes are determined by the means of production, and therefore an individual's class is dependent on his relation to the means of production. Marx's 'historical materialism' is based on the fact that the means of production are materially determined; it is dialectical, in part, because he sees an inevitable conflict between those two hostile classes. A revolution would eventually occur because the bourgeois mode of production based on individual ownership and unplanned competition, stands in opposition to the increasingly non-individualistic, social character of labour production in the factory. The proletariat would, he predicted, seize the means of production and establish a 'dictatorship of the proletariat' which would, in time, be replaced by a classless, communist society in which law would eventually 'wither away'. Since the law is a vehicle of class oppression, it is superfluous in a classless society. This is the spirit of the argument first implied by Marx in his early writings and restated by Lenin. In its more sophisticated version the thesis claims that, following the proletarian revolution, the bourgeois state would be swept aside and replaced by the dictatorship of the proletariat. Society, after reactionary resistance has been defeated, would have no further need for law or state: they would 'wither away'.

Whatever theory is adopted to explain the manner and form of legal change, it is impossible to deny that the future of law is beset with a host of thorny challenges. Where might the greatest difficulties lie?

Internal challenges

In addition to the problem of bureaucratic regulation and the often unbridled discretion it generates (discussed above), there are a number of intractable questions that need to be confronted by legal systems everywhere. Some are mentioned in Chapter 2. Among the most conspicuous is the so-called 'war on terror'. It requires little perception to realize that in the space of less than a decade many legal systems are faced with a variety of problems that test the values that lie at their heart. How can free societies reconcile a commitment to liberty with the necessity to confront threats to undermine that very foundation? Absolute security is plainly unattainable, but even moderate protection against terror comes at a price. And no airline passenger can be unaware of the cost in respect of the delays and inconvenience that today's security checks inevitably entail. But though crime can never be entirely prevented, modern technology does offer extraordinarily successful tools to deter and apprehend offenders. Closed circuit television (CCTV) cameras, for instance, are able to monitor unlawful activities, such recordings supplying prosecutors with powerful evidence in court against the filmed villain. To what extent should the law tolerate this kind of surveillance? Consider the following example, which may help to demonstrate the difficulty, and the unavoidable 'balancing' between competing rights that is a conspicuous characteristic of modern law.

> I like my car. It's nothing special: but its silver body induces in me a pleasing sensation. Or did. A few days ago, as I was about to unlock the door, I noticed a deep scratch that stretched along the side of the car. A key or perhaps a screwdriver had been dragged over its metallic surface. A similar wound had been inflicted on the bonnet. I was furious. Not unlike a character in a movie, I scoured the vicinity in the vain hope of some sign of the vandal, my face suitably arranged in an expression of ferocious indignation. But the miscreant was long gone. The offence had been committed, I presumed, during the night. I was left to my curses. The car was parked in a well-lit area, but this was plainly no deterrent. Why, I instantly lamented, was there no CCTV camera nearby to record the villain's identity? I wanted him caught and punished.

A trivial instance of criminal damage, perhaps, but it would be ingenuous not to think that most people would support measures that might successfully prevent crime and, especially since 11 September 2001, acts of terrorism. Surely, a terrorist, no less than the delinquent who damaged my car, would be thwarted were a CCTV to record his (or, less likely, her) every move? Law-abiding citizens must feel safer in the knowledge that this surveillance is taking place. And why not? Polls confirm their wide support. Who but the robber, abductor, or bomber has anything to fear from the monitoring of his or her activities in public places? Nor should it stop there. Advances in technology render the tracking of an individual's financial transactions and email communications

17. **CCTV cameras police the streets of many cities**

simple. The introduction of 'smart' ID cards, the use of biometrics, and electronic road pricing represent major developments in methods of surveillance. Only the malevolent could legitimately object to these effective methods of crime control. Would that this comforting view were true.

We cannot afford to pussyfoot with terrorists, but how far should we be willing to trade our freedom for security? In the immediate aftermath of the events of 11 September 2001, politicians, especially in the United States, have understandably sought to enhance the powers of the state to detain suspects for interrogation, intercept communications, and monitor the activities of those who might be engaged in terrorism. The law faces formidable difficulties here. Draconian powers are probably unavoidable during times of war: arbitrary powers of arrest and detention, imprisonment without trial, secret trials, and the like. How long can a free society tolerate these infringements of liberty? What lasting damage may be inflicted on the rule of law and individual rights? Can the law continue to protect citizens or will citizens need protection *from* the law? Are the courts able to act as a bulwark against these attacks on freedom?

A vivid example of a society that attempted a comprehensive assault on 'terrorism' is apartheid South Africa. Heavy-handed laws made substantial legislative inroads into the jurisdiction of the courts in the realm of civil liberties. The removal of the authority of the judiciary to question the exercise of executive power under a wide range of circumstances considerably attenuated the authority of judges. The ever-increasing sphere of unchecked executive discretion in matters of fundamental liberty such as detention, deportation, banning, and censorship reduced the members of the judiciary to impotent spectators of administrative action. This was a grotesque distortion of their calling. Moreover, even where a courageous judge was able to interpret the law in favour of liberty, he was, in practice, likely to have his efforts frustrated by legislation to nullify its effect.

A less egregious engine of change is the internationalization or globalization of law. The world has witnessed an escalation in the influence and importance of international (the United Nations) or regional organizations (such as the European Union). These sources of law diminish the authority of domestic law. Nor has the law been spared the McDonald's effect of powerful multinational corporations influencing the character of banking, investments, consumer markets, and so on. All have a direct impact on the law.

Furthermore, most legal systems face unresolved dilemmas in several of the disciplines discussed in Chapter 2. Some of these problems were touched upon there. They are both substantive and procedural, and include several quandaries concerning the criminal justice system. What is the future of the criminal trial in the face of complex commercial offences, often involving sophisticated know-how? Is the jury trial appropriate in these circumstances, or at all? Is the civil law inquisitorial system preferable to the common law adversarial approach? In many jurisdictions, access to the law is patchy. The poor are not always provided with adequate access to the courts and other institutions of dispute resolution. No less prickly issues beleaguer private law. For example, many legal systems wrestle with the difficult question of compensation for personal injuries, and the effect of insurance on the award of damages.

While the law on its own can never transform, or indeed conserve, the social order and its values, it has the capacity to influence and shape attitudes. Efforts to achieve social justice through law have not been an unqualified success. Statutes outlawing racial discrimination, for example, represent only a modest advance in the cause of equality. While little can be accomplished *without* legal intervention, the limits of law need to be acknowledged. There is a growing tendency to legalize moral and social problems, and even to assume that the values underpinning democratic Western legal systems, and their institutions, can be fruitfully exported or transplanted to less developed countries.

This may be a Utopian view. Equally sanguine may be the proposition that economic development necessarily presages respect for human rights, as is frequently contended.

Modern governments espouse highly ambitious legislative programmes that frequently verge upon social engineering. To what extent can legislation genuinely improve society, combat discrimination and injustice? Or are courts more appropriate vehicles for social change? Where, as in the United States, a vigorous Supreme Court has the clout to declare laws unconstitutional, the legislature has no choice but to fall in line, as it did following the seminal case of *Brown v Board of Education of Topeka* in 1954. A unanimous court declared the establishment of separate public schools for black and white students 'inherently unequal'. This landmark decision opened the doors (literally) to integration and the birth of the Civil Rights Movement. Though discrimination will always exist, few would deny that the case changed the law – and society – for the better.

Da Vinci's code

The time will come when people such as I will look upon the murder of (other) animals as they now look upon the murder of human beings.

Leonardo da Vinci

Without effective enforcement, laws cannot fulfil their noble aspirations. Legislation prohibiting animal cruelty is a case in point. Vivisection, battery farming, the fur trade, hunting, trapping, circuses, zoos, and rodeos are merely some of the practices, apart from the direct intentional infliction of pain

18. Whatever legal status we accord animals, a major obstacle in the path of genuine protection of their welfare is the inadequate enforcement of the law

on an animal, that cause misery and suffering to millions of creatures around the world every day. Anti-cruelty statutes have been enacted in many jurisdictions, yet in the absence of rigorous enforcement, these laws constitute mostly empty promises. And enforcement is a major hurdle: detection is largely dependent on inspectors who lack the power of arrest, prosecutors who rarely regard animal cruelty cases as a high priority, and judges who seldom impose adequate punishment, not that the statutory penalty is itself sufficiently stringent.

In an increasingly anxious world, there is an understandable tendency to look to the law to resolve the manifold threats to our future. In recent years, the dangers of pollution, depletion of the ozone layer, global warming, and other threats to the survival of many species of animal, marine, bird, and plant life have assumed a higher profile. A growing number of states have introduced legislation to attempt to limit or control the destruction of the planet. The law, however, often proves to be a rather blunt

The law and the suffering of animals

The day may come, when the rest of the animal creation may acquire those rights which never could have been withholden from them but by the hand of tyranny. The French have already discovered that the blackness of skin is no reason why a human being should be abandoned without redress to the caprice of a tormentor. It may come one day to be recognized, that the number of legs, the villosity of the skin, or the termination of the os sacrum, are reasons equally insufficient for abandoning a sensitive being to the same fate. What else is it that should trace the insuperable line? Is it the faculty of reason, or perhaps, the faculty for discourse? ... [T]he question is not, Can they reason? nor, Can they talk? but, Can they suffer? Why should the law refuse its protection to any sensitive being? ... The time will come when humanity will extend its mantle over everything which breathes ...

Jeremy Bentham,
Introduction to the Principles of Morals and Legislation

instrument. For example, in the case of the criminal liability of a company for pollution, a conviction depends on proof that those who control the company had the requisite knowledge or intention. This is notoriously difficult to prove. And even where these acts are strict liability offences, the fines imposed by courts have a limited deterrent effect. It may be that the numerous international treaties, conventions, and declarations on almost every aspect of environmental protection are likely to be more effective, though, as with the law, the predictable stumbling block is effective enforcement.

Technological challenges

There is nothing new about the law's struggle to keep abreast with technology. Yet the last 20 years have witnessed an unprecedented transformation of the contest. Digital disquiet easily spawns alarm and anxiety. The emergence of information technology, to select only one obvious instance, poses enormous challenges to the law. Attempts legally to control the Internet, its operation or content, have been notoriously unsuccessful. Indeed, its very anarchy and resistance to regulation is, in the minds of many, its strength and attraction. But is cyberspace beyond regulation? The distinguished legal academic Lawrence Lessig has persuasively argued that it is susceptible to control, not necessarily by law, but through its essential make-up, its 'code': software and hardware that constitute cyberspace. That code, he suggests, can either produce a place where freedom prevails or one of oppressive control. Indeed, commercial considerations increasingly render cyberspace decidedly amenable to regulation; it has become a place in which conduct is more strongly controlled than in real space. In the end, he maintains, it is a matter for us to determine; the choice is one of architecture: what sort of code should govern cyberspace, and who will control it? And in this respect, the central legal issue is code. We need to choose the values and principles which should animate that code.

Information is no longer merely power. It is big business. In recent years, the fastest growing component of international trade is the service sector. It accounts for more than one-third of world trade – and continues to expand. It is a commonplace to identify, as a central feature of modern industrialized societies, their dependence on the storage of information. The use of computers facilitates, of course, considerably greater efficiency and velocity in the collection, storage, retrieval, and transfer of information. The everyday functions of the state as well as private bodies require a continual supply of data about individuals in order to administer effectively the numerous services that are integral to contemporary life and the expectations of citizens. Thus, to mention only the most conspicuous examples, the provision of health care, social security, and the prevention and detection of crime by the law enforcement authorities assume the accessibility of a vast quantity of such data, and, hence, a willingness of the public to furnish them. Equally in the private sector, the provision of credit, insurance, and employment generate an almost insatiable hunger for information.

Big Brother?

The future is unlikely to witness an escalation of our privacy. Can the law curb the apparently relentless slide towards an Orwellian nightmare? 'Low-tech' collection of transactional data in both the public and private sector has become commonplace. In addition to the routine surveillance by CCTV in public places, the monitoring of mobile telephones, the workplace, vehicles, electronic communications, and online activity are increasingly taken for granted in most advanced societies. The escalating use of surveillance in the workplace, for example, is changing not only the character of that environment, but also the very nature of what we do and how we do it. The knowledge that our activities are, or even may be, monitored, undermines our psychological and emotional autonomy. Indeed, the slide towards electronic supervision may fundamentally alter our relationships and our identity. In such a world, employees are arguably less likely to execute their duties effectively. If that occurs, the snooping employer will, in the end, secure the precise opposite of what he hopes to achieve.

The privacy prognosis is not encouraging; the future promises more sophisticated and alarming intrusions into our private lives, including the greater use of biometrics, and sense-enhanced searches such as satellite monitoring, penetrating walls and clothing, and 'smart dust' devices (minuscule wireless micro-electromechanical sensors (MEMS) that can detect everything from light to vibrations). These so-called 'motes' – as tiny as a grain of sand – would collect data that could be sent via two-way band radio between motes up to 1,000 feet away.

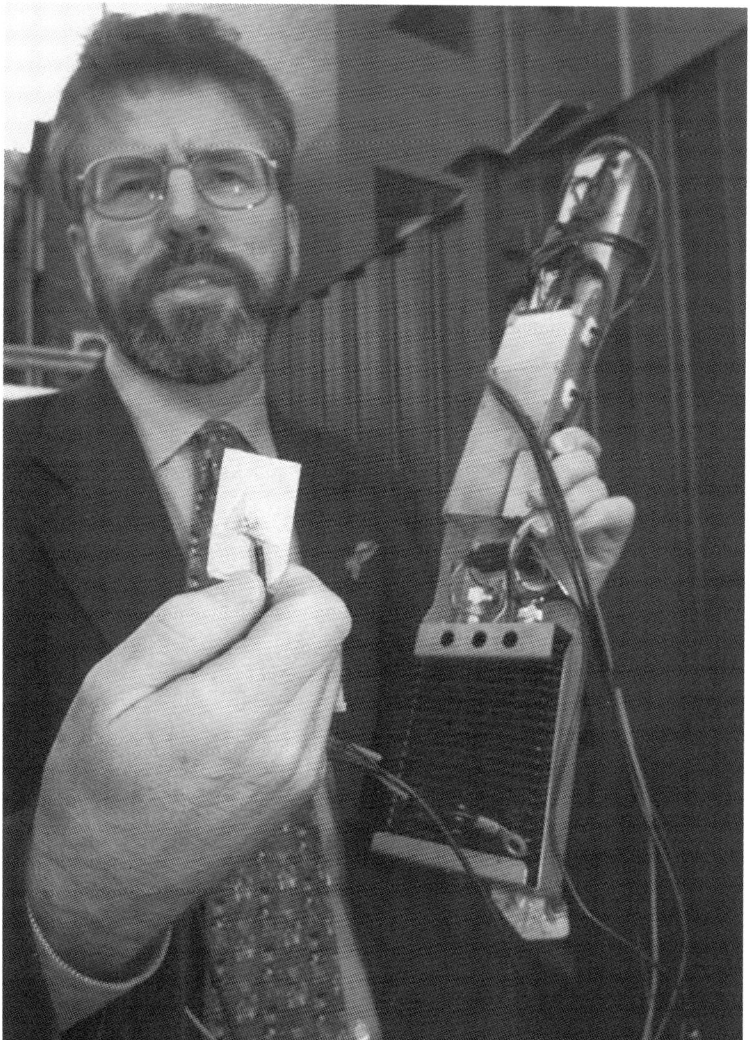

19. Sinn Fein President, Gerry Adams, displays the sophisticated listening equipment and digital tracking device discovered in a car used by the party

As cyberspace becomes an increasingly perilous domain, we learn daily of new, alarming assaults on its citizens. This slide towards pervasive surveillance coincides with the mounting fears, expressed well before 11 September, about the disturbing capacity of the new technology to undermine our liberty. Reports of the fragility of privacy have, of course, been sounded for at least a century. But in the last decade they have assumed a more urgent form. And here lies a paradox. On the one hand, recent advances in the power of computers have been decried as the nemesis of whatever vestiges of our privacy still survive. On the other, the Internet is acclaimed as a Utopia. When clichés contend, it is imprudent to expect sensible resolutions of the problems they embody, but between these two exaggerated claims, something resembling the truth probably resides. In respect of the future of privacy, at least, there can be little doubt that the legal questions are changing before our eyes. And if, in the flat-footed domain of atoms, we have achieved only limited success in protecting individuals against the depredations of surveillance, how much better the prospects in our brave new binary world?

When our security is under siege, so – inevitably – is our liberty. A world in which our every movement is observed erodes the very freedom this snooping is often calculated to protect. Naturally, we need to ensure that the social costs of the means employed to enhance security do not outweigh the benefits. Thus, one unsurprising consequence of the installation of CCTV in car parks, shopping malls, airports, and other public places is the displacement of crime; offenders simply go somewhere else. And, apart from the doors this intrusion opens to totalitarianism, a surveillance society can easily generate a climate of mistrust and suspicion, a reduction in the respect for law and those who enforce it, and an intensification of prosecution of offences that are susceptible to easy detection and proof.

Though data protection legislation has been enacted in more

than 30 jurisdictions, its scope is limited. At its core is the simple proposition that data relating to an identifiable individual should not be collected in the absence of a genuine purpose and the consent of the individual concerned. At a slightly higher level of abstraction, it encapsulates the principle of what the German Constitutional Court has called 'informational self-determination' – a postulate that expresses a fundamental democratic ideal. But the enactment of data protection legislation is driven only partly by altruism. The new information technology disintegrates national borders; international traffic in personal data is a routine feature of commercial life. The protection afforded to personal data in Country A is, in a digital world, rendered nugatory when it is retrieved on a computer in Country B in which there are no controls over its use. Hence, states with data protection laws frequently proscribe the transfer of data to countries that lack them. Indeed, the European Union has in one of its several directives explicitly sought to annihilate these 'data havens'. Without data protection legislation, countries risk being shut out of the rapidly expanding information business.

At the heart of these laws are two central canons of fair information practice that speak for themselves: the 'use limitation' and 'purpose specification' principles. They require rejuvenation where they already exist, and urgent adoption where they do not (most conspicuously, and indefensibly, in the United States). They may, moreover, be able to provide complementary safeguards for individual privacy in cyberspace.

The future of the right to privacy depends in large part on the ability of the law to formulate an adequately clear definition of the concept itself. This is not only a consequence of the inherent vagueness of the notion of privacy, but also because the 'right of privacy' has conspicuously failed to provide adequate support to the private realm when it is intruded upon by competing rights and interests, especially freedom of expression. In our burgeoning information age, the vulnerability of privacy is likely to intensify

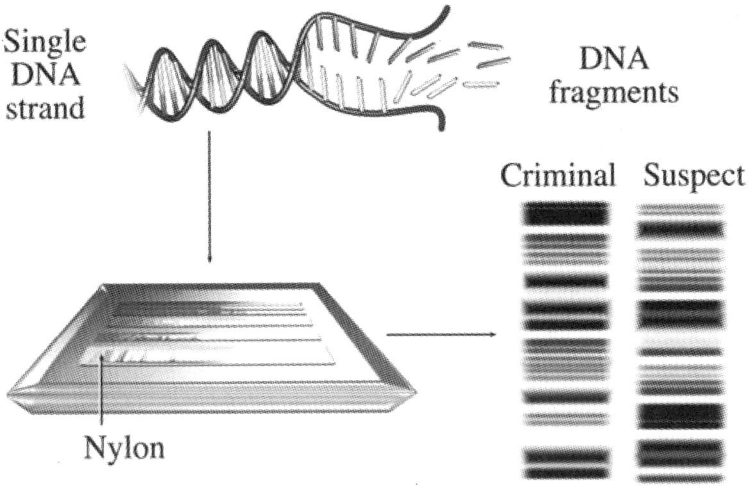

20. The use of DNA evidence has become a routine feature of criminal investigation in many countries

unless this central democratic value is translated into simple language that is capable of effective regulation.

Other developments have comprehensively altered fundamental features of the legal landscape. The law has been profoundly affected and challenged by numerous other advances in technology. Computer fraud, identity theft, and other 'cybercrimes', and the pirating of digital music, are touched on below. Developments in biotechnology such as cloning, stem cell research, and genetic engineering provoke thorny ethical questions and confront traditional legal concepts. Proposals to introduce identity cards and biometrics have attracted strong objections in several jurisdictions. The nature of criminal trials has been transformed by the use of both DNA and CCTV evidence.

Big Brother already appears to be alive and well in several countries. Britain, for example, boasts more than 4 million CCTV cameras in public places: roughly one for every 14

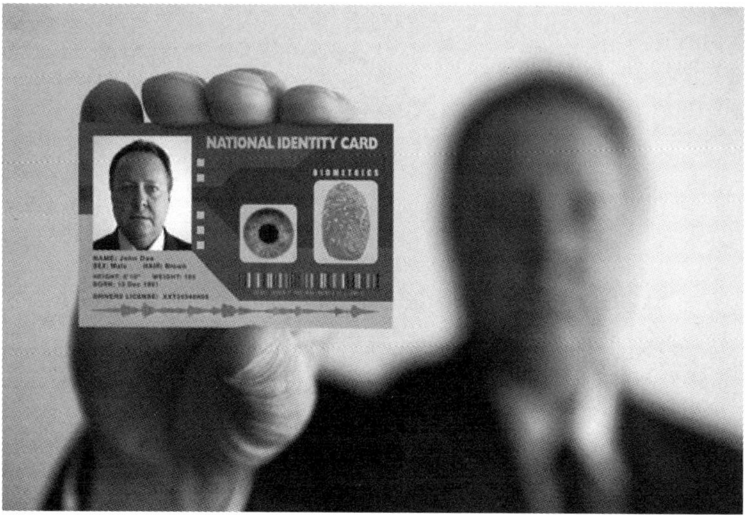

21. ID cards of various kinds are widespread throughout the world, though fairly rare in common law jurisdictions. The rise in international terrorism has fuelled the demand for their introduction in several countries. But their capacity to merge personal information from numerous sources poses threats to individual privacy

inhabitants. It also possesses the world's largest DNA database, comprising some 3.6 million DNA samples. The temptation to install CCTV cameras by both the public and private sector is not easy to resist. Data protection law ostensibly controls its use, but such regulation has not proved especially effective. A radical solution, adopted in Denmark, is to prohibit their use, subject to certain exceptions such as petrol stations. The law in Sweden, France, and Holland is more stringent than in the United Kingdom. They adopt a licensing system, and the law requires that warning signs be placed on the periphery of the zone monitored. German law has a similar requirement.

In order to counter the threat of terrorism, the future will unquestionably witness an increased use of biometrics. Biometrics

The dark side of biometrics

Biometrics is one of the most serious among the many technologies of surveillance that are threatening the freedom of individuals and of societies.

In one possible future, biometrics will fall into ill-repute in relatively free countries. But in authoritarian countries, biometrics will be successfully imposed on the population, resulting in freedoms being reduced even further. Biometrics providers will flourish by selling their technology to repressive governments, and achieve footholds in relatively free countries by looking for soft targets, starting in some cases with animals, and in others with captive populations like the frail aged, prisoners, employees, insurance consumers, and welfare recipients. All relatively free countries will become more repressive. Public confidence in corporations and government agencies will spiral much lower. This scenario leads away from freedoms, and towards subjugation of the individual to powerful organizations.

The other alternative is that societies appreciate the seriousness of the threats, and impose substantial constraints on technologies and their use. This demands commitment by the public, and courage by elected representatives, who must withstand pressure from large corporations, and from the national security and law enforcement apparatus that invokes such bogeymen as terrorism, illegal immigration, and domestic law and order as justifications for the implementation of repressive technologies. This scenario embodies scope for achieving balance among the needs of individuals and society as a whole.

Roger Clarke, 'Biometrics and Privacy'
http://www.anu.edu.au/people/Roger.Clarke/DV/Biometrics.html

includes, in particular, a number of measures of human physiography such as fingerprints, aspects of the iris and ear lobes, and DNA. The Australian privacy advocate Roger Clarke provides the following examples of characteristics on which biometric technologies can be based: one's appearance (supported by still images), e.g., descriptions used in passports, such as height, weight, colour of skin, hair, and eyes, visible physical markings, gender, race, facial hair, wearing of glasses; natural physiography, e.g., skull measurements, teeth and skeletal injuries, thumbprint, fingerprint sets, handprints, retinal scans, ear lobe capillary patterns, hand geometry, DNA patterns; bio-dynamics, e.g., the manner in which one's signature is written, statistically analysed voice characteristics, keystroke dynamics, particularly login-ID and password; social behaviour (supported by video-film), e.g., habituated body signals, general voice characteristics, style of speech, visible handicaps; imposed physical characteristics, e.g., dog tags, collars, bracelets and anklets, bar codes and other kinds of brands, embedded micro-chips and transponders. The law will need to respond to this dangerous trend.

New wrongs and rights

Advances in technology are predictably accompanied by new forms of mischief. Today it is 'podslurping' (see below); tomorrow it is another evil facilitated by the digital world we now inhabit. The law is not always the most effective or appropriate instrument to deploy against these novel depredations. Technology itself frequently offers superior solutions. In the case of the Internet, for example, a variety of measures exist to protect personal data online. These include the encryption, economization, and erasure of personal data.

While new-fangled wrongs will continue to emerge, some transgressions are simply digital versions of old ones. Among the more obvious novel threats, there are a number which tease the law's capacity to respond to new offences. These include complex problems arising largely from the ease with which data, software, or music may be copied. The pillars upon which intellectual property law was constructed have been shaken. This incorporates the law of patents (see below) and trademarks, especially in respect of domain names. Defective software gives rise to potential contractual and tortious claims for compensation. The storage of data on mobile telephones and other devices relentlessly tests the law's ability to protect the innocent against the 'theft' of information. New threats emerge almost daily. Employers have been warned of the relative ease with which their workers may appropriate data by 'podslurping', a simple operation that consists in the unauthorized downloading of data from a computer to a small device such as an iPod, MP3 player, or flash drive.

Internet iniquity

Malevolent websites are multiplying by the day. A study by Google in May found 450,000 booby-trapped pages out of a sample of 4.5 million pages. A further 700,000 looked likely to be dangerous. Most of the websites exploit weaknesses in Microsoft's Internet Explorer browser ... increasingly common are sites that steal private details or turn your computer into a 'bot' – one which is remotely controlled by someone else. Bots can be used to harvest email addresses, send spam and conduct attacks on corporate websites. Then there are the 'Denial of Service' (DoS) attacks, which use armies of 'bots' – or 'zombies' – to flood company websites with fake data requests. The words conjure up images from Night of the Living Dead and the reality is the online equivalent of consuming a living person's flesh, as hundreds of thousands of 'zombies' attack a website until they've taken it offline – which can disable it for days and lose the

company a fortune. Usually the attacks are accompanied by demands for money. Gambling and porn sites were among the first to get hit: reluctant to seek police help, they paid the ransom – often to accounts in Russia or Eastern Europe … Of course there are defences against hackers, and you'd be mad not to install anti-virus, anti-spyware and anti-spam software on your personal computer … [T]he future looks even more terrifying. Simon Church of VeriSign says the online auction sites that criminals use to sell user details are just the beginning. He foresees one of the web's current favourites – 'mashup' sites that put together different databases – being turned to illicit use. 'Imagine if a hacker put together information he'd harvested from a travel company's database with Google Maps. He could provide a tech-savvy burglar with the driving directions of how to get to your empty house the minute you go on holiday.' I don't know about you, but that's enough to make me resort to carrier pigeons and cash.

Edie G. Lush, 'How Cyber-Crime Became a Multi-Billion-Pound Industry', *The Spectator*, 16 June 2007

Criminals have not been slow to exploit the law's frailties. Cybercrime poses new challenges for criminal justice, criminal law, and law enforcement both nationally and internationally. Innovative online criminals generate major headaches for police, prosecutors, and courts. This new terrain incorporates cybercrimes against the person (such as cyber-stalking and cyber-pornography), and cybercrimes against property (such as hacking, viruses, causing damage to data), cyber-fraud, identity theft, and cyber-terrorism. Cyberspace provides organized crime with more sophisticated and potentially more secure methods for supporting and developing networks for a range of criminal activities, including drug and arms trafficking, money laundering, and smuggling.

Protecting software

Complex legal (and, in the United States, constitutional) issues surround the question of patenting software. A patent is the grant of an exclusive right to exploit or develop an invention. With the introduction of various forms of computer programs and other types of software, the law will continue to grapple with challenging, and often perplexing, problems as to whether there is sufficient novelty in the software to justify patentability. In general, the law takes the view that computer programs are not patentable unless they constitute a genuine invention with industrial application.

There is, on the other hand, a greater readiness to provide copyright protection to software, web pages, and even email messages since their owners have, as the name implies, the right to copy the material and, by extension, the right to prevent others from doing so. Software piracy has grown into a significant menace to major software producers such as Microsoft, but the issue is extremely controversial since, though it is clear that certain countries (Vietnam) engage in the wholesale copying of software, it is argued that the huge losses (up to 12 billion US dollars) that companies such as Microsoft claim they suffer is illusory because many of those who purchase pirated software are unable to afford legitimate versions. Moreover, it is contended by opponents of copyright for computer programs such as the Free Software Foundation that '"free software" is a matter of liberty, not price. To understand the concept, you should think of "free" as in "free speech," not as in "free beer." Free software is a matter of the users' freedom to run, copy, distribute, study, change and improve the software.'

But, as mentioned above, some wrongs have simply undergone a digital rebirth. For example, the tort of defamation has found a congenial new habitat in cyberspace. The law in most jurisdictions protects the reputation of persons through the tort of defamation or its equivalent. It will be recalled that while there are variations within common law jurisdictions, the law generally imposes liability where the defendant intentionally or negligently publishes a false, unprivileged statement of fact that harms the plaintiff's reputation. Civil law systems, instead of recognizing a separate head tort of defamation protect reputation under the wing of rights of the personality. In cyberspace, however, national borders tend to disintegrate, and such distinctions lose much of their importance.

The advent of email, chat rooms, bulletin boards, newsgroups, and blogs provide fertile ground for defamatory statements online. Since the law normally requires publication to only one person other than the victim, an email message or posting on a newsgroup will suffice to found liability. But it is not merely the author of the libel who may be liable.

In an important, if somewhat unclear, decision, a New York court held an Internet service provider, Prodigy, responsible for defamatory statements that appeared on its bulletin boards. The basis of the judgment was that Prodigy was a 'publisher' – principally because it had exercised editorial control over the content of its bulletin boards. In pursuit of this objective, it had posted 'content guidelines' to its users, and it employed a software screening program to screen postings for offensive language. An earlier New York decision had decided that another service provider, CompuServe, was not liable for defamatory statements that appeared on one of its online forums. The judgment was based on the fact that the defendants were merely distributors rather than actual publishers. It was the functional equivalent of a lending library. Under these circumstances, free speech should prevail. An English decision that settled before a full trial was held rejected the ISP's argument that it was merely an innocent purveyor of information.

Tomorrow's courts and lawyers

It is not merely the law but its institutions and practitioners whose future will be profoundly affected by the developments in information technology. It is improbable that judges will be replaced by computers (though this prospect is not without its supporters), but the administration of justice in many advanced societies has already undergone significant changes and will continue to do so. The courts of several jurisdictions already benefit from access to legal materials that previously would have consumed long hours of research. Virtual law libraries with sophisticated search facilities enable judges, lawyers, legal academics, and ordinary members of society to obtain rapid access to statutes, cases, and other sources of law. This will be especially helpful to less affluent countries with limited legal resources. Increasingly, judgments of the courts are posted on the Internet almost immediately after they have been handed down. There are already several excellent online legal databases such as findlaw.com and austlii.com.

The electronic transcription of court proceedings, the management of cases, and standardization of electronic documents will continue to enhance the judicial process, streamlining and reducing notorious delays. The sight of a judge laboriously taking written notes is already disappearing, but voice-recognition technology will obviate the need for note-taking of any kind. Both evidence and legal sources can effortlessly be retrieved electronically. A more radical development might be the establishment of virtual courts in which the parties conduct proceedings without the need for corporeal proximity, thereby decreasing cost and delay.

Many of these advances (and there will be others) are likely to generate significant advantages for the ordinary individual seeking access to justice. Once legal information and services become more widely available, it ought to follow that the grandiose ambitions of the law and legal system will be more effectively accomplished. The role of lawyers and the administration of justice will, in the words of Richard Susskind:

> no longer be dominated by print and paper in tomorrow's legal paradigm. Instead, legal systems of the information society will evolve rapidly under the considerable influence of ever more powerful information technologies. We will no longer suffer from the excessive quantity and complexity of legal material. There will be mechanisms in place to give everyone fair warning of the existence of new law and changes in old. Legal risks will be managed in advance of problems occurring and so dispute pre-emption rather than dispute resolution will be the order of the day. Our law will thus become far more fully integrated with our domestic, social and business lives.

Who would not welcome this sanguine prophecy?

The death of copyright?

The anarchist revolution in music is different from the one in software *tout court*, but here too – as any teenager with an MP3 collection of self-released music from unsigned artists can tell you – theory has been killed off by the facts. Whether you are Mick Jagger, or a great national artist from the third world looking for a global audience, or a garret-dweller reinventing music, the recording industry will soon have nothing to offer you that you can't get better for free. And music doesn't sound worse when distributed for free, pay what you want directly to the artist, and don't pay anything if you don't want to. Give it to your friends; they might like it.

Eben Moglen, 'Anarchism Triumphant: Free Software and the Death of Copyright', in Eli Lederman and Ron Shapira (eds), *Law, Information and Information Technology* (The Hague: Kluwer Law International, Law and Electronic Commerce Series, 2001), pp. 145, 170–1

Today's Legal Paradigm	Tomorrow's Legal Paradigm
Legal service	**Legal service**
One-to-one	One-to-many
Reactive service	Proactive service
Time-based billing	Commodity pricing
Restrictive	Empowering
Defensive	Pragmatic
Legal focus	Business focus
Legal process	**Legal process**
Legal problem-solving	Legal risk management
Dispute resolution	Dispute pre-emption
Publication of law	Promulgation of law
Dedicated legal profession	Legal specialists and information engineers
Print-based	IT-based legal systems

The role of law in a precarious world

As it unfolds, the 21st century yields few reasons to be cheerful. Our world continues to be blighted by war, genocide, poverty, disease, corruption, bigotry, and greed. More than one-sixth of its inhabitants – over a billion people – live on less than $1 a day. Over 800 million go to bed hungry every night, representing 14% of the world's population. The United Nations estimates that hunger claims the lives of about 25,000 people every day. The relationship between poverty and disease is unambiguous. In respect of HIV/AIDS, for example, 95% of cases occur in developing countries. Two-thirds of the 40 million people infected with HIV live in sub-Saharan Africa.

Amid these gloomy statistics, occasional shafts of light appear to justify optimism. There has been some progress in diminishing at least some of the inequality and injustice that afflict individuals and groups in many parts of the world. And this has been, in no small measure, an important achievement of the law. It is easy, and always fashionable, to disparage the law, and especially lawyers, for neglecting – or even aggravating – the world's misery. Yet such cynicism is increasingly unfounded in the light of the progress, albeit lumbering, in the legal recognition and protection of human rights.

The adoption by the United Nations, in the grim shadow of the Holocaust, of the Universal Declaration of Human Rights in 1948, and the International Covenants on Civil and Political Rights, and Economic, Social and Cultural Rights in 1976, demonstrates, even to the most sceptical observer, a commitment by the international community to the universal conception and protection of human rights. As mentioned above, this so-called International Bill of Rights, with its inevitably protean and slightly kaleidoscopic ideological character, reflects an extraordinary measure of cross-cultural consensus among nations.

The idea of human rights has passed through three generations. The first generation consisted of mostly 'negative' civil and political rights. A right is negative in the sense that it entails a right not to be interfered with in certain prohibited ways, for example my right to speak freely. A right is positive, on the other hand, when it expresses a claim to something such as education or health or legal representation. These second-generation rights crowd under the umbrella of economic, social, and cultural rights. The third generation of rights comprises primarily collective rights which are foreshadowed in Article 28 of the Universal Declaration which declares that 'everyone is entitled to a social and international order in which the rights set forth in this Declaration can be fully realized'. These 'solidarity' rights include the right to social and economic development and to participate in and benefit from the resources of the earth and space, scientific and technical information (which are especially important to the Third World), the right to a healthy environment, peace, and humanitarian disaster relief.

It is sometimes contended that unwarranted primacy is given to positive rights at the expense of negative rights. The latter, it is argued, are the 'genuine' human rights, since without food, water, and shelter, the former are a luxury. The reality, however, is that both sets of rights are equally important. Democratic governments that respect free speech are more likely to address the needs of the poor. And, on the other hand, in societies where economic and social rights are protected, democracy has an enhanced prospect of success since people are not preoccupied with concerns about their next meal.

Misgivings surrounding the concept of human rights are not new. Some theorists, for example, have long rejected the very idea that the law can be a neutral body of rules which guarantees liberty and legality. They spurn, in short, the ideal of the rule of law. Others of a similar disposition dislike the individualism implicit in human rights. Qualms are expressed by those who perceive the expanding recognition of human rights as undermining the 'war on terror'. Still others find many of the rights expressed in declarations to be incoherent or cast in such vague and general terms, and weakened by inevitable exclusions and exemptions, that often they appear to take away with one hand what they give with the other. In impoverished countries, modern conceptions of human rights are at times regarded with suspicion as Western or Eurocentric, failing to address the problems of starvation, poverty, and suffering that afflict many of their people. Indeed, it is asserted that they merely shore up the prevailing distribution of wealth and power.

These, and many other, doubts about the development of human rights are not to be lightly dismissed. Nor should we be under any illusion that international, or indeed domestic, declarations or the agencies that exist to implement them are adequate. They provide the contours of a strategy for improved protection. The role of the numerous non-governmental organizations (NGOs), independent human rights commissions, pressure groups, and courageous individuals are of paramount importance. The growing body of law on the subject does promote a degree of optimism about the future well-being of humanity. In view of our planet's ecological

Law and the state

Modern law's strength is as a technical instrument of government, and as a medium of power. Legal ideas, as a framework of understanding of the character of social life, are moulded in numerous situations and processes of social interaction – in confrontations in the courtroom, negotiations in lawyers' offices, the regulation or containment of disputes in neighbourhood settings, the bargaining practices of regulatory agencies, the elaboration of police culture, and so on. Nevertheless, the character of law as institutionalized doctrine is most strongly shaped by coercive state power which stands in the shadows or sometimes clearly in view in all those settings where state law is invoked or impossible to avoid.

Roger Cotterrell, *The Sociology of Law: An Introduction*, 2nd edn (OUP, 1992), p. 312

despoliation and even potential nuclear immolation, it is necessary, if not essential, to conceive of rights as a weapon by which to safeguard the interests of all living things against harm, and to promote the circumstances under which they are able to flourish.

A fundamental shift in our social and economic systems and structures may be the only way in which to secure a sustainable future for our world and its inhabitants. The universal recognition of human rights seems to be an indispensable element in this process. The compelling rhetoric of the Marxist historian E. P. Thompson in defence of the rule of law rings equally true in respect of the universality of human rights:

> To deny or belittle this good is, in this dangerous century when the resources and pretensions of power continue to enlarge, a desperate error of intellectual abstraction. More than this, it is a self-fulfilling error, which encourages us to give up the struggle against bad laws and class bound procedures, and to disarm ourselves before power. It is to throw away a whole inheritance of struggle about law, and within the forms of law, whose continuity can never be fractured without bringing men and women into immediate danger.

This was written of the last century. These dangers have unquestionably intensified in this troubled century.

The future will doubtless challenge the capacity of the law not only to control domestic threats to security, but also to negotiate a rational approach to the menace of international terror. Public international law and the United Nations Charter will continue to offer the optimal touchstone by which to determine what constitutes tolerable conduct in respect of both war and peace. 'Humanitarian intervention' has in recent years become a significant feature of the international scene. Whether it be ethnic cleansing (Rwanda) or collapse of governments (Somalia and several sub-Saharan states), there is increasing support for action to prevent or avoid the horrors of such gruesome flashpoints. Moreover, in a world in which the law must confront an insidious enemy within, the very foundations of international law are severely tested. This war is waged not between states, but by a clandestine international terrorist network with pernicious ambitions.

It is easy, especially for lawyers, to exaggerate the significance of the law. Yet history teaches that the law is an essential force in facilitating human progress. This is no small achievement. Without law, as Thomas Hobbes famously declared,

> there is no place for Industry, because the fruit thereof is uncertain; and consequently no Culture of the Earth, no Navigation, nor use of the commodities that may be imported by sea; no commodious Building, no instruments of moving and removing such things as require much force; no Knowledge of the face of the Earth, no account of Time, no Arts, no Letters, no Society; and which is worst of all, continual fear and danger of violent death; and the life of people, solitary, poor, nasty, brutish, and short.

If we are to survive the calamities that await us, if civilized values and justice are to prevail and endure, law is surely indispensable.

References

Chapter 1

'[B]asic institutions, concepts, and values ...': Harold J. Berman, *Law and Revolution: The Formation of the Western Legal Tradition* (Harvard University Press, 1995), p. 165.

'Like a jewel in a brooch ...': H. R. Hahlo and Ellison Kahn, *The South African Legal System and Its Background* (Juta, 1968), p. 218.

Learned Hand, 'I often wonder ...': *The Spirit of Liberty: Papers and Addresses of Learned Hand*, collected, and with an introduction and notes, by Irving Dilliard (Alfred A. Knopf, 1954), p. 190.

Alfred Denning, 'The Need for a New Equity', *Current Legal Problems* 1 (1952), 9.

H. L. A. Hart, The idea of 'justice consists of two parts': *The Concept of Law*, 2nd edn, ed. P. A. Bulloch and J. Raz (Clarendon Press, 1994), p. 156.

Jeremy Bentham, *An Introduction to the Principles of Morals and Legislation*, ed. J. H. Burns and H. L. A. Hart (Athlone Press, 1970) (*The Collected Works of Jeremy Bentham*, ed. J. H. Burns), Chapter 1, para 1.

Rupert Cross, 'Each and every pupil told me ...': *Statutory Interpretation* (Butterworth, 1976), preface.

Bentham on 'dog law' and 'the more antique ...': Quoted in Gerald J. Postema, *Bentham and the Common Law Tradition* (Clarendon Press, 1989), pp. 278–9.

Chapter 3

H. L. A. Hart, 'Positivism and the Separation of Law and Morals', *Harvard Law Review* 71 (1958), 593.
Lon L. Fuller, 'Positivism and Fidelity to Law – A Reply to Professor Hart', *Harvard Law Review* 71 (1958), 530.
Report of the Committee on Homosexual Offences and Prostitution, Chairman Sir John Wolfenden (Cmnd 247), Para 61.
John Stuart Mill, *On Liberty*, ed. Gertrude Himmelfarb (Penguin Books, 1974), pp. 72–3.
Patrick Devlin, *The Enforcement of Morals* (Oxford University Press, 1965), p. 14.
Ronald Dworkin, *Life's Dominion: An Argument about Abortion and Euthanasia* (HarperCollins, 1993), pp. 4 and 103.
United Kingdom, Abortion Act 1967, and Section 37 of the Human Fertilization and Embryology Act 1990.

Chapter 4

Edmond N. Cahn, *The Sense of Injustice* (Oxford University Press, 1949), p. 133.
Ronald Dworkin, *Taking Rights Seriously* (Duckworth, 1978).
Judith Resnick, 'Civil Processes', in Peter Cane and Mark Tushnet (eds), *The Oxford Handbook of Legal Studies* (Oxford University Press, 2005), p. 761.

Chapter 5

'Civil law jurisdictions recognize two categories of legal professionals ...': Richard L. Abel and Philip S. C. Lewis, 'Lawyers in the Civil Law World', in Richard L. Abel and Philip S. C. Lewis (eds), *Lawyers in Society: The Civil Law World* (Beard Books, 2005), p. 4.

Chapter 6

Lawrence Lessig, *Code: Version 2.0* (Basic Books, 2006).
Free Software Foundation website: http://www.fsf.org
Table on page 148 adapted from Richard E. Susskind, *The Future of Law: Facing the Challenges of Information Technology*, revised edn (Clarendon Press, 1998).
Thomas Hobbes, *Leviathan*, ed. M. Oakeshott (Blackwell, 1960), chapter XIII.

Cases discussed

Chapter 2

Alcock v Chief Constable of South Yorkshire Police [1992] 1 A.C. 310. (Football stadium case discussed on pages 45–6). The quote is from Lord Hoffmann's speech at page 914.
Associated Provincial Picture Houses Limited v Wednesbury Corporation [1948] 1 K.B. 223.
Carlill v Carbolic Smoke Ball Co. [1893] 1 Q.B. 256.
Donoghue v Stevenson [1932] A.C. 562 (H.L.) at 580 per Lord Atkin. (The 'neighbour principle' quoted on pages 47–8.)
Hall v Brooklands Auto-Racing Club (1933) 1 K.B. 205. The 'man on the Clapham omnibus' is first mentioned by Greer L.J.
MacPherson v Buick Motor Co. 111 N.E. 1050 (N.Y. 1916).
Rylands v Fletcher (188) L.R. 3 H.L. 330.
Stilk v Myrick (1809) 2 Camp. 317, 170 Eng. Rep. 1168 (Sailor case on pages 41–2).

Chapter 3

Shaw v Director of Public Prosecutions [1962] A.C. 220 (H.L.) at 267, *per* Lord Atkin.
Roe v Wade 410 U.S. 113 (1973).
Airedale NHS Trust v Bland [1993] A.C. 789 at 824–5 *per* Hoffmann L.J. and at 859 *per* Mustill L.J.

Chapter 4

Marbury v Madison (1803) 5 US (1 Cranch) 137.

Chapter 5

Gideon v Wainwright, 372 U.S. 335 (1963).
Rondel v Worsley [1969] 1 A.C. 191 at 227 (per Lord Reid). The source of the quotation on the 'cab-rank' rule on pages 114–15.

Chapter 6

Brown v Board of Education of Topeka, 347 U.S. 483 (1954).
Cubby, Inc. v CompuServe Inc. 776 F. Supp. 135 (S.D.N.Y. 1991).
Stratton Oakmount v Prodigy 23 Med. L.R. 1794 (S.C., Nassau County 1995).
Godfrey v Demon [1999] EMLR 542 (English decision mentioned on page 146).

Legal sources: a very short explanation

When referring to an article in a legal journal or a decision of a court, I have included its recognized citation. This is standard practice, and, though I have kept such references to an absolute minimum, they are there in the hope that you might wish to peruse some of these sources in their complete and original form.

The method of citing legal journals or law reviews is fairly straightforward and requires no exposition here. The subject of case citations, on the other hand, is one of huge and complex proportions that would require a chapter-length elucidation. In any event, unlike lawyers and law students of my generation (who were obliged to search the shelves of dusty tomes in pursuit of an elusive law report), today's search engines provide instant Internet access to cases merely by keying in the names of the parties. There are, in addition, an assortment of databases which provide full text retrieval of cases, legislation, and law review articles. The best known (and probably the most comprehensive) are LexisNexis and Westlaw. Both contain an extensive selection of legal documents. A number of websites, many of them free, include www.bailii.org, www.lawreports.co.uk, www.europa.eu, www.echr.coe.int, www.worldlii.org, www.findlaw.com.

An excellent account of how to unearth the law is to be found in James A. Holland and Julian S. Webb, *Learning Legal Rules: A Student's*

Guide to Legal Method and Reasoning, 6th edn (Oxford University Press, 2006), Chapter 2.

In order to make sense of the references in this book, however, the following should suffice. Take the English case of *Donoghue v Stevenson* [1932] A.C. 562 (H.L.) mentioned on pages 46–7. In a civil decision such as this, the name of the case is normally dictated by those of the parties: Mrs Donoghue sued Mr Stevenson. The date in square brackets signifies that the year is an essential part of the reference. Round brackets indicate that the year is not of major importance, though it is included as a matter of course. 'A.C.' is an abbreviation of Appeal Cases, the name of the official report in which the decision appears. The number that follows is the page on which the case appears. '(H.L.)' is an abbreviation for the Judicial Committee of the House of Lords, which decided the case.

The approach is slightly different in the United States. For example, in the case of *Brown v Board of Education*, 347 U.S. 483 (1954) discussed on page 129, Brown is the plaintiff, the Board of Education, the defendant. The number 347 is the volume number of the reports in which the case appears. 'U.S.' is the abbreviation of *United States Reports*. The number 483 refers to the page on which the report begins, and 1954 is the year in which the judgment was delivered.

The system adopted in Europe and several other countries, as well as a detailed account of the major common law citation conventions, and those of other courts, such as the European Court of Human Rights, are admirably described in the following Wikipedia article: http://en.wikipedia.org/wiki/Case_citation.

Further reading

Chapter 1

John N. Adams and Roger Brownsword, *Understanding Law*, 4th edn (Sweet and Maxwell, 2006).

P. S. Atiyah, *Law and Modern Society*, 2nd edn (Oxford Paperbacks, 1995).

John Austin, *The Province of Jurisprudence Determined and the Uses of the Study of Jurisprudence* (Weidenfeld and Nicolson, 1954).

J. H. Baker, *An Introduction to English Legal History*, 4th edn (LexisNexis, 2002).

Manlio Bellomo, *The Common Legal Past of Europe, 1000–1800: 4 (Studies in Medieval and Early Modern Canon Law)*, tr. Lydia G. Cochrane (Catholic University of America Press, 1995).

Jeremy Bentham, *A Fragment on Government; or, A Comment on the Commentaries*, 2nd edn (W. Pickering, 1823).

Jeremy Bentham, *An Introduction to the Principles of Morals and Legislation*, ed. J. H. Burns and H. L. A. Hart (Athlone Press, 1970) (*The Collected Works of Jeremy Bentham*, ed. J. H. Burns).

Jeremy Bentham, *Of Laws in General*, ed. H. L. A. Hart (Athlone Press, 1970) (*The Collected Works of Jeremy Bentham*, ed. J. H. Burns).

Harold J. Berman, *Law and Revolution: The Formation of the Western Legal Tradition* (Harvard University Press, 1995).

G. L. Certoma, *The Italian Legal System* (Butterworth, 1985).

Albert H. Y. Chen, *An Introduction to the Legal System of the People's Republic of China* (Butterworths Law, Asia, 1992).

Guang Chen, Zhang Wang, Wang Chen Guang, and Zhang Xian Chu (eds), *Introduction to Chinese Law* (Sweet and Maxwell, Asia, 2001).
Richard Chisholm and Garth Nettheim, *Understanding Law: An Introduction to Australia's Legal System* (Lexis Law Publishing, 1992).
J. M. J. Chorus, *Introduction to Dutch Law*, 3rd edn (Kluwer Law International, 1998).
Andrew Clapham, *Human Rights: A Very Short Introduction* (Oxford University Press, 2007).
Council of Europe, *The Rebirth of Democracy: 12 Constitutions of Central and Eastern Europe* (Council of Europe, 1996).
François Dessemontet and Tugrul Ansay (eds), *Introduction to Swiss Law*, 3rd edn (Kluwer Law International, 2004).
Albert Venn Dicey, *Introduction to the Study of the Law of the Constitution*, ed. Roger E. Michener, 8th rev. edn (Liberty Fund, 1982).
Ronald Dworkin, *Taking Rights Seriously*, new impression with a reply to critics (Duckworth, 1978).
Ronald Dworkin, *A Matter of Principle* (Harvard University Press, 1985).
Ronald Dworkin, *Law's Empire* (Belknap Press, 1986).
Catherine Elliott, Carole Geirnaert, and Florence Houssais, *French Legal System and Legal Language* (Longman, 1998).
Catherine Elliott, Eric Jeanpierre, and Catherine Vernon, *French Legal System*, 2nd edn (Longman, 2006).
Emily Finch and Stefan Fafinski, *Legal Skills* (Oxford University Press, 2007).
George P. Fletcher and Steve Sheppard, *American Law in a Global Context: The Basics* (Oxford University Press, 2005).
Nigel Foster and Satish Sule, *The German Legal System and Laws*, 3rd edn (Oxford University Press, 2002).
Michael Freeman, *Human Rights: An Interdisciplinary Approach* (Polity Press, 2002).
Lawrence M. Friedman, *American Law in the Twentieth Century* (Yale University Press, 2002).
Lawrence M. Friedman, *American Law: An Introduction*, 2nd edn (W. W. Norton, 1999).
Lawrence M. Friedman and Rogelio Perez-Perdomo (eds), *Legal Culture in the Age of Globalization: Latin America and Latin Europe* (Stanford University Press, 2003).

Yash Ghai, *Hong Kong's New Constitutional Order: The Resumption of Chinese Sovereignty and the Basic Law*, 2nd edn (Hong Kong University Press, 1999).
Robert Gleave and Eugenia Kermeli (eds), *Islamic Law: Theory and Practice* (B. Tauris, 2001).
H. Patrick Glenn, *Legal Traditions of the World: Sustainable Diversity in Law* (Oxford University Press, 2007).
H. Patrick Glenn, *On Common Laws* (Oxford University Press, 2007).
Stephen Guest, *Ronald Dworkin*, 2nd edn (Edinburgh University Press, 1997).
H. R. Hahlo and Ellison Kahn, *The South African Legal System and Its Background* (Juta, 1968).
John Owen Haley, *The Spirit of Japanese Law* (University of Georgia Press, 2006).
Phil Harris, *Introduction to Law*, 7th edn (Cambridge University Press, 2007).
H. L. A. Hart, *The Concept of Law*, ed. P. A. Bulloch and J. Raz, 2nd edn (Clarendon Press, 1994).
Thomas Hobbes, *Leviathan*, ed. M. Oakeshott (Blackwell, 1960).
Tony Honoré, *About Law: An Introduction* (Oxford University Press, 1996).
K. D. Kerameus and P. J. Kozyris, *Introduction to Greek Law*, 2nd edn (Kluwer Law International, 1988).
Michael Lobban, *White Man's Justice: South African Political Trials in the Black Consciousness Era* (Clarendon Press, 1996).
Michael Loewe and Edward L. Shaughnessy (eds), *The Cambridge History of Ancient China: From the Origins of Civilization to 221 BC* (Cambridge University Press, 1999).
Stanley B. Lubman, *Bird in a Cage: Legal Reform in China after Mao* (Stanford University Press, 2002).
Chibli Mallat, *Introduction to Middle Eastern Law* (Oxford University Press, 2007).
Elizabeth Martin and Jonathan Law (eds), *A Dictionary of Law* (Oxford Paperback Reference, Oxford University Press, 2006).
Elena Merino-Blanco, *Spanish Law and Legal System*, 2nd edn (Sweet and Maxwell, 2005).
John Henry Merryman, *The Civil Law Tradition: Introduction to the Legal Systems of Western Europe and Latin America*, 2nd edn (Stanford University Press, 1969).
S. F. C. Milsom, *Historical Foundations of the Common Law*, 2nd edn (LexisNexis, 1981).

R. D. Mulholland, *Introduction to the New Zealand Legal System* (Butterworths Law, New Zealand, 1990).
Barry Nicholas, *An Introduction to Roman Law* (Clarendon Press, 1975).
Manfred Nowak, *Introduction to the International Human Rights Regime: No. 14* (Raoul Wallenberg Institute Series of Intergovernmental Human Rights Documentation, 2005).
Lester Bernhardt Orfield, *The Growth of Scandinavian Law* (Lawbook Exchange Ltd, 2002).
Vernon V. Palmer, *Mixed Jurisdictions Worldwide: The Third Legal Family* (Cambridge University Press, 2007).
Martin Partington, *Introduction to the English Legal System*, 3rd edn (Oxford University Press, 2006).
Amanda Perreau-Saussine and James B. Murphy (eds), *The Nature of Customary Law: Legal, Historical and Philosophical Perspectives* (Cambridge University Press, 2007).
Richard A. Posner, *Law and Legal Theory in England and America* (Clarendon Press, 1996).
Gerald J. Postema, *Bentham and the Common Law Tradition* (Clarendon Press, 1989).
Ravi Prakesh, *The Constitution, Fundamental Rights and Judicial Activism in India* (Mangal Deep, India, 1998).
John Rawls, *A Theory of Justice* (Oxford University Press, 1973).
John Rawls, *Political Liberalism* (Columbia University Press, 1993).
Geoffrey Robertson, *Crimes Against Humanity: The Struggle for Global Justice* (Penguin Books, 2006).
Lawrence Rosen, *The Anthropology of Justice: Law as Culture in Islamic Society* (Cambridge University Press, 1989).
Malise Ruthven, *Islam: A Very Short Introduction* (Oxford University Press, 1997).
William A. Schabas, *An Introduction to the International Criminal Court*, 2nd edn (Cambridge University Press, 2004).
Brij Kishore Sharma, *Introduction to the Constitution of India* (Prentice-Hall, India, 2005).
Robert J. Sharpe and Kent Roach, *The Charter of Rights and Freedoms*, 3rd edn (Essentials of Canadian Law, Irwin Law, 2005).
A. W. B. Simpson, *Invitation to Law* (Blackwell, 1988).
Gary Slapper, *How the Law Works* (Collins, 2007).
Peter Stein, *Roman Law in European History* (Cambridge University Press, 1999).

Alexander Vereshchagin, *Judicial Law-Making in Post-Soviet Russia* (UCL Press, 2007).
Raymond Wacks (ed.), *The Future of the Law in Hong Kong* (Oxford University Press, China, 1991).
Raymond Wacks (ed.), *The New Legal Order in Hong Kong* (Hong Kong University Press, 1999).
Raymond Wacks, *Philosophy of Law: A Very Short Introduction* (Oxford University Press, 2006).
Raymond Wacks, *Understanding Jurisprudence: An Introduction to Legal Theory* (Oxford University Press, 2005).
Ian Ward, *A Critical Introduction to European Law*, 2nd edn (LexisNexis, 2003).
Thomas Wegerich and Anke Freckmann, *The German Legal System* (Sweet and Maxwell, 1999).
Peter Wesley-Smith, *An Introduction to the Hong Kong Legal System*, 3rd edn (Oxford University Press, China, 1999).
Glanville Williams and A. T. H. Smith, *Learning the Law*, 13th edn (Sweet and Maxwell, 2006).
Konrad Zweigert and Hein Kötz, *An Introduction to Comparative Law*, tr. Tony Weir (Clarendon Press, 1998).

Chapter 2

P. P. Craig and Grainne de Burca, *EU Law*, 3rd edn (Oxford University Press, 2002).
Helen Fenwick and Gavin Phillipson, *Text, Cases and Materials: Public Law and Human Rights*, 2nd edn (Routledge Cavendish, 2003).
George P. Fletcher and Steve Sheppard, *American Law in a Global Context: The Basics* (Oxford University Press, 2005).
James A. Holland and Julian S. Webb, *Learning Legal Rules: A Student's Guide to Legal Method and Reasoning*, 6th edn (Oxford University Press, 2006).
Ian Loveland, *Constitutional Law, Administrative Law, and Human Rights: A Critical Introduction*, 4th edn (Oxford University Press, 2006).
Alastair Mowbray, *Cases and Materials on the European Convention on Human Rights*, 2nd edn (Oxford University Press, 2007).
Clare Ovey and Robin White, *Jacobs and White: European Convention on Human Rights*, 4th edn (Oxford University Press, 2006).

Ian Ward, *A Critical Introduction to European Law*, 2nd edn (LexisNexis, 2003).

Chapter 3

Thomas Aquinas, *Summa Theologiae*, in *Selected Political Writings*, tr. J. G. Dawson, ed. P. D'Entrèves (Blackwell, 1970; reprint of 1959 edn).
Aristotle, *Nichomachean Ethics*, tr. H. Rackham (Loeb Classical Library, Heineman, 1938).
Ronald Dworkin, *Life's Dominion: An Argument about Abortion and Euthanasia* (London: Harper Collins, 1993).
John Finnis, *Natural Law and Natural Rights* (Clarendon Press, 1980).
John Finnis, *Fundamentals of Ethics* (Georgetown University Press, 1983).
John Finnis (ed.), *Natural Law* (Dartmouth, 1991).
Lon Luvois Fuller, *The Morality of Law*, rev. edn (Yale University Press, 1969).
Robert P. George, *In Defense of Natural Law* (Oxford University Press, 1999).
Joseph Raz, *The Authority of Law: Essays on Law and Morality* (Clarendon Press, 1979).
Joseph Raz, *The Morality of Freedom* (Oxford University Press, 1986).
Joseph Raz, *Ethics in the Public Domain: Essays in the Morality of Law and Politics* (Clarendon Press, 1994).
Wojciech Sadurski (ed.), *Ethical Dimensions of Legal Theory* (Poznan Studies in the Philosophy of the Sciences and the Humanities, Rodopi, 1991).
Raymond Wacks, *Law, Morality, and the Private Domain* (Hong Kong University Press, 2001).

Chapter 4

Aharon Barak, *The Judge in a Democracy* (Princeton University Press, 2006).
Marcel Berlins and Clare Dyer, *The Law Machine*, 5th edn (Penguin Books, 2000).
Ronald Dworkin, *Justice in Robes* (Belknap Press, 2006).
Jeffrey Goldsworthy (ed.), *Interpreting Constitutions: A Comparative Study* (Oxford University Press, 2007).

J. A. G. Griffith, *The Politics of the Judiciary*, 5th edn (Fontana Press, 1997).

Carlo Guarnieri, Patrizia Pederzoli, and Cheryl Thomas, *The Power of Judges: A Comparative Study of Courts and Democracy* (Oxford University Press, 2002).

John Morison, Kieran McEvoy, and Gordon Anthony (eds), *Judges, Transition, and Human Rights* (Oxford University Press, 2007).

David Pannick, *Judges* (Oxford University Press, 1987).

William H. Rehnquist, *The Supreme Court* (Vintage Books USA, 2002).

Robert Stevens, *The English Judges: Their Role in the Changing Constitution* (Hart Publishing, 2005).

Chapter 5

Richard L. Abel, *American Lawyers* (Oxford University Press, 1991).

Richard L. Abel and Philip S. C. Lewis, 'Lawyers in the Civil Law World', in Richard L. Abel and Philip S. C. Lewis (eds), *Lawyers in Society: The Civil Law World* (Beard Books, 2005).

Richard L. Abel and Philip S. C.Lewis (eds), *Lawyers in Society: The Common Law World* (University of California Press, 1988).

Mary Jane Mossman, *The First Women Lawyers: A Comparative Study of Gender, Law and the Legal Professions* (Hart Publishing, 2006).

Stephen Nathanson, *What Lawyers Do: A Problem Solving Approach to Legal Practice* (Sweet and Maxwell, 1997).

David Pannick, *Advocates* (Oxford University Press, 1992).

Wilfrid R. Prest, *The Rise of the Barristers: A Social History of the English Bar, 1590–1640* (Clarendon Press, 1991).

Chapter 6

David Bainbridge, *Introduction to Computer Law*, 5th edn (Longman, 2004).

Colin J. Bennett, *Regulating Privacy: Data Protection and Public Policy in Europe and the United States* (Cornell University Press, 1992).

James Boyle, *Shamans, Software and Spleens: Law and the Construction of the Information Society* (Harvard University Press, 1997).

Roger Cotterrell, *The Sociology of Law: An Introduction* (Butterworths, 1984).
David DeGrazia, *Animal Rights: A Very Short Introduction* (Oxford University Press, 2002).
Lilian Edwards and Charlotte Waelde (eds), *Law and the Internet: A Framework for Electronic Commerce*, 2nd edn (Hart Publishing, 2004).
Andrew T. Kenyon and Megan Richardson (eds), *New Dimensions in Privacy Law: International and Comparative Perspectives* (Cambridge University Press, 2006).
Graeme Laurie, *Genetic Privacy: A Challenge to Medico-Legal Norms* (Cambridge University Press, 2002).
Lawrence Lessig, *Code: Version 2.0* (Basic Books, 2006).
Ian Lloyd, *Legal Aspects of the Information Society* (LexisNexis, 2000).
Ian Lloyd, *Information Technology Law*, 4th edn (LexisNexis, 2004).
Paul Przemyslaw Polanski (ed.), *Customary Law of the Internet: In the Search for a Supranational Cyberspace Law* (Asser Press, 2007).
Chris Reed, *Internet Law: Text and Materials*, 2nd edn (Cambridge University Press, 2004).
Chris Reed and John Angel (eds), *Computer Law: The Law and Regulation of Information Technology*, 6th edn (Oxford University Press, 2007).
Tom Regan, *The Case for Animal Rights* (University of California Press, 2004).
Jeffrey Rosen, *The Unwanted Gaze: The Destruction of Privacy in America* (Vintage Books, 2001).
Roger Scruton, *Animal Rights and Wrongs* (Continuum, 2006).
Peter Singer (ed.), *In Defense of Animals: The Second Wave*, 2nd edn (Blackwell, 2005).
Daniel J. Solove, *The Digital Person: Technology and Privacy in the Information Age* (New York University Press, 2006).
Cass R. Sunstein and Martha C. Nussbaum (eds), *Animal Rights: Current Debates and New Directions* (Oxford University Press, 2006).
Richard E. Susskind, *The Future of Law: Facing the Challenges of Information Technology* (Oxford University Press, 1998).
Richard E. Susskind, *Transforming the Law: Essays on Technology, Justice and the Legal Marketplace* (Oxford University Press, 2003).

Douglas Thomas and Brian Loader (eds), *Cybercrime: Law Enforcement, Security and Surveillance in the Information Age* (Routledge, 2000).
Raymond Wacks, *The Protection of Privacy* (Sweet and Maxwell, 1980).
Raymond Wacks, *Personal Information: Privacy and the Law* (Clarendon Press, 1989).
Raymond Wacks (ed.), *Privacy* (Dartmouth, 1993).
Raymond Wacks, *Privacy and Press Freedom* (Blackstone Press, 1995).
Raymond Wacks, *Law, Morality, and the Private Domain* (Hong Kong University Press, 2001).

“牛津通识读本”已出书目

古典哲学的趣味
人生的意义
文学理论入门
大众经济学
历史之源
设计，无处不在
生活中的心理学
政治的历史与边界
哲学的思与惑
资本主义
美国总统制
海德格尔
我们时代的伦理学
卡夫卡是谁
考古学的过去与未来
天文学简史
社会学的意识
康德
尼采
亚里士多德的世界
西方艺术新论
全球化面面观
简明逻辑学
法哲学：价值与事实
政治哲学与幸福根基
选择理论
后殖民主义与世界格局
福柯
缤纷的语言学
达达和超现实主义
佛学概论
维特根斯坦与哲学
科学哲学
印度哲学祛魅
克尔凯郭尔
科学革命
广告
数学
叔本华
笛卡尔
基督教神学
犹太人与犹太教
现代日本
罗兰·巴特
马基雅维里
全球经济史
进化
性存在
量子理论
牛顿新传
国际移民
哈贝马斯
医学伦理
黑格尔
地球
记忆
法律
中国文学
托克维尔
休谟
分子
法国大革命
丝绸之路
民族主义
科幻作品
罗素
美国政党与选举
美国最高法院
纪录片
大萧条与罗斯福新政
领导力
无神论
罗马共和国
美国国会
民主
英格兰文学
现代主义
网络
自闭症
德里达
浪漫主义

批判理论 德国文学 儿童心理学
电影 戏剧 时装
俄罗斯文学